会计学基础

主　编　王晶晶　高凯丽
副主编　刘振艳　陆　旸　董忱忱

东南大学出版社
SOUTHEAST UNIVERSITY PRESS
·南京·

内 容 提 要

本书体现了会计准则与相关财务会计政策的最新变化，结合创新应用型人才培养目标，遵循由浅入深、从感性到理性、从激发兴趣到自主学习的原则，以创新、应用为目标对内容进行取舍，重组教学模块，构建了以知识、能力和素质教育为核心的教学内容体系。包括"会计基本理论""业务循环""会计循环""会计组织管理"四大理论模块（共10章）和"单项实训""综合实训"两大实训模块。理论模块介绍会计基本理论、基本技能和基本方法，实训模块则与理论衔接，提供单项实训及企业真实的综合实训资料。本书定位于高等院校应用型本科授课教材，也可以作为会计入门学习者的参考用书。

图书在版编目(CIP)数据

会计学基础/王晶晶，高凯丽主编. —南京：东南大学出版社，2023.12

高等院校经济管理类专业应用型本科系列教材

ISBN 978-7-5766-1120-5

Ⅰ. ①会… Ⅱ. ①王… ②高… Ⅲ. ①会计学-高等学校-教材 Ⅳ. ①F230

中国国家版本馆 CIP 数据核字(2023)第 250703 号

责任编辑：曹胜玫　　责任校对：子雪莲　　封面设计：顾晓阳　　责任印制：周荣虎

会计学基础

主　　编：王晶晶　高凯丽
出版发行：东南大学出版社
出 版 人：白云飞
社　　址：南京四牌楼2号　邮编：210096
网　　址：http://www.seupress.com
经　　销：全国各地新华书店
印　　刷：丹阳兴华印务有限公司
开　　本：787mm×1 092mm　1/16
印　　张：21
字　　数：498千字
版　　次：2023年12月第1版
印　　次：2023年12月第1次印刷
书　　号：ISBN 978-7-5766-1120-5
定　　价：49.00元

本社图书若有印装质量问题，请直接与营销部调换。电话(传真)：025-83791830

前　言

"经济越发展,会计越重要。"随着数字经济时代的到来,以"大智移云物区"为代表的新技术得到广泛应用,对经济环境产生了重大影响,催生了众多新的商业模式,进而给会计行业的发展带来了新的挑战。信息技术的发展颠覆了传统会计思维模式和技能方法,拓展了学科发展边界,丰富了学科体系内涵。为了适应这些变化,社会加大了对创新应用型会计人才的需求,而创新应用型会计人才的培养离不开高质量、系统化的教材。

为适应会计改革,课程组结合多年教学和工作经验,以"拓展理论教学培养创新意识,强化实践教学提高应用能力"为教学目标,在借鉴国内外同类教材有益经验的基础上,对教材框架体系和内容进行创新,将教材分为两大模块:理论模块和实训模块。

理论模块以"会计基本理论—业务循环—会计循环—会计组织管理"为主线,会计基本理论包括总论、会计要素与复式记账;业务循环体现为制造业"筹资—供应—生产—销售—财务成果形成与分配"的整个循环;会计循环包括会计凭证、会计账簿、财产清查和财务报告;会计组织管理包括账务处理程序、会计工作组织与管理和会计职业道德。

实训模块围绕"单项实训""综合实训"展开,单项实训包括基础书写、原始和记账凭证的填制与审核、登记账簿、错账更正、对账结账、编制报表、装订凭证;综合实训则以企业真实案例为蓝本,与企业共同开发案例,呈现企业真实情境下的票据传递与审核、账务处理、报表编制等。

本教材顺应时代发展要求,具有以下特点:

(1) 融入思政元素,凸显价值引领。本教材结合专业知识特点,将社会主义核心价值观和职业道德等思政元素通过案例、资源链接、思考题等方式有机融入各章节,对学生进行正确的价值引领。

(2) 重构内容体系,强化业财税融合。梳理截至目前有关会计法、企业会计准则、财税制度等方面的新变化、新内容,吸收会计环境变化对会计理论和实务影响的成果,力求教材内容与会计改革实践同行;增加对业务、资金运动及其对财务报表影响的分析内容,拓展补充业务中涉及的税务知识,强化业财税融合,为学生构建完整的会计框架。

(3) 产教深度合作,开发实训案例。为了体现教材的应用性、实践性和操作性,一方面与企业共同开发第3章综合循环案例,设置了近100张业务凭证;另一方面与企业共同开发综合实训案例,由企业提供真实案例资料,课程组教师对其进行规范化处理。

(4) 丰富表现形式,打造立体化教材。每章除正文外,还包括学习目标、引入案例、关键术语、本章思考、思政园地,并将一部分资源设计为二维码形式,方便学习者使用。

本书由东南大学成贤学院王晶晶和高凯丽担任主编,负责全书整体结构的设计,以及初稿的修改、补充和总纂定稿;由刘振艳、陆旸和董忱忱担任副主编。本书具体编写人员及编写分工如下:高凯丽编写第1～2章,王晶晶编写第3章和第9章,刘振艳编写第4章和实训模块2,陆旸编写第5～7章,董忱忱编写第8章和实训模块1,杨兴月编写第10章。本书在编写过程中,与企业共同开发案例,增强了教材的实用性。此外,东南大学成贤学院姜瑞芃、华雨馨老师多次为本书校稿,在此表示真挚的感谢。

由于编者水平有限,书中疏漏之处在所难免,恳请广大读者和同行专家批评指正。

编者

2023 年 11 月 15 日

目 录

理 论 篇

第1章 总论 ... 3
　学习目标 ... 3
　引入案例 ... 3
　1.1 会计的概念和理论结构 ... 3
　　1.1.1 会计产生和发展的概况 ... 3
　　1.1.2 会计的基本概念 ... 6
　　1.1.3 现代会计学科体系和理论结构 ... 7
　1.2 会计职能和会计目标 ... 9
　　1.2.1 会计职能 ... 9
　　1.2.2 会计目标 ... 10
　1.3 会计假设和会计基础 ... 12
　　1.3.1 会计假设 ... 12
　　1.3.2 会计基础 ... 13
　1.4 会计信息质量要求 ... 15
　　1.4.1 会计信息质量要求概述 ... 15
　　1.4.2 会计信息质量要求的内容 ... 15
　1.5 会计核算方法和会计循环 ... 19
　　1.5.1 会计核算方法 ... 19
　　1.5.2 会计循环 ... 20
　关键术语 ... 21
　本章思考 ... 21
　思政园地 ... 22

第2章 会计要素与复式记账 ... 23
　学习目标 ... 23
　引入案例 ... 23
　2.1 企业资金活动与会计对象 ... 23
　　2.1.1 企业资金活动 ... 23
　　2.1.2 会计对象 ... 25
　2.2 会计要素与会计等式 ... 27

2.2.1 会计要素 ··· 27
2.2.2 会计等式 ··· 34
2.3 会计科目与会计账户 ··· 38
2.3.1 会计科目 ··· 38
2.3.2 会计账户 ··· 41
2.4 复式记账 ··· 43
2.4.1 复式记账法 ··· 43
2.4.2 借贷记账法 ··· 45
2.5 会计分录与试算平衡 ··· 48
2.5.1 会计分录 ··· 48
2.5.2 试算平衡 ··· 49
关键术语 ··· 54
本章思考 ··· 55
思政园地 ··· 55

第3章 企业主要经济业务及其财税处理 ··· 57

学习目标 ··· 57
引入案例 ··· 57
3.1 企业主要经济活动概述 ··· 57
3.2 筹资业务及其财税处理 ··· 58
3.2.1 筹资业务概述 ··· 58
3.2.2 筹资业务核算设置的主要账户 ··· 59
3.2.3 筹资业务财税处理 ··· 61
3.3 供应业务及其财税处理 ··· 63
3.3.1 供应业务概述 ··· 63
3.3.2 供应业务核算设置的主要账户 ··· 65
3.3.3 供应业务财税处理 ··· 67
3.4 生产业务及其财税处理 ··· 72
3.4.1 生产业务概述 ··· 72
3.4.2 生产业务核算设置的主要账户 ··· 72
3.4.3 生产业务的财税处理 ··· 74
3.5 销售业务及其财税处理 ··· 79
3.5.1 销售业务概述 ··· 80
3.5.2 销售业务核算设置的主要账户 ··· 80
3.5.3 销售业务的财税处理 ··· 83
3.6 利润形成与分配业务及其财税处理 ··· 86
3.6.1 利润形成与分配业务概述 ··· 86
3.6.2 利润形成与分配业务核算设置的主要账户 ··· 88

3.6.3　利润形成与分配业务的财税处理 ……………………………………… 90
　关键术语 ………………………………………………………………………………… 95
　本章思考 ………………………………………………………………………………… 96
　思政园地 ………………………………………………………………………………… 96

第4章　会计凭证 …………………………………………………………………… 98
　学习目标 ………………………………………………………………………………… 98
　引入案例 ………………………………………………………………………………… 98
　4.1　会计凭证概述 ……………………………………………………………………… 98
　　4.1.1　会计凭证的概念及分类 ……………………………………………………… 98
　　4.1.2　会计凭证的作用 ……………………………………………………………… 99
　4.2　原始凭证 …………………………………………………………………………… 99
　　4.2.1　原始凭证的概念 ……………………………………………………………… 99
　　4.2.2　原始凭证的种类 …………………………………………………………… 100
　　4.2.3　原始凭证的基本内容 ……………………………………………………… 104
　　4.2.4　原始凭证的填制要求 ……………………………………………………… 105
　　4.2.5　原始凭证的审核 …………………………………………………………… 106
　4.3　记账凭证 ………………………………………………………………………… 106
　　4.3.1　记账凭证的概念 …………………………………………………………… 106
　　4.3.2　记账凭证的种类和基本内容 ……………………………………………… 106
　　4.3.3　记账凭证的填制要求 ……………………………………………………… 108
　　4.3.4　记账凭证的审核 …………………………………………………………… 109
　关键术语 ……………………………………………………………………………… 110
　本章思考 ……………………………………………………………………………… 110
　思政园地 ……………………………………………………………………………… 110

第5章　会计账簿 ………………………………………………………………… 112
　学习目标 ……………………………………………………………………………… 112
　引入案例 ……………………………………………………………………………… 112
　5.1　会计账簿概述 …………………………………………………………………… 113
　　5.1.1　会计账簿的概念 …………………………………………………………… 113
　　5.1.2　会计账簿的作用 …………………………………………………………… 113
　　5.1.3　会计账簿的基本内容 ……………………………………………………… 114
　　5.1.4　会计账簿的种类 …………………………………………………………… 115
　5.2　会计账簿的启用和登记要求 …………………………………………………… 118
　　5.2.1　会计账簿的设置要求 ……………………………………………………… 118
　　5.2.2　会计账簿的启用 …………………………………………………………… 119
　　5.2.3　会计账簿的登记要求 ……………………………………………………… 119

5.3 会计账簿的登记方法 ... 120
5.3.1 日记账的登记方法 ... 120
5.3.2 总分类账的登记方法 ... 121
5.3.3 明细分类账的登记方法 ... 122
5.3.4 总分类账和明细分类账的平行登记 ... 123
5.4 对账与结账 ... 125
5.4.1 对账 ... 125
5.4.2 结账 ... 126
5.5 错账查找与更正 ... 127
5.5.1 错账查找 ... 127
5.5.2 错账更正 ... 128
关键术语 ... 131
本章思考 ... 131
思政园地 ... 131

第6章 财产清查 ... 133
学习目标 ... 133
引入案例 ... 133
6.1 财产清查概述 ... 134
6.1.1 财产清查的概念和意义 ... 134
6.1.2 财产清查的种类 ... 135
6.1.3 财产清查的一般程序 ... 135
6.2 存货的盘存制度 ... 136
6.2.1 实地盘存制 ... 136
6.2.2 永续盘存制 ... 136
6.2.3 发出存货的计价方法 ... 137
6.3 财产清查的方法 ... 141
6.3.1 货币资金的清查方法 ... 141
6.3.2 实物资产的清查方法 ... 143
6.3.3 往来款项的清查方法 ... 144
6.4 财产清查结果的会计处理 ... 144
6.4.1 财产清查结果的处理步骤 ... 144
6.4.2 财产清查结果的账务处理 ... 145
关键术语 ... 149
本章思考 ... 149
思政园地 ... 149

第7章 财务报告 ... 151

学习目标 ... 151
引入案例 ... 151
7.1 财务报告概述 ... 152
7.1.1 财务报告的概念 ... 152
7.1.2 财务报告的分类 ... 153
7.1.3 财务报告的编制要求 ... 153
7.2 资产负债表 ... 155
7.2.1 资产负债表概述 ... 155
7.2.2 资产负债表的编制 ... 157
7.3 利润表 ... 161
7.3.1 利润表概述 ... 161
7.3.2 利润表的编制 ... 164
7.4 现金流量表 ... 166
7.4.1 现金流量表的概念和作用 ... 166
7.4.2 现金流量表的内容 ... 167
7.4.3 现金流量表的格式 ... 167
7.5 所有者权益变动表 ... 169
7.5.1 所有者权益变动表的概念和作用 ... 169
7.5.2 所有者权益变动表的结构和格式 ... 169
7.6 财务报表附注 ... 172
7.6.1 财务报表附注的概念和作用 ... 172
7.6.2 财务报表附注的主要内容 ... 172
关键术语 ... 173
本章思考 ... 173
思政园地 ... 173

第8章 账务处理程序 ... 175

学习目标 ... 175
引入案例 ... 175
8.1 账务处理程序概述 ... 176
8.1.1 账务处理程序的概念 ... 176
8.1.2 账务处理程序的种类 ... 176
8.1.3 财务处理程序的选择 ... 177
8.2 主要账务处理程序 ... 177
8.2.1 记账凭证账务处理程序 ... 177
8.2.2 科目汇总表账务处理程序 ... 188
8.2.3 汇总记账凭证账务处理程序 ... 192

8.3　信息化背景下的账务处理程序 ·· 196
　　　　8.3.1　会计信息化的相关概念 ·· 196
　　　　8.3.2　会计信息化对账务处理程序的影响 ································ 196
　关键术语 ·· 199
　本章思考 ·· 199
　思政园地 ·· 200

第9章　会计工作组织与管理 ·· 202
　学习目标 ·· 202
　引入案例 ·· 202
　9.1　会计工作组织概述 ··· 202
　　　　9.1.1　会计工作组织的含义及内容 ·· 203
　　　　9.1.2　正确组织会计工作的意义 ·· 203
　　　　9.1.3　组织会计工作的基本要求 ·· 204
　9.2　会计机构与岗位设置 ·· 204
　　　　9.2.1　会计机构的设置 ·· 205
　　　　9.2.2　会计机构的组织形式 ··· 205
　　　　9.2.3　会计岗位设置 ·· 206
　9.3　会计人员与职业发展 ·· 208
　　　　9.3.1　会计人员的职责 ·· 208
　　　　9.3.2　会计人员的工作权限 ··· 209
　　　　9.3.3　会计职业发展 ·· 209
　9.4　会计法规与会计档案 ·· 212
　　　　9.4.1　会计法规 ··· 212
　　　　9.4.2　会计档案 ··· 218
　关键术语 ·· 221
　本章思考 ·· 221
　思政园地 ·· 222

第10章　会计职业道德 ··· 223
　学习目标 ·· 223
　引入案例 ·· 223
　10.1　会计职业道德概述 ·· 223
　　　　10.1.1　道德 ·· 223
　　　　10.1.2　职业道德 ··· 225
　　　　10.1.3　会计职业道德 ·· 226
　10.2　会计职业道德规范的主要内容 ··· 228
　　　　10.2.1　坚持诚信,守法奉公 ·· 228

10.2.2　坚持准则,守责敬业 ·· 229
　　　10.2.3　坚持学习,守正创新 ·· 230
　10.3　会计人员职业道德管理 ··· 230
　　　10.3.1　会计职业道德建设 ·· 230
　　　10.3.2　会计职业道德评价 ·· 232
　　　10.3.3　会计职业道德奖惩 ·· 232
关键术语 ··· 234
本章思考 ··· 234
思政园地 ··· 234

实 训 篇

模块 1　单项实训 ··· 237

实训 1.1　基础书写 ·· 237
　　1.1.1　实训目的 ·· 237
　　1.1.2　实训基础知识 ·· 237
　　1.1.3　实训要求 ·· 239
实训 1.2　原始凭证的填制和审核 ··· 240
　　1.2.1　实训目的 ·· 240
　　1.2.2　实训基础知识 ·· 240
　　1.2.3　实训资料 ·· 240
　　1.2.4　实训要求 ·· 246
实训 1.3　记账凭证的填制和审核 ··· 247
　　1.3.1　实训目的 ·· 247
　　1.3.2　实训基础知识 ·· 247
　　1.3.3　实训资料 ·· 248
　　1.3.4　实训要求 ·· 256
实训 1.4　日记账的登记 ·· 257
　　1.4.1　实训目的 ·· 257
　　1.4.2　实训基础知识 ·· 257
　　1.4.3　实训资料 ·· 257
　　1.4.4　实训要求 ·· 257
实训 1.5　明细分类账的登记 ··· 258
　　1.5.1　实训目的 ·· 258
　　1.5.2　实训基础知识 ·· 258
　　1.5.3　实训资料 ·· 258
　　1.5.4　实训要求 ·· 259
实训 1.6　科目汇总表的编制和总账的登记 ··· 260
　　1.6.1　实训目的 ·· 260

  1.6.2 实训基础知识 ………………………………………………………………… 260
  1.6.3 实训资料 …………………………………………………………………… 260
  1.6.4 实训要求 …………………………………………………………………… 261
实训 1.7 错账更正 ……………………………………………………………………… 262
  1.7.1 实训目的 …………………………………………………………………… 262
  1.7.2 实训基础知识 ………………………………………………………………… 262
  1.7.3 实训资料 …………………………………………………………………… 262
  1.7.4 实训要求 …………………………………………………………………… 268
实训 1.8 对账和结账 …………………………………………………………………… 269
  1.8.1 实训目的 …………………………………………………………………… 269
  1.8.2 实训基础知识 ………………………………………………………………… 269
  1.8.3 实训资料 …………………………………………………………………… 269
  1.8.4 实训要求 …………………………………………………………………… 269
实训 1.9 资产负债表和利润表的编制 …………………………………………………… 270
  1.9.1 实训目的 …………………………………………………………………… 270
  1.9.2 实训基础知识 ………………………………………………………………… 270
  1.9.3 实训资料 …………………………………………………………………… 270
  1.9.4 实训要求 …………………………………………………………………… 270
实训 1.10 会计凭证的装订 ……………………………………………………………… 272
  1.10.1 实训目的 ……………………………………………………………………… 272
  1.10.2 实训基础知识 ………………………………………………………………… 272
  1.10.3 实训要求 ……………………………………………………………………… 272

模块 2 综合实训 ……………………………………………………………………… 273

 2.1 公司概况 ………………………………………………………………………… 273
 2.2 组织人员信息 …………………………………………………………………… 273
 2.3 账务处理程序 …………………………………………………………………… 274
 2.4 产成品发出的计价方法 ………………………………………………………… 274
 2.5 物料清单 ………………………………………………………………………… 274
 2.6 总账及明细账月初数据资料 …………………………………………………… 275
 2.7 企业 2023 年 3 月发生的会计业务事项 ………………………………………… 278
 2.8 实训要求 ………………………………………………………………………… 315

主要参考文献 ……………………………………………………………………………… 321

理论篇

第1章 总　　论

学习目标

1. 价值塑造：了解我国会计发展和会计相关的中华优秀传统文化，加强制度自信、文化自信；塑造诚信为本的价值观，树立遵纪守法的观念，培养辩证思维方式，保证提供的会计信息符合相关质量要求。

2. 知识传授：了解会计的产生与历史演进、学科发展前沿；掌握会计的概念、会计的理论结构、会计职能、会计目标、会计假设和会计基础；掌握会计信息质量要求的概念和内容；熟悉会计核算方法和会计循环。

3. 能力培养：具备会计理论结构及其框架性思维、与时俱进的学科发展理念，能够判断会计假设，区分权责发生制和收付实现制，分析会计信息质量要求，为拥有良好的职业判断能力打下扎实的理论基础。

引入案例

会计是现代企业的一项重要的基础性工作，通过一系列会计程序，提供决策有用的信息，并积极参与经营管理决策，提高企业经济效益，服务于市场经济的健康有序发展。财政部发布的《会计行业人才发展规划（2021—2025年）》中指出：会计人才是我国人才队伍的重要组成部分，是维护市场经济秩序、促进经济社会发展、推动会计改革发展的重要力量。近年来我国通过加强会计专业技术资格管理、注册会计师资格管理，有序推进会计人员、注册会计师继续教育和能力评价工作，加强会计学历教育和师资队伍建设，我国会计人才队伍规模稳步增长，整体素质明显提升。截至2020年底，我国共有670.20万人取得初级会计专业技术资格，242.02万人取得中级会计专业技术资格，20.57万人通过高级会计专业技术资格考试；我国注册会计师行业从业人员近40万人，会计师事务所合伙人（股东）3.6万人；在开设本科以上学历教育的高校及科研单位中从事会计教学科研工作的人员超过1.3万人。

资料来源：摘编自财政部于2021年12月23日印发的《会计行业人才发展规划（2021—2025年）》。

1.1 会计的概念和理论结构

1.1.1 会计产生和发展的概况

会计是人类社会发展到一定阶段的产物，是随着社会生产的发展和经济管理的要求而产生和发展起来的。会计的实践行为伴随着经济组织的出现而产生，已有数千年的发展历史，据会计史学家考证，"记账在公元前4000年左右就开始了"①。在原始社会时期，会计是为了获得与生产经营活动相关的计量信息，以满足自身对收支状况及结果的信息需求，从而出现"结绳记事"和"刻契记事"等早期会计行为。随后，不论是早期民间商业、手工业个体经营，还是国家财政收支状况，会计更多的就是记录，被称为"簿记"。总体来说，会计在早期，内容单一，技术简陋，直到1494年，意大利数学家、传教士卢卡·帕乔利撰写了第一部会计专著《算术、几何、比及比例概要》，提出了复式记账方法，开创了世界会计发展的新时代。复式记账方法使会计与统计区别开来，并带动了其他会计方法的发展，使会计成为一门科学，被认为是一个划时代的发明和创造，是近代会计发展史上的第一个里程碑。可见，会计理论的形成历史很短，只有数百年的时间。

从大航海时代的开启到第一次工业革命时期，在资本主义市场经济体制的支配下，以荷兰东印度公司为首的股份制公司逐步实现经营权与所有权的分离。所有者不参与公司的日常经营，但需要获得公司经审计的资产负债表来监督公司的经营情况，因此所有者权益也成为管理者所关注的目标。会计除了核算，还在监督上发挥作用。马克思在《资本论》中指出："会计是生产职能的一种附带性工作，主要作用是过程的控制和观念的总结。"其中，"过程"是包括生产、分配、流通和消费各个环节的生产总过程。近代以来，源于马克思关于"簿记"是过程控制和观念总结的启发，传统的会计学理论一般认为会计发挥着核算和监督的职能。在该阶段，由于股份制公司的出现，会计通过记账、算账，然后提供会计报表给公司股东，会计报表必须由公司监事会审查，公司监事会一般委托相关人士审查公司的会计账簿，该种制度最终演变成独立的注册会计师制度。1853年世界上第一个会计职业团队——爱丁堡特许会计师协会成立，职业会计师的出现被认为是近代会计发展史的第二个里程碑，同时也促使会计学科的另一个分支即审计得以形成。

与第一次工业革命不同的是，在第二次工业革命中自然科学理论在技术方面起到了直接的指导作用，管理学发展成为比较完整的体系，并服务于工业化的进程。随着工业资本主义的兴起、工业革命与工业生产的迅速发展，折旧会计、成本会计也迅速发展。同时，技术革命甚至打破了原有的市场体系，让崇尚自由竞争的资本主义社会面临技术专有带来的垄断，出现了很多技术和资本垄断的"巨无霸"企业集团，技术开始成为企业发展的核心推动力。此时，公司这一生产组织形式日趋成熟，并与科学管理理论的发展相辅相成。20世纪初，科学管理之父泰勒的"劳动定额"和"标准劳动方法"等理论促进了管理的现代化。会计需要提供管理决策所需要的相关信息，会计"管理"职能的延伸开始凸显，并逐渐产生"财务会计"与"管理会计"的分离。1922年，美国会计学者奎因坦斯在其著作《管理的会计：财务管理入门》中首次提及"管理会计"这一术语。1952年，国际会计师联合会正式通过"管理会计"这一专业术语，这成为近代会计发展为现代会计的重要标志。

第三次工业革命是包括电子计算机在内的信息控制技术革命，全球进入以计算机和电子数据等为代表的信息科技时代。西方经济发展进入了一个"黄金时代"，金融投资市场在世界范围内逐渐扩大。会计作为一种"商业语言"，在国际经济事务和国际协调格局中扮演

---

① 查特菲尔德. 会计思想史[M]. 文硕，董晓柏，王骥，等译. 北京：中国商业出版社，1989.

着不可替代的角色。同时,由于计算机广泛应用于会计领域,会计的发展由传统的手工会计向电算化会计转型。计算机的应用实现了会计信息处理、信息储存和运算的电算化,并将一部分纸质的凭证、报告等资料搬到了线上,使得核算更准确,提高了会计核算的规范性和效率。在20世纪80—90年代,会计电算化由单纯的会计核算扩展到一定程度的会计管理,即建立会计管理信息系统,在简单的会计信息记录、计算、整理、报告工作的基础上,还加入了经济业务控制、经济业务成本与绩效分析评价、企业预算、财产管理等内容,实现了经济活动信息在财务工作部门的系统化处理。20世纪末,随着信息技术的发展、互联网的普及,以企业资源计划(Enterprise Resource Planning,ERP)为代表的管理信息系统逐渐完善并应用到企业之中,集企业的物流、价值流和信息流于一体,实现管理会计与财务会计的一体化以及财务业务的一体化。业务与财务初步融合,通过各种资源信息整合,提高了信息的使用价值,会计由电算化会计逐步向信息化会计演进。与此同时,除了信息技术对会计发展的推动,伴随着社会经济的发展与社会的进步,出现了人力资源会计、通货膨胀会计、环境会计、社会责任会计、资源会计、衍生金融工具会计等许多新型的会计分支,从而进入了会计全面发展的新时期。

进入21世纪,以云计算、大数据、人工智能、物联网等科学技术为标志的第四次工业革命悄然来临。此时,云会计、财务共享服务中心、管理会计信息化的优势逐渐显露,在这一阶段,数字化转型和会计管理职能紧密相连,其目标在于通过业财一体化在企业管理信息系统中的实现,以财务和业务数据为基础,借助现代信息技术手段,获取、加工、整理、分析和报告信息,为企业开展管理会计活动提供全面、及时、有效的数据支持,最终使得财务工作与企业战略目标充分一致,并支撑战略目标的实现。随着"大智移云物区"新一代IT技术的进一步广泛应用,会计向智能化方向发展的趋势逐渐明朗。会计智能化以人工智能在会计中的应用为主要特征,目前的人工智能应用主要还停留在为会计提供智能化解决方案的"弱人工智能"阶段。例如:通过图像识别,智能识别票据真伪并自动提取有价值的数据;通过大数据全样本分析,发现审计线索等。而随着机器学习、自然语言处理、增强现实、边缘计算等智能技术的成熟应用,智能系统具备了"感知环境—科学决策—优化控制"的能力,人工智能已经从追求"计算机模拟人工"向构建具备自学习、自适应、自组织能力,由机器、人、网络、物、数据组成的智能系统转变。

现阶段,随着智能化技术的发展推动着智能技术和会计、传统财务会计和管理会计深度融合,更推动着业务、财务、宏观经济活动的融合,智能化会计系统需要重构,会计的内涵和外延将得到发展,会计的职能将得到强化等,会计理论和实践正面临挑战。但是,在智能化环境下,会计仍然会焕发出勃勃生机,不仅不会消亡,相反,随着智能化的不断深入,会计定会经历价值再造、涅槃重生的飞跃。古语云,"大道至简,大象无形",正是对这一趋势的形象概括[①],主动为企业创造价值的新会计的"春天"正在到来。

综上所述,通过对会计产生和发展过程的回顾,可以看出:

(1) 经济愈发展,会计愈重要。会计活动不是人类社会一开始就存在的,而是社会经济

---

① 续慧泓,杨周南,周卫华,等.基于管理活动论的智能会计系统研究:从会计信息化到会计智能化[J].会计研究,2021(3):11-27.

发展到一定阶段的产物。自1494年复式记账原理出现，直到1775年280多年的时间里，会计技术和方法并没有得到发展，这是因为这个时期的经济背景（独资和合伙经营的商业业务）不需要复杂的会计技术来支持；工业资本主义兴起以后，工业革命和工业生产的迅速发展，使会计技术必须加以发展；特别是现代企业的出现，使得会计在方法和内容上都得到迅速的扩展；人类已经进入知识经济和智能化时代，现代会计将会有更大的发展。

(2) 科学技术的影响不可忽视。随着社会的进步和发展，会计经过古代、近代发展到现代，在其发展过程中，科学技术的影响至关重要，尤其是进入21世纪，科学技术对会计的发展可以说已超越经济等其他因素，成为"第一会计环境因素"。科学技术在促进会计发展的同时也带来了新的问题和挑战，解决这些问题将会使得会计发展得更加完善。

(3) 会计实践和会计理论是两个不同的范畴。会计实践活动有漫长的历史渊源，而会计理论（会计学）却仅有数百年的历史，两者不可混淆。不过，会计理论与会计实践关系十分密切，会计理论是对会计实践的概括和总结；会计理论又可以指导会计实践，使会计实践得到进一步发展。

1.1.2 会计的基本概念

会计是一门既古老又年轻的学科，随着经济社会的发展，会计的职能和内容都在扩展。什么是会计？至今，国内外对会计的定义尚未形成一致的意见。现将国外主要会计权威机构的表述列示如下：

1966年美国会计学会（AAA）对会计所下的定义是："会计是鉴定、计量和传递经济信息的过程，借以使信息使用者能够做出可靠的判断和决策。"从上述定义来看，会计有两个方面的特点：一是明确了会计的目标，即会计是为报表使用者决策提供相关信息；二是明确了会计的范围，即提供经济信息。

1970年美国注册会计师协会所属会计原则委员会（APB）对会计的定义是："会计是一项服务活动，它的职能是提供有关一个经济单位的数量信息（主要是财务性质的信息），借以制定经济决策。"上述定义，明确地阐述了会计信息是为制定经济决策服务，而不仅限于为企业内部制定经营决策服务。

1978年美国财务会计准则委员会（FASB）阐述的会计定义是："会计是计量、处理和传送有关经济单位财务信息的信息系统，依据它所提供的信息，报表使用者可据以做出合理的经济决策。"该定义指出会计是一个信息系统。

根据上述现代会计的定义可知，会计是一个信息系统，它是连接企业和经济决策制定者之间的一个纽带。首先，会计记录和计量了企业的经营活动数据；其次，将数据储存起来，并加工处理成为会计信息；最后，通过报表形式将会计信息传送给经济决策制定者。可见，会计是一个经济信息系统，输入的是企业的经济活动数据，输出的则是经济决策制定者所需要的会计信息。决策制定者包括股东、债权人、管理者、政府部门、企业员工等，他们均需要通过会计报表了解企业的财务状况、经营成果和现金流转情况。

综上所述，会计是一个以提供财务信息为主的经济信息系统，具有以下几个特点：

(1) 以货币为主要计量单位；

(2) 以资金运动为会计对象；

(3) 以为决策使用者提供相关决策信息为会计目标；

(4) 具有一套完整、科学的专门技术和方法；

(5) 具有一个反映和控制两种基本职能的经济信息系统。

1.1.3 现代会计学科体系和理论结构

1) 现代会计学科体系

会计学是人们对会计实践进行科学总结而形成的知识体系，是一门研究会计理论和会计方法体系的管理学科，是管理科学的一个分支。随着会计学研究领域的不断扩展，会计学分化出许多分支，每一个分支也都成为一个学科，形成了一个学科群。但到目前为止，由于会计学科还处在不断的分化与整合中，具体的学科边界尚需进一步研究，因此人们对于会计学科的构成体系并未达成一致的认识。如按会计学研究的内容划分，其分支有基础会计学、财务会计学、高级财务会计学、管理会计学、成本会计学、会计史学等；按会计主体来划分，其分支有宏观会计学和微观会计学，宏观会计学包括总预算会计、社会会计、国际会计等，微观会计学包括企业会计、非营利组织会计等。本书认为，现代会计学体系基本框架由财务会计、管理会计、财务管理和审计组成，如图 1.1 所示①。

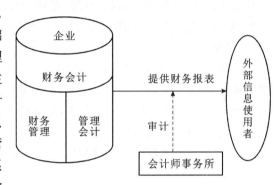

图 1.1 现代会计体系

其中，财务会计旨在全面、完整、概况地反映企业的经济活动，主要满足外部信息使用者的需求，按照技术方法的复杂程度，财务会计分为会计学原理、中级财务会计和高级财务会计三个部分；管理会计是为企业的决策和控制提供相关信息，又称为"决策与控制会计"；财务管理更多地从企业货币资金的筹集、使用等角度出发，力求在最佳的时点以最经济的方式取得适量资本，同时，以最经济的方式保有和使用资本；审计则是站在中立的角度，对企业所提供的财务会计信息进行鉴证，以确保外部信息使用者的利益不受损害。

(1) 财务会计

财务会计是以传统会计为主要内容，通过一定的程序和方法，将企业经济活动中的业务数据，经过记录、分类和汇总，编制成会计报表，向企业外部与企业有利害关系的集团和个人提供反映企业经营成果和财务状况及现金流量变动情况的会计报表。财务会计的特征主要体现在：

① 财务会计主要通过定期编制会计报表，使企业外部信息使用者(股东、银行、政府、供应商等)能够及时、准确地了解到企业的经营状况，以使其能够做出正确的决策。因此，财务会计被称为"对外报告会计"或"外部会计"。

② 财务会计是对企业已经发生的经济业务进行事后的记录和总结，对企业过去的经济活动进行客观的反映和监督。因此，我们往往称它为"事后会计"。

---

① 刘峰. 会计学基础：精要版[M]. 北京：高等教育出版社，2022.

③ 财务会计必须按照一定的程序,按照一般公认会计原则、会计准则和会计制度等,进行确认、计量、记录和定期披露企业的会计报告。按惯例向公众披露的会计报告需经过注册会计师审计。

(2) 管理会计

管理会计是适应现代管理的需要,突破原有会计领域而发展起来的一门相对独立的会计学科。财政部于2014年10月27日颁发的《财政部关于全面推进管理会计体系建设的指导意见》中,为管理会计确定了如下定义:"管理会计是会计的重要分支,主要服务于单位(包括企业和行政事业单位)内部管理需要,是通过利用相关信息,有机融合财务与业务活动,在单位规划、决策、控制和评价等方面发挥重要作用的管理活动。"其特点有:

① 管理会计是利用财务会计提供的会计信息及其他有关管理信息,运用数学、统计和计算机等技术方法,通过对比、计算、分析等手段的运用,为企业内部管理者经营决策、制订计划、管理控制企业等经营活动提供信息的报表。因此,管理会计被称为"对内报告会计"或"内部会计"。

② 管理会计也被称为"事中控制会计"和"事前决策会计"。因为管理会计包括规划与控制两方面的内容:前者主要是通过确定目标,编制计划和确定实现计划的手段与方法,来对企业未来的经营活动进行全面的筹划;后者则主要通过落实责任、考核实绩和分析计划的执行情况,来对企业经营活动进行控制。

③ 管理会计不像财务会计那样要严格按照一定的方法、程序进行,它采用的方法和程序都十分灵活。

(3) 财务管理

财务管理以企业资金的循环和周转为对象,研究企业资金的获得和有效使用的管理工作,履行着参与决策和监督控制的职能。财务管理又具体包括:研究如何以最小的代价筹集到企业所需资金的融资管理;研究如何通过资金投放、使用而获得更大经济利益的投资管理;研究如何进行企业利润分配的利润分配管理。

(4) 审计

审计是为了保证会计工作的合法合规以及会计信息的客观可靠而对会计工作及其所提供信息进行的审查鉴证工作,履行着会计监督的职能。审计具体分为:由企业内部机构和人员进行的内部审计,由国家审计部门进行的国家审计,由社会注册会计师进行的社会审计。

2) 会计基础理论结构

任何学科都有其悠久的历史和可以传承的理论,会计学也不例外。会计理论是围绕会计目的、会计对象、会计假设、会计原则等基础问题形成的概念框架,用以说明会计数据是如何核算的,会计信息是如何形成的,是指导会计学科建设和实务工作的基础。财务会计概念框架最初出现于美国财务会计准则委员会成立之后,它是由一部章程、一套目标与基本原理组成的、互相关联的逻辑体系[1]。在我国,概念框架类似的内容在《企业会计准则——基本准则》中。基于财务会计概念框架,会计基础理论框架主要由会计目标、会

---

[1] 葛家澍,杜兴强.会计理论[M].上海:复旦大学出版社,2005.

计假设、会计概念以及会计原则构成,其各组成要素之间的层次关系[①],如图 1.2 所示。

从图 1.2 可以看出,会计基础理论的第一层次是会计目标,任何系统都要有一个明确的目标,会计系统同样也要有一个目标,会计目标决定了其他会计理论的构成要素;第二层次是会计假设,会计假设对复杂会计环境做出假定,是会计运行的前提条件;第三层次是会计概念,主要是指会计涉及的六大会计要素的相关概念;第四层次是会计原则,主要是指满足会计信息质量要求的内容;第五层次是会计程序和方法,是指某一个会计主体在记录和反映某项经济业务时所采用的会计技术方法。在

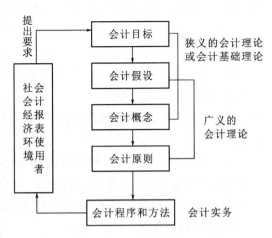

图 1.2 会计基础理论框架

广义上,会计程序和会计方法并没有什么区别;但狭义上,会计程序仅指会计账务的处理步骤和过程,其中包括记录、分类、汇总、分析等,而会计方法仅指会计确认和计量的具体技术。对于会计理论构成要素的具体内容,本书在第1、第2章进行系统论述,具体应用在第3章及后面章节阐述。

会计系统是一个开放的系统,研究会计系统必须考虑会计的运行环境,无论会计理论或会计实务,均必须适应会计报表使用者的要求和社会经济环境的不断变化。

1.2 会计职能和会计目标

1.2.1 会计职能

会计职能,是指会计在经济活动及其管理过程中所具有的功能。会计作为经济活动"过程的控制和观念总结",具有会计核算和会计监督两项基本职能,还具有预测经济前景、参与经济决策、评价经营业绩等拓展职能。

1) 会计核算职能

会计的核算职能,是指会计以货币为主要计量单位,对特定主体的经济活动进行确认、计量、记录和报告。会计核算贯穿于经济活动的全过程,是会计最基本的职能。会计核算的内容主要包括:(1)款项和有价证券的收付;(2)财物的收发、增减和使用;(3)债权、债务的发生和结算;(4)资本、资金的增减;(5)收入、支出、费用、成本的计算;(6)财务成果的计算和处理;(7)需要办理会计手续、进行会计核算的其他事项。

2) 会计监督职能

会计的监督职能,是指会计机构、会计人员对其特定主体经济活动和相关会计核算的

---

① 陈菊花,陈良华.会计学[M].4版.北京:科学出版社,2018.

真实性、完整性、合法性和合理性进行审查,使之达到预期经济活动和会计核算目标的功能。会计监督的主要内容有:(1)对原始凭证进行审核和监督;(2)对伪造、变造、故意毁灭会计账簿或者账外设账行为,应当制止和纠正;(3)对实物、款项进行监督,督促建立并严格执行财产清查制度;(4)对指使、强令编造、篡改财务报告(又称"财务会计报告")的行为,应当制止和纠正;(5)对财务收支进行监督;(6)对违反单位内部会计管理制度的经济活动,应当制止和纠正;(7)对单位制订的预算、财务计划、经济计划、业务计划的执行情况进行监督等。

会计核算与会计监督是相辅相成、辩证统一的。会计核算是会计监督的基础,没有核算提供的各种系统性会计资料,监督就失去了依据;会计监督又是会计核算质量的保障,只有核算没有监督,就难以保证核算所提供信息的质量。

3)会计拓展职能

随着生产力水平的日益提高、社会经济关系的日益复杂和管理理论的不断深化,会计发挥的作用日益重要,其职能也在不断丰富和发展。除了基本职能外,会计还有其他拓展职能:

(1)预测经济前景。会计预测是根据已有的会计信息和相关资料,对生产经营过程及其发展趋势进行定量或定性的判断、预计和估测,找到财务方面的预定目标,并作为下一个会计期间实行经济活动的指标。

(2)参与经济决策。会计决策是指会计按照提供的预测信息和既定目标,在多个备选方案中,帮助主管人员选择最佳方案的过程,为企业生产经营管理提供与决策有关的信息。

(3)评价经营业绩。会计评价是以会计核算资料为基础,结合其他资料,运用专门的方法,对经济活动的过程和结果进行分析,做出公正、真实、客观的综合评判。

1.2.2 会计目标

从事任何学科的研究工作,首先必须明确学科的研究范围和目标。在会计学科领域,会计目标或会计报表的目标被认为是最基础的观念,会计实务和会计理论都建立在它的基础之上。会计人员必须首先研究会计的目标,即会计信息是做什么用的,哪些人需要会计信息。会计目标明确了,才能够进一步确定会计应该收集哪些会计数据,以及如何加工和处理这些数据,从而为报表使用者提供有用的会计信息。应当指出,由于存在不同类型的会计报表使用者,如投资人、债权人、政府主管机构和企业职工等,他们在使用会计报表时,持有不同的立场和动机,因此会计报表必须同时满足不同使用者的需要,会计人员并不能为某一特定类别的使用者单独设计会计报表。无论是哪一种类型的使用者,均应通过通用会计报表获得充分的会计信息,对企业现在和未来的财务状况和获利能力做出评价,从而做出有关经济决策。

从会计的历史发展过程来看,会计信息被需要的范围是在不断扩大的。会计报表最初仅向业主提供,说明企业资产的保管和使用情况。在这个阶段,独资和合伙企业的会计记录通常是保密的,并不向外界公布。在公司形式的企业组织出现以后,因为公司只承担有限责任,所以公司的债权人也同样关心公司的财务状况,会计报表不仅需要向业主和管理者提供,而且需要向债权人提供。随着公司规模和拥有资源的不断扩大,大型公司将拥有成千上万的股东,为数众多的股东不可能直接行使企业管理职权,于是通过正式公布的会计报表向广大股东汇报经营管理情况,就变得非常必要了。广大股东必须依据企业会计报表做出投资或撤资决策。

另外,由于企业的经营成果和财务状况还密切关系到企业职工生活福利的改善、企业纳税义务的履行情况和环境污染的治理情况,这些是政府机构和社会公众所关心的,因此均要求在企业会计报表中予以反映。

但是,上述会计报表使用者所拥有的权益各不相同,企业会计报表如何才能满足企业外界不同社会利益集团的信息需要,以及会计人员应该如何收集、加工处理和报告会计信息,就成为一个最基础的会计理论问题。只有这个基础理论问题很好地解决了,才有可能在它的基础上建立健全会计理论与实务。

会计目标包含的问题之一是会计信息的用途,它是会计的基本目标,一般抽象概括为"制定经济决策"。当然,我国的会计目标具有两重性,即受托责任观和决策有用观,这两者合而为一成为"制定经济决策"目标。其中,受托责任观是公司制和现代产权理论的产物,资源的受托方接受委托方所交付的资源,受托方承担有效地管理与运用受托资源,使其达到保值增值的责任;资源的受托方承担如实地向资源的委托方报告受托责任履行过程和结果的义务。受托责任产生的原因在于所有权与经营权的分离,由于商品经济的发展和生产规模的扩大,所有权和经营权分离现象变得极为普遍,受托责任的观念也逐渐普及。目前受托责任的对象不仅涉及资产或资源的受托责任,还涉及社会责任,包括环保、就业责任等。受托责任观的核心内容是:财务报告的目标是有效反映受托者管理委托人财产责任的履行情况。财务报告是委托人和受托人之间的媒介。决策有用观是在资本市场日益发达的背景下产生的,投资人需要大量有用的能够反映企业财务状况、经营成果和现金流量的信息,不仅需要定性的信息,还需要定量的信息;不仅需要财务方面的信息,还包括非财务方面的信息;不仅包括对过去的经济业务的反映,还包括对企业现在和未来信息的渴求。为了满足这些信息的需求,便有了会计目标。

会计目标包含的问题之二是向哪些人提供会计信息,它是会计的具体目标,主要包括以下几个方面:

(1)向现在和潜在的投资人提供企业财务状况、经营成果和现金流量信息,以便投资人做出合理投资决策,以及续聘或调换管理者的决策;

(2)向债权人提供企业偿债能力的信息,以便债权人做出合理信贷决策;

(3)向政府机构提供企业资源管理效率等信息,以便相关政府机构做出合理的经济调控决策;

(4)向其他报表使用者包括证券交易所、各级管理当局、企业管理层、律师、社会公众等提供经营情况以及企业活动影响社会环境的信息,以便他们做出合理的管理决策和利益相关决策。

综上所述,我国会计基本准则中明确了财务报告的目标,规定财务报告的目标是向财务报告使用者提供与企业财务状况、经营成果和现金流量等有关的会计信息,反映企业管理层受托责任履行情况,有助于财务报告使用者做出经济决策。该目标中,受托责任观和决策有用观是兼顾统一的。

1.3 会计假设和会计基础

1.3.1 会计假设

会计假设是收集、加工、处理会计信息所需依据的基础观念。会计假设是指会计人员面对变化不定的社会经济环境时,所做出的一些合理推论(亦称"环境假设")。依据这些假设所收集和加工出来的会计信息,就可以满足使用者做经济决策的需要。例如,会计主体假设限定了企业会计的范围(指按每个会计主体进行核算),会计期间假设限定了企业会计的时间(指对川流不息的企业经济活动划分会计期后进行核算),货币计量假设限定了企业会计的内容(指将仅能以货币金额反映的企业交易和事项作为企业会计核算对象)。这些会计假设是适应企业的社会经济环境和会计报表使用者的要求,而做出的合理推论。会计假设有四个组成部分:

1) 会计主体假设

会计主体是指会计工作为之服务的一个特定单位。凡具有经济业务,存在价值运动的特定的单独实体,都需要也可以用会计为之服务,成为会计主体。在商品经济中,典型的会计主体是每一个自主经营、自负盈亏的企业。值得注意的有两点:

(1) 一个会计主体不仅和其他主体相对立,而且独立于业主(所有者)之外。换句话说,会计所反映的是一个特定主体的经济业务,而不是其他主体的业务,也不是主体所有者个人的财务活动。其目的在于把每一个经济组织的经营管理权和所有权分离,把每一个经济组织所经营的业务和其他经济组织经营的业务分离,从而划清经济责任、分清公私界限,准确计算该经济组织所拥有的资产、对外承担的债务以及经济活动的范围和财务成果,从而为信息使用者提供所需要的有用信息。这一点对独资和合伙企业尤为重要。

(2) 会计主体与法律主体是两个不同的概念,会计主体不一定是法律主体。比如一个企业内部的某些责任单位(分部、部门)有独立资金、实行独立核算并能计算盈亏,就可以成为一个会计主体。而某个企业如能控制别的企业,其股权已达到足以左右其经营政策和控制其人事任免等时,就需要通过编制合并报表来显示某个企业的全部经济实力,那么实质上,其所编制的合并报表已把这两个企业当作一个企业主体来考察了。

会计主体假设规定了会计活动的空间范围,决定了会计人员的兴趣范围,并限制了应列入财务报表的交易和事项以及它们的特性。

2) 持续经营假设

持续经营的意思是说,企业或者会计主体的经营活动将无限期继续下去。也就是说,在可以预见的未来,企业不会面临破产进行清算。持续经营假设为会计的正常活动做出时间的规定,这一概念使财务会计上的一些公认原则和基本原理,如历史成本原则、收入实现原则、配比原则等得以建立在"非清算基础"之上,从而为很多常见的财产计价和收益确定问题提供了理论依据。例如长期资产的折旧和摊销方法——企业对经营中长期使用的房屋、机器设备等的价值,在会计上按它们的使用年限分期转作费用,就是以这一假设为前提的。也正是在这个假设之下,企业在会计信息收集和处理上所使用的会计程序和方法才能保持稳定,才能正确记载和列报,为决策者提供可靠的会计信息。

当然,如有迹象表明,一个会计主体需要停业清理,甚至破产清算时,所有以这一假设作为基础的会计原则和会计程序、方法就都不再适用。即在企业经济状况恶化,无法持续经营的情况下,也允许不采用持续经营这一假设而另行做出合乎情理的另一种会计处理,比如不再继续使用的经济资源将按清理变现的实际价值计价。

3) 会计期间假设

会计期间假设是持续经营假设的一个必要补充,如果假定一个会计主体应持续经营而无限期,而会计目标要求为信息使用者提供及时相关的信息,在逻辑上就要为会计信息的提供规定期限。这一假设认定,企业在持续经营中发生的经济业务可以归属于人为划分的各个相等的期间。该期间通常以"年"为单位,可以是确定的财政年度,也可以是企业自行确定的营业年度。实际上许多国家的财政年度也不一致,如美国的财政年度由11月1日开始,而英国则由7月1日开始,我国则以公历年度为财政年度。除以年度作为基本会计期间外,还可以季度或月份作为分期基础,提供中期财务信息。会计期间假设对于制定会计原则和会计程序具有极为重要的作用。由于存在会计期间的假设,为了分清各个期间的经营业绩和经营责任,在会计上就需要运用"应计""递延""分配"和"摊提"等四种特殊的程序来处理一些经济业务,把财务会计建立在权责发生制的基础上,并使财务报表尽可能反映某期间内的实际财务状况和经营成果。此外,一个企业取得一项具有预期经济利益的资源之后,会计之所以能把它分为"资产"(未耗用的、仍为预期的经济利益)和"费用"(已耗用的、已转为现实的经济利益),也就是基于持续经营和会计期间的假设。

4) 货币计量假设

会计作为一个经济信息系统,主要是提供定量而不是定性的信息。那么选择什么作为计量单位呢?因为会计信息系统主要是用于接收、加工并发出在每个会计主体中进行的价值运动的信息,而货币是价值的必然表现形式,所以把货币确定为基本的计量单位是必然的选择。

货币计量单位表明,财务报表所表明的内容,只限于那些能够用货币计量的企业经济活动,而不能反映企业的其他情况,不能说明诸如人事、技术发展前景、高层管理人员健康状况、竞争对手的产品质量等影响企业经济地位和处境的重要信息。

以货币为统一的计量单位,是与货币本身的价值稳定不变这个假设相连(为前提)的,也就是说货币购买力的波动不予考虑。但是,在通货膨胀,特别是持续的通货膨胀条件下,这个假设明显地同经济现实发生矛盾,并将导致会计信息的不真实、不可比和不相关。为解决这个问题,通货膨胀会计随之产生。

1.3.2 会计基础

企业生产经营活动在时间上是持续不断的,不断地取得收入,不断地发生各种成本、费用,将收入和相关的费用配比,就可以计算和确定企业生产经营活动产生的利润(或亏损)。由于企业生产经营活动是连续的,而会计期间是人为划分的,因此难免有一部分收入和费用出现收支期间和应归属期间不一致的情况,在处理这类经济业务时,应正确选择合适的会计基础。会计基础是指会计事项的记账基础,是确定一定会计期间收入和费用的确认、计量和报告的标准。可供企业选用的会计基础有两种:权责发生制和收付实现制。

1) 权责发生制

权责发生制,亦称"应收应付制",是指企业以收入的权利和支出的义务是否归属本期为标准来确认收入、费用的一种会计处理基础。也就是以应收应付为标准,而不是以实际收付是否在本期发生为标准来确认本期的收入和费用。在权责发生制下,凡是本期实现的收入和发生的费用,不论款项是否实际收到或实际付出,都应作为本期的收入和费用入账;凡不属于本期的收入和费用,即使款项在本期收到或付出,也不作为本期的收入和费用处理。由于它不考虑款项的收付,而以收入和费用是否归属本期为标准,因此又称为"应计制"。

权责发生制主要从时间上规定会计确认的基础,其核心是根据权、责关系实际发生的期间来确认收入和费用。根据权责发生制进行收入和成本、费用的核算,最大的优点是能够更加准确地反映特定会计期间真实的财务状况及经营成果。因此,我国《企业会计准则——基本准则》明确规定企业应当以权责发生制为基础进行会计确认、计量和报告。

2) 收付实现制

收付实现制,亦称"现收现付制",是以款项是否实际收到或付出作为确定本期收入和费用的标准。采用收付实现制会计处理基础,凡是本期实际收到的款项,不论其是否属于本期实现的收入,都作为本期的收入处理;凡是本期付出的款项,不论其是否属于本期负担的费用,都作为本期的费用处理。反之,凡本期没有实际收到和付出的款项,即使应归属本期,也不作为本期收入和费用处理。这种会计处理基础,由于款项的收付实际上以现金收付为标准,因此一般称为"现金制"。

收付实现制不反映未收到货币资产的收入事项和未付出资产的支出事项,所以可减轻记账和算账的工作量,但一部分已发生的会计事项未被记录,使得企业财务成果的计算不准确,不便于考核经济效益。因此,该种处理方法仅适用于政府事业单位。

现举例说明权责发生制和收付实现制下的会计处理:

【例1.1】 信诚公司7月份发生以下经济业务:

(1) 7月10日销售商品一批,7月20日收到货款,存入银行。

(2) 7月12日销售商品一批,8月9日收到货款,存入银行。

(3) 7月18日收到某购货单位一笔货款,存入银行,但按合同规定于9月份交付商品。

(4) 7月23日以银行存款预付下一年度车辆保险费。

(5) 7月26日购入办公用品一批,但款项在明年的3月份支付。

(6) 年初已支付房租,由每月平均负担,7月确认该房租费用。

(7) 7月31日计算公司应负担的所得税费用,应由下个月预缴所得税。

根据以上经济业务,两种会计基础处理结果见表1.1。

表 1.1 权责发生制与收付实现制的应用

经济业务	权责发生制		收付实现制	
	收入	费用	收入	费用
（1）	√		√	
（2）	√			
（3）			√	
（4）				√
（5）		√		
（6）		√		
（7）		√		

注："√"表示采用该会计基础进行确认。

从例题的应用可见，与收付实现制相比，在权责发生制下，必须考虑预收、预付和应收、应付。由于企业日常的账簿记录不能完全地反映本期的收入和费用，因此需要在会计期末对账簿记录进行调整，使未收到款项的应计收入和未付出款项的应计费用，以及收到款项而不完全属于本期的收入和付出款项而不完全属于本期的费用，归属于相应的会计期间，以便正确地计算本期的经营成果。采用权责发生制核算比较复杂，但符合收入与费用配比以及可比性的要求，所以这种会计处理基础不仅适用于企业，而且适用于行政、事业单位。

1.4 会计信息质量要求

1.4.1 会计信息质量要求概述

会计信息质量要求是对企业财务报告中所提供高质量会计信息的基本规范，是使财务报告中所提供会计信息对投资者等使用者决策有用应具备的基本特征。根据《企业会计准则——基本准则》的规定，会计信息质量要求包括可靠性、相关性、可理解性、可比性、实质重于形式、重要性、谨慎性和及时性。

1.4.2 会计信息质量要求的内容

1）可靠性

企业应当以实际发生的交易或者事项为依据进行会计确认、计量和报告，如实反映符合确认和计量要求的各项会计要素及其他相关信息，保证会计信息真实可靠、内容完整。信息是否具有可靠性主要取决于三个因素，即反映真实、可验证性和中立性。

会计信息要有用，必须以可靠为基础，如果财务报告所提供的会计信息是不可靠的，就会对投资者等使用者的决策产生误导，甚至造成损失。为了贯彻可靠性要求，企业应当做到：

（1）以实际发生的交易或者事项为依据进行确认、计量，将符合会计要素定义及其确认条件的资产、负债、所有者权益、收入、费用和利润等如实反映在财务报表中,不得根据虚构的、没有发生的或者尚未发生的交易或者事项进行确认、计量和报告。

(2) 在符合重要性和成本效益原则的前提下,保证会计信息的完整性,其中包括编报的报表及其附注内容等应当保持完整,不能随意遗漏或者减少应予以披露的信息,与使用者决策相关的有用信息都应当充分披露。

(3) 包括在财务报告中的会计信息应当是中立的、无偏的。如果企业在财务报告中为了达到事先设定的结果或效果,通过选择或列示有关会计信息以影响决策和判断,这样的财务报告信息就不是中立的。

2) 相关性

企业提供的会计信息应当与财务报告使用者的经济决策需要相关,这有助于财务报告使用者对企业过去、现在或者未来的情况做出评价或是预测。信息是否具有相关性,主要由三个因素决定,即反馈价值、预测价值和及时性。

会计信息是否有用,是否具有价值,关键是看其与使用者的决策需要是否相关,是否有助于决策或者提高决策水平。相关的会计信息应当能够有助于使用者评价企业过去的决策,证实或者修正过去的有关预测,因而具有反馈价值。相关的会计信息还应当具有预测价值,有助于使用者根据财务报告所提供的会计信息预测企业未来的财务状况、经营成果和现金流量。例如区分收入和利得、费用和损失,区分流动资产和非流动资产、流动负债和非流动负债以及适度引入公允价值等,都可以提高会计信息的预测价值,进而提升会计信息的相关性。

会计信息质量的相关性要求,需要企业在确认、计量和报告会计信息的过程中,充分考虑使用者的决策模式和信息需要。相关性是以可靠性为基础的,但两者之间并不矛盾,不应将两者对立起来。也就是说,会计信息应在可靠性前提下,尽可能地做到相关性,以满足投资者等财务报告使用者的决策需要。

3) 可理解性

可理解性是决策者和信息有用的连接点。信息能否对会计信息的使用者有用,取决于使用者能否理解会计信息。如果会计信息不被使用者理解,质量再好的会计信息也是无用之物。这要求会计人员尽可能使会计信息易于理解。所以会计基本准则规定,企业会计记录和财务报表应当清晰明了,便于理解和利用。只有这样,才能提高会计信息的有用性,实现财务报告的目标,满足向投资者等财务报告使用者提供决策有用信息的要求。

会计信息毕竟是一种专业性较强的信息产品,在强调会计信息的可理解性要求的同时,还应假定使用者具有一定的有关企业经营活动和会计方面的知识,并且愿意付出努力去研究这些信息。对于某些复杂的信息,如交易本身较为复杂或者会计处理较为复杂,但其与使用者的经济决策相关,企业就应当在财务报告中予以充分披露。

4) 可比性

可比性是指企业的会计核算应当按照规定的会计处理方法进行,会计指标应当口径一致,相互可比。可比性包括两个方面的含义:第一,同一企业不同时期可比。同一企业不同时期发生的相同或者相似交易或事项,应当采用一致的会计处理方法或会计政策,不得随意变更。确需变更的,应当在会计报告的附注中说明。第二,不同企业所处的行业不同,其经济业务发生的时点不同,只要是相同的交易或事项,就应当采用相同的会计处理方法或会计政策,以便对同一时期不同企业的会计信息进行横向比较和分析,为有关决策提供可比的信息。

5) 实质重于形式

由于企业经济活动本身的复杂性,企业经济交易或事项的法律形式(表现形式)可能与其实质或经济现实并不一致。例如,A企业对B企业从法律上仅持有其40%的表决权资本,从股权比例来看未超过50%,被投资企业B企业并不是A企业的子公司,但是A企业同时代理另一个投资企业C企业持有B企业20%的表决权资本,从实质上看,A企业已经对B企业达到了控制关系,B企业是A企业的合并范围。又例如,企业将租赁期超过一年的非低价值租赁资产确认为资产,这就体现了"实质重于形式"。从形式上看,该项资产的所有权在出租方,作为承租方的企业只是拥有使用权和控制权,也就是说,该项资产并不是企业购入的资产,在租赁期内,若依据法律形式是不能将其作为企业的资产予以核算的。然而,由于企业租入资产的目的是长期使用而不是短期使用,有的资产租赁期可能占据该资产的预计使用寿命的大部分,有的资产在租赁期满时企业要作价购入该资产。从经济实质上看,与该资产所有权有关的几乎全部风险和报酬已经转移至承租方,于是就把该租赁资产确认为使用权资产进行核算。因此,企业应当按照交易或者事项的经济实质进行会计确认、计量和报告,不应仅以交易或者事项的法律形式为依据。

实质重于形式,要求依据经济交易或事项的实质或经济现实而不是仅依据其法律形式进行记录和报告,其目的是确保会计信息真实、准确地反映企业的财务状况、经营业绩和现金流量情况。在大多数情况下,其经济实质和法律形式是一致的,但在某些特殊情况下,会出现不一致,会计人员应当充分利用其专业判断能力,透过现象看本质,使会计信息能如实地记录和报告其反映的经济交易或事项。

6) 重要性

重要性是要求企业提供的会计信息应当反映与企业财务状况、经营成果和现金流量有关的所有重要交易或者事项。这是因为现代社会经济环境下,经济方式的不断创新和经济关系的多元化使得企业经济活动的内容变得十分复杂,会计上的经济交易或事项也十分繁杂,因此,对于会计的处理并不需要"一视同仁",需要区别其重要程度采用不同的会计程序和方法。对于重要的交易或事项,应当严格按照规定的会计方法进行处理,并在财务报告中予以充分、准确的披露;对于次要的交易或事项,在不影响会计信息可靠性和保证会计信息使用者可做出正确判断的前提下,可以采用简单(或简化)的会计方法进行处理,在财务报告中通过项目合并的方式予以报告。

在实务中,如果会计信息的省略或者错报会影响投资者等财务报告使用者的决策判断,该信息就具有重要性,重要性取决于需做出判断的项目大小,或在出现省略或发生误报的特定情况下所导致差错的大小。重要性的应用需要依赖职业判断,企业应当根据其所处环境和实际情况,从项目的性质和金额大小两方面加以判断。

7) 谨慎性

谨慎性要求企业对交易或者事项进行会计确认、计量和报告时应当保持应有的谨慎,不应高估资产或者收益、低估负债或者费用。

在市场经济环境下，企业的生产经营活动面临着许多风险和不确定性，如应收款项的可收回性、固定资产的使用寿命、无形资产的使用寿命、售出存货可能发生的退货或者返修等。会计信息质量的谨慎性要求，需要企业在面临不确定性因素的情况下做出职业判断时，保持应有的谨慎，充分估计到各种风险和损失，既不高估资产或者收益，也不低估负债或者费用。例如，要求企业对可能发生的资产减值损失计提资产减值准备、对售出商品可能发生的保修义务等确认预计负债等，就体现了会计信息质量的谨慎性要求。

谨慎性的应用不允许企业设置秘密准备。如果企业故意低估资产或收益，或者故意高估负债或费用，则不符合会计信息的可靠性和相关性要求，损害了会计信息质量，扭曲了企业实际的财务状况和经营成果，从而对使用者的决策产生误导，这是不符合会计准则要求的。

8）及时性

及时性要求企业对于已经发生的交易或者事项，应当及时进行确认、计量和报告，不得提前或者延后。会计信息的价值在于帮助所有者或者其他方面做出经济决策时，具有时效性。即使是可靠、相关的会计信息，如果不及时提供，就失去了时效性，对于使用者的效用就大大降低了，甚至不再具有实际意义。在会计确认、计量和报告过程中贯彻及时性，一是要求及时收集会计信息，即在经济交易或者事项发生后，及时收集整理各种原始单据或者凭证；二是要求及时处理会计信息，即按照会计准则的规定，及时对经济交易或者事项进行确认或者计量，并编制财务报告；三是要求及时传递会计信息，即按照国家规定的有关时限，及时地将编制的财务报告传递给财务报告使用者，便于其及时使用和决策。

在实务中，为了及时提供会计信息，可能需要在有关交易或者事项的信息全部获得之前即进行会计处理，这样虽然满足了会计信息的及时性要求，但可能会影响会计信息的可靠性；反之，如果企业等到获得与交易或者事项有关的全部信息之后再进行会计处理，这样的信息披露虽然提高了信息的可靠性，但可能会由于时效性问题，对于投资者等财务报告使用者的决策而言，有用性将大大降低。这就需要在及时性和可靠性之间作相应权衡，以投资者等财务报告使用者的经济决策需要为判断标准。

以上8项会计信息质量要求是我国《企业会计准则——基本准则》对会计信息应达到的质量标准做出的规定，该规定并不是一成不变的，会受到经济、法律、政治和社会环境的影响，且随其影响的变化应当有所改变。在实务中，常常需要在8项会计信息质量要求之间权衡或取舍。其目的一般是达到质量特征之间的适当平衡，以便实现财务报告的目标。质量要求在不同情况下的相对重要性，属于会计人员的职业判断问题。

在国外，国际会计准则理事会（IASB）与美国财务会计准则委员会于2010年颁布的《财务报告概念框架》对会计信息质量要求（特征）进行了界定。之后，国际会计准则理事会于2018年发布的《财务报告概念框架》将财务报告信息的质量特征区分为基本质量特征和优化质量特征，其中，基本质量特征包括相关性和真实性，优化质量特征包括可比性、可验证性、及时性和可理解性，同时，国际会计准则理事会与美国财务会计准则委员会还将重要性作为相关性的次要质量特征，将完整、中立、杜绝差错作为真实性的次级质量特征。

1.5 会计核算方法和会计循环

1.5.1 会计核算方法

会计核算方法是指对会计对象进行连续、系统、全面、综合的确认、计量和报告所采用的各种方法。会计核算方法体系由设置会计科目和账户、复式记账、填制和审核会计凭证、登记会计账簿、成本计算、财产清查、编制财务报告等专门方法构成。它们相互联系、紧密结合，确保会计工作有序进行。

1) 设置会计科目和账户

会计科目是对会计要素的具体内容所进行的进一步的分类。账户是根据会计科目开设的账页户头，账户具有一定的格式，是连续、系统地登记某一项经济业务的增减变动情况及其结果的载体。

2) 复式记账

复式记账是对发生的每一笔经济业务，都在两个或两个以上相互联系的账户中，以相等的金额反映这一经济业务来龙去脉的一种专门记账方法。复式记账法是会计核算方法体系的核心。

3) 填制和审核会计凭证

会计凭证包括原始凭证和记账凭证，是记录经济业务、明确经济责任的书面证明，是会计登记账簿的依据。填制和审核会计凭证是会计核算工作的起点，正确填制和审核会计凭证，是进行核算和实施监督的基础。

4) 登记会计账簿

账簿是由若干张相互联系的、具有一定结构的账页所组成的簿籍。登记账簿是会计人员运用复式记账的原理，将数量繁多的会计凭证分门别类地在账簿上进行连续、完整的记录和反映各项经济业务的一种专门方法。账簿记录所提供的各种核算资料，是编制财务报表的直接依据。

5) 成本计算

成本计算是指对生产经营过程中发生的产品生产费用，按各种不同的成本计算对象进行归集和分配，进而计算产品的总成本和单位成本的一种专门方法。通过成本计算，可以反映和监督生产经营过程中发生的各项费用是否节约或超支，并据以确定企业经营成果。

6) 财产清查

财产清查是指通过对货币资金、实物资产和往来款项等财产物资进行盘点或核对，确定其实存数，查明账存数与实存数是否相符的一种专门方法。通过财产清查，可以查明各项财产物资的保管和使用情况，以及往来款项的结算情况，监督各项财产物资的安全性与合理使用。

7) 编制财务报告

财务报告是以账簿资料为依据，全面、系统地反映企业在某一特定日期的财务状况或某一会计期间的经营成果和现金流量的一种报告性文件。

以上会计核算的7种方法,虽各有特定的含义和作用,但并不是独立存在的,而是相互联系、相互依存、彼此制约的,它们共同构成了一个完整的会计核算方法体系,如图1.3所示。

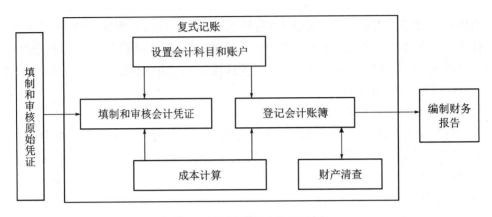

图1.3 会计核算方法关系图

1.5.2 会计循环

会计循环是指按照一定的步骤反复运行的会计程序。从会计工作流程来看,会计循环由确认、计量和报告等环节组成;从会计核算的具体内容来看,会计循环由填制和审核会计凭证、登记会计账簿、编制财务报告等组成,是会计循环的三大核心环节,简称"证—账—表"。

每个企业在某一个会计期间内,其会计工作都会涉及填制和审核会计凭证、设置会计科目和账户、通过复式记账核算经济业务、登记会计账簿、进行成本核算和财产清查,以及编制财务报告等一系列对经济业务进行确认、计量和报告的程序;这些会计程序以一个会计期间的期初为起点,以其期末为终点,并且各个会计期间循环往复,在企业持续经营的情况下不会停止,故称为"会计循环"。

具体步骤为:

(1)审核原始凭证。审核原始凭证,保证基础数据真实、准确。

(2)填制记账凭证。根据审核无误的原始凭证填制记账凭证。

(3)登记会计账簿。会计账簿包括日记账、总分类账和明细分类账。

(4)编制调整分录。按权责发生制编制调整分录。

(5)对账。做到证账、账账、账表、账实相符。

(6)结账。计算出有关账户的本期发生额和期末余额,结平虚账户。

(7)试算平衡。通过试算平衡检查记录是否有错。

(8)编制财务报告。定期编制财务报告,并定期对外报告。

企业每编制一次财务报告,都是以上步骤的一次循环,会计程序如图1.4所示。

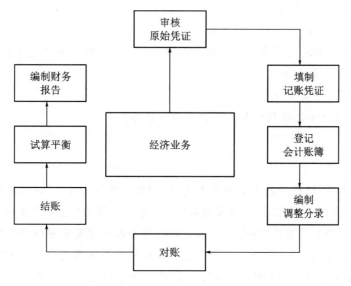

图1.4 会计程序图

关键术语

财务会计(financial accounting)　　管理会计(management accounting)
会计职能(accounting function)　　会计目标(accounting objective)
会计假设(accounting assumption)　　会计主体(accounting entity)
持续经营(going concern)　　会计分期(accounting period)
货币计量(monetary measurement)　　会计基础(accounting basis)
权责发生制(accrual basis)　　收付实现制(cash basis)
会计信息质量(quality of accounting information)
可靠性(reliability)　　相关性(relevance)
可比性(comparability)　　重要性(materiality)
谨慎性(prudence)　　实质重于形式(substance over form)
会计循环(accounting cycle)

本章思考

1. 会计是如何形成和发展的？主要经历了哪些时期？
2. 怎么理解"经济越发展，会计越重要"？
3. 你对会计的哪段历史比较感兴趣？为什么？
4. 如何对会计进行定义？
5. 如何理解财务会计与管理会计的区别和联系？
6. 现代会计学体系包括哪些内容？

7. 怎么阐述会计的职能和目标?
8. 简述会计的基础理论框架的逻辑。
9. 我国会计基本准则明确的四大基本假设是什么?会计的基础是什么?
10. 会计信息质量具体有哪些要求?
11. 怎么理解"可靠性"与会计诚信?
12. 会计的核算方法包括哪些?什么是会计循环?

思政园地

《孟子·万章下》记载:"孔子尝为委吏矣,曰:'会计当而已矣'。"该记载揭示:孔子曾经当过主管仓库的会计,他指出会计的实质是"当",可以理解为"真实""明晰""正确""谨慎""及时""允当"等,中心思想是"得当",符合会计质量要求的首要要求即可靠性。

"会计当而已矣"这句话精辟地概括出了会计的本质与内涵及应当遵循的原则:一是对于经济收支事项要遵循会计制度得"当";二是对会计事项的计算与记录要处理得"当";三是会计人员要德才兼备得"当"。

资料来源:笔者根据中国会计视野网站内容自行整理。

第 2 章 会计要素与复式记账

> **学习目标**
>
> 1. 价值塑造：培养坚持准则、保持谨慎的专业意识，弘扬精益求精的工匠精神，具备严谨、认真、仔细、敬业、合规的专业素养，通过对借贷记账法平衡原理等知识的掌握，激发专业学习兴趣，树立会计职业认同和职业自豪感。
> 2. 知识传授：通过学习会计要素和复式记账的相关原理，了解企业的资金运动及企业的组织形式，熟悉会计对象和会计要素，掌握静态和动态会计等式、会计科目和会计账户的概念和关系。
> 3. 能力培养：通过复式记账尤其是借贷记账法的学习，能够设置会计账户，能够分析企业日常经济业务，运用借贷记账法，编写会计分录，通过试算平衡，检查经济业务是否登记正确。

> **引入案例**
>
> 德国诗人歌德认为："复式记账是人类智慧的一种绝妙创造，每一个精明的商人在他的经济事业中都必须应用它。"如今，到了大数据、人工智能时代，技术飞速发展，商业模式不断创新，作为国际通用的"商业语言"，会计是唯一能够系统反映一个微观主体财务状况、经营成果和现金流量的信息系统，会计记录价值、帮助企业创造价值的使命被赋予了新的意义，但是其背后的逻辑即复式记账的原理和会计的基本功能仍然不会改变。
>
> 资料来源：摘编自《每日经济新闻》于 2021 年 6 月 29 日发表的《西南财经大学会计学院院长马永强：兼大爱于天下，谋人生之大格局》。

2.1 企业资金活动与会计对象

2.1.1 企业资金活动

依据上一章可知，近代会计离不开企业的产生和发展，现代经济环境下的企业，是从事生产、流通和服务等经济活动的基本社会经济细胞，它是以生产或服务满足社会需要，依法设立的实行自主经营、独立核算的一种营利性的经济组织。企业通过适当的手段或方式获取并运用一定的经济资源来实现企业目标，这个过程是资源合理配置过程，通常涉及资源条件、技术条件、市场条件和制度安排，而制度安排则涉及企业的组织设计及其管理问题。

1) 企业的组织形式

企业的组织形式不同,其经济活动也会有所不同。通常认为,企业的组织形式主要包括独资企业、合伙企业和公司制企业三种。

(1) 独资企业

独资企业是指依法在中国境内设立,由一个自然人投资,财产为投资人个人所有,投资人以其个人财产对企业债务承担无限责任的经营实体。由于独资企业的出资人是一个自然人,因此,企业财产归投资人个人所有,企业财产包括初创财产和存续期间积累的财产;投资人以其个人财产包括家庭财产对企业债务承担无限责任。作为一种企业组织形式,对"独资"一词的理解不能停留在字面上。例如,"国有独资公司"虽然有"独资"二字,由于出资者不是自然人,而是代表全国人民的国家,因此,国有独资公司不是独资企业。同样,外商独资企业也不是独资企业。实际上,外商独资企业出现在中国,只能说是"没有中方参与股权的外资企业",至于组织形式如何,完全视其母公司的性质或在中国的注册情况而定。

(2) 合伙企业

合伙企业是指由各合伙人订立合伙协议,共同出资,共同经营,共享收益,共担风险,并对企业债务承担无限连带责任的营利性组织。合伙企业不是单个人的行为,是两个或两个以上个人的联合,合伙人需订立合伙协议,共同出资,共同经营,对合伙企业债务承担无限连带责任,共享收益。合伙企业一般无法人资格,不缴纳企业所得税,而是缴纳个人所得税,主要又分为普通合伙企业和有限合伙企业,其中普通合伙企业又包含特殊的普通合伙企业。在国外,合伙企业大多是以个人服务为主的行业,如会计师事务所、律师事务所、医师诊所等。在中国,合伙企业仅限于私营企业,根据《中华人民共和国注册会计师法》的规定,会计师事务所可以采用合伙企业形式。

(3) 公司制企业

无论是独资企业还是合伙企业,随着市场的拓宽和需求的日益增长,其生产规模将继续扩大。这时,即使业主或合伙人每年自己拿出一部分利润用于投资,扩大生产规模,独资或合伙企业也仍然感到资本紧张。独资或合伙企业发现自己处于两难困境:经营得越成功,发展得越快,就越感到资本短缺。如何解决独资或合伙企业发展过程中的资本问题便成为独资或合伙企业发展面临的重要问题。经历多年的发展与探索,独资或合伙企业找到了通过使更多的人分享利润或承担亏损的方式来获得更多的资本(股本)的办法。由此,公司这种企业组织形式便应运而生。

我国的公司是指依照《中华人民共和国公司法》(简称《公司法》)在中国境内设立的以营利为目的,由两个或两个以上投资人(自然人或法人)依法出资组建,有独立法人财产,自主经营、自负盈亏的法人企业,包括有限责任公司和股份有限公司。公司与独资或合伙企业完全不同,它是法人组织,具有所有权与经营权分离的重要特性。正是由于这个特性,公司具有以下三个基本特征:

① 公司具有无限的生命力。公司的股份可以转让,除非破产清算,公司不会因为所有者或经营者的死亡而宣告结束。

② 公司股份的转让方便。公司的注册资本划分为若干等额的股份,谁持有股份谁就是公司的所有者。在发达的金融市场上,股份的转让很方便。

③ 公司的所有者即股东只负有限的偿债责任。公司的股东以其出资额对公司的债务负责。

虽然各种不同的企业组织形式都需要运用会计辅助战略制定、经营决策与管理控制，但是企业组织形式不同，对会计的内在需求也不同，其运用会计的深度与广度自然也不同。当然，会计信息使用者对不同企业组织形式的信息需求也不同。

2) 企业的经济活动

企业不管其形式如何，首先必须根据所面临的内外部环境制定战略，然后在战略指引下，思考企业应该做什么（投资决策），从哪种渠道和以什么方式解决资金问题（筹资决策），如何运用这些资金开展经营活动（经营决策与管理控制）。由此，企业的经济活动可以大致分为筹资活动、投资活动和经营活动。其中，筹资活动（决策）与投资活动（决策）只是一个问题的两个方面。筹资分为股权筹资和债务筹资，投资分为直接投资和间接投资，直接投资如购买设备、建设工厂等，间接投资如购买股票、债券等证券投资。从企业的管理领域而言，筹资活动与投资活动属于财务管理领域，主要涉及企业从何种渠道和以什么方式取得资金，以及如何有效地运用这些资金等问题。经营活动则属于经营管理领域，主要是指企业日常发生的经济业务，如采购、生产、销售等。

2.1.2 会计对象

以上不同类型的企业都有筹资、投资和经营等经济活动，企业的这些经济活动会产生资金运动，这便是企业的会计对象，在会计上称为经济业务。经济业务，又称为"会计事项"，是指在经济活动中使资金发生增减变动的交易或者事项。交易是指企业与其他单位、企业与个人之间的经济业务，如销售商品或劳务，采购办公用品等；事项是指企业内部发生的经济业务，如工资费用的分配，固定资产的计提等。通常，会计上把交易和事项统称为"经济业务"。

由于各企业所属的行业不同，我国有如农业、交通运输业、邮电通信业、旅游餐饮业、房地产开发业、金融保险业、商品流通业等行业，不同性质和不同行业企业经济活动内容不一样，因此会计的具体对象也就不尽相同。下面以制造业企业和商品流通企业为例，制造业企业通常属于工业企业，也就是从事生产性产品（或劳务）的生产经营的企业。制造业企业的资金运动通常表现为资金投入、资金运用和资金退出三个过程，可概括如图2.1所示。

1) 资金的投入

资金包括企业所有者（投资者）投入的资金和债权人投入的资金两部分，前者属于企业所有者权益，后者属于企业债权人权益即企业负债。投入企业的资金一部分构成流动资产，另一部分构成非流动资产。

2) 资金的运用

企业将资金运用于生产经营过程，形成资金的运用。资金投入企业之后，在供应、生产和销售等环节进行不断的循环和周转。

（1）供应过程

它是生产的准备过程。在供应过程中，企业购买原材料等劳动对象，发生材料费、运输费、装卸费等材料采购成本，与供应单位发生货款的结算关系。

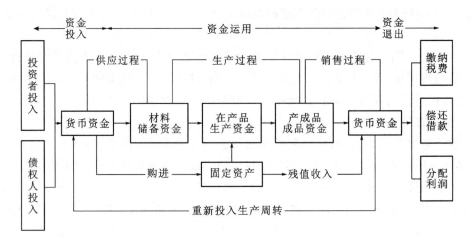

图 2.1　制造业企业资金运动

（2）生产过程

在生产过程中，劳动者借助于劳动手段将劳动对象加工成特定产品，发生原材料消耗的材料费、固定资产磨损的折旧费、生产工人劳动耗费的人工费等；同时，还将发生企业与工人之间的工资结算关系、与有关单位之间的劳务结算关系等。

（3）销售过程

在销售过程中，将生产的产品销售出去，发生有关销售费用、收回货款等业务活动，并同购货单位发生货款结算关系、同税务机关发生税务结算关系等。

3）资金的退出

资金退出过程包括偿还各项债务、上缴各项税费、向所有者分配利润等。

由此可见，制造业企业因资金投入、循环周转和资金退出等经济活动引起各项资金的增减变化，各项成本费用的形成和发生，各项收入的取得以及利润的实现和分配，共同构成会计对象的内容。另外，从任一时点上看，资金运动总是处于相对静止的状态，即企业的资金在任一时点上均表现为资金占用和资金来源两方面，这两个方面既相互联系，又相互制约。

商品流通企业是从事商品流通的经营者，经营过程分为商品购进、商品销售两个过程。在采购商品过程中，货币资金转为商品资金；在商品销售过程中，资金又由商品资金转换为货币资金。在商品流通企业经营过程中，要消耗一定的人力、物力和财力，表现为商品流通费用。在销售过程中，会获得销售收入和实现经营成果。因此，商品流通企业的资金虽然是沿着"货币资金—商品资金—货币资金"的方式在企业内部循环周转，但其整个资金运动过程也是由资金投入、循环周转和资金退出环节构成。

企业是国民经济的主要基层组织，是营利性的经济单位。行政事业单位是非营利性单位，它们的职责是完成国家赋予的任务，也同样需要一定数量的资金，资金来源于国家财政拨款。行政事业单位在正常经营过程中所消耗的人力、物力和财力的货币表现，即为行政费用和业务费用。因此，行政事业单位的经济活动，一方面是按预算从国家财政取得拨入资金，另一方面又按照预算以货币资金支付各项费用，其资金运动的形式是：资金拨入—资金付出。因此,行政事业单位的会计对象就是预算资金及其收支。

综上所述,不论是制造业企业、商品流通企业还是行政事业单位,都是社会再生产过程中的基层单位,会计反映和监督的对象都是资金及其运动过程,正因为如此,从广义上来讲,会计对象可以概况为社会再生产过程中的资金运动。本书后面章节主要以产品制造企业的经济业务作为会计对象进行阐述。

2.2 会计要素与会计等式

2.2.1 会计要素

1) 会计要素的定义和内容

会计反映和监督的对象是资金及其运动过程,为了进行会计核算,将资金运动进一步分类,便形成会计要素。会计要素是对企业经济活动的概括性描述和界定,是根据会计对象的经济特征所作的基本分类,是会计对象的具体化,是反映会计主体财务状况和经营成果的基本单位。

我国《企业会计准则——基本准则》定义了资产、负债、所有者权益、收入、费用和利润六大会计要素。会计要素可以划分为两大类,即反映财务状况的会计要素(又称"资产负债表要素")和反映经营成果的会计要素(又称"利润表要素")。反映企业一定时期的财务状况,是对企业资金运动的静态反映,该类会计要素属于静态要素,包括资产、负债和所有者权益;反映企业一定时期经营成果,是企业资金运动的动态反映,该类会计要素属于动态要素,包括收入、费用和利润。

(1) 资产

资产是指由过去的交易或者事项形成的,由企业拥有或者控制的,预期会给企业带来经济利益的资源。资产的确认须满足以下几个条件,或者说,资产具有以下基本特征:

① 资产是由过去的交易或事项形成的。"过去发生"原则在资产的定义中占有举足轻重的地位,未来交易或事项可能产生的结果不能作为资产确认。

② 资产必须为某一特定主体所拥有或者控制。这是因为会计并不计量所有的资源,而仅计量在某一会计主体控制之下的资源。因此,会计上计量的资产属于某一特定的主体,即具有排他性。"拥有"是指企业对某项资产拥有所有权;"控制"是指虽然没有所有权,但有支配使用权。

③ 资产能为企业带来未来的经济利益,即资产单独或与企业的其他要素结合起来,能够在未来直接或间接地产生净现金流入。这是资产的本质所在。按照这一特征,判断一项资源是否构成资产,一定要看它是否潜存着未来的经济利益。只有那些潜存着未来经济利益的资源才能被确认为资产。

将一项资源确认为资产,除了需要符合资产的定义,还应同时满足以下两个条件:

① 与该项资源有关的经济利益很可能流入企业;

② 该资源的成本或价值能够可靠计量。

资产按其流动性的不同可以划分为流动资产和非流动资产。流动资产是指可以在1年或者超过1年的一个营业周期内变现、出售或耗用的资产,主要包括库存现金、银行存款、应收账款、预付账款、交易性金融资产、存货等。非流动资产是指不能在1年或者超过1年的一个营业周期内变现或者耗用的资产,主要包括长期股权投资、固定资产、无形资产、投资性房地产等。下面对部分资产进行说明:

库存现金,是指企业用于零星收付的纸币和硬币。根据我国《现金管理暂行条例》的规定,超过现金结算限额的收付一律通过银行进行结算。

银行存款,是指企业存放在银行或其他金融机构的款项,用于结算起点以上的单位之间的资金收付结算。

交易性金融资产,是指企业持有的随时可以用于交易的股票、债券、基金等金融资产。企业持有这类金融资产的目的是低买高卖,赚取差价。

应收票据,是指企业因销售商品或提供劳务而收到的尚未到期的商业汇票,主要是银行承兑汇票。

应收账款,是指企业因销售商品或提供劳务应该收取而尚未收到的款项,属于企业的一项债权。

存货,是指企业持有的以备生产、加工使用的原材料及各种辅助材料,以备销售的商品、半成品,以备周转使用的包装物和低值易耗品等周转材料。

长期股权投资,是指企业持有被投资单位的股权,不准备在1年内变现的投资。主要是指对子公司、合营企业和联营企业的投资。

固定资产,是指使用年限在1年以上,单位价值在规定标准以上,并在使用过程中保持原来物质形态的资产,包括房屋、建筑物、机器设备、运输设备等。

无形资产,是指企业为生产商品或提供劳务、出租给他人使用,或为管理目的而持有的、没有实物形态的、可辨认的非货币性长期资产,包括专利、商标、专有技术、土地使用权等。

(2) 负债

负债是指由过去的交易或事项形成的、预期会导致经济利益流出企业的现时义务。履行该义务将会导致经济利益流出企业。未来发生的交易或者事项形成的义务不属于现时义务,不应当确认为负债。负债具有以下基本特征:

① 负债是由以往交易或事项形成的。"过去发生"原则在负债的定义中非常重要,只有源于已经发生的交易或事项才形成负债,企业将在未来发生的承诺、签订的合同等交易或事项,不形成负债。

② 负债是一种现时义务。负债必须是企业承担的现时义务,这里的现时义务是指企业在现行条件下承担的义务。未来发生的交易或事项形成的义务,不属于现时义务,不应确认为负债。

③ 负债预期会导致经济利益流出企业。企业无论以何种方式偿债,均会使经济利益流出企业,这是负债的本质特征,如果不会导致经济利益流出企业,就不符合负债的定义。企业未来清偿债务可能是交付资产(如现金或其他资产)或提供劳务,也有可能是通过承诺新的负债或转化为所有者权益来了结负债,但最终都会导致经济利益流出企业。

将一项义务确认为负债,除了需要符合负债的定义,还应同时满足以下两个条件:

① 与该义务有关的经济利益很可能流出企业;

② 未来流出的经济利益的金额能够可靠计量。

按照偿还期限的长短，一般将负债分为流动负债和非流动负债。流动负债是指预计在1年或者超过1年的一个营业周期内偿还的债务，主要包括短期借款、应付账款、预收账款、应交税费等。非流动负债是指偿还期在1年或者超过1年的一个正常营业周期以上的债务，主要包括长期借款、租赁负债、长期应付款等。下面对部分负债进行说明：

短期借款，是指企业向银行或其他金融机构借入的偿还期在1年以内的各种借款，包括生产周转借款、临时借款等。

应付票据，是指企业因购买商品或接受劳务而开给收款人或持票人特定金额和期限的商业汇票。

应付账款，是指企业因购买商品或接受劳务应该支付而未支付给供应商的账款。

预收账款，是指企业预先向客户收取的购买商品或接受劳务的款项。

应付职工薪酬，是指企业应向员工支付的工资报酬。

应交税费，是指企业在从事生产经营活动中，按照税法要求计算出的各种应该向国家缴纳而尚未缴纳的税款。包括应交增值税、应交消费税、应交所得税等。

长期借款，是指企业向银行或其他金融机构借入的期限超过1年的各种借款，主要用于大型工程建设、研究开发等项目。

应付债券，是指企业向社会公开发行债券而筹集的长期资金。

（3）所有者权益

所有者权益也称"股东权益"，是指资产扣除负债后由所有者享有的剩余权益。它在数值上等于企业全部资产减去全部负债后的余额，即"所有者权益＝资产－负债"。所有者权益是企业进行生产经营活动的"本钱"，其实质是企业从投资者手中吸收的资本投入及其增值。所有者权益具有以下基本特征：

① 所有者权益是剩余权益，是所有者对企业的净资产享有的所有权，而净资产则是资产减去负债后的余额。

② 所有者权益金额的确定有赖于资产和负债的计量，不能单独计量。

所有者权益的来源包括所有者投入的资本、直接计入所有者权益的利得和损失、留存收益等，通常由实收资本（或股本）、资本公积、盈余公积和未分配利润等构成。下面对部分所有者权益项目进行说明：

实收资本（或股本），是指投资者按照有限责任公司章程或合同、协议的约定，实际投入企业的资本。股本是按照股份面值计价的投入资本，我国上市公司发行的股票面值为每股一元人民币。股票面值是计算投资者在整个资本中拥有份额的重要依据。

资本公积，是指投资者共有的资本，包括资本（股本）溢价和其他来源形成的资本。

盈余公积，是指企业按照《公司法》的规定及董事会的决议从当期税后利润中提取并留存在企业的收益，可以用于弥补亏损。按《公司法》的规定提取的盈余公积称为"法定盈余公积"，按董事会决议提取的盈余公积称为"任意盈余公积"。

未分配利润，是指企业尚未指定用途，留待以后再向股东分配的利润。

所有者权益和负债虽然同是企业的权益，都体现企业的资金来源，但两者之间却有着本质上的不同，具体表现为：

① 负债是企业对债权人承担的经济责任，企业有偿还的义务；而所有者权益则是企业对投资人承担的经济责任，在一般情况下是不需要归还给投资者的。

② 债权人只享有按期收回利息和债务本金的权利，而无权参与企业的利润分配和经营管理；投资者则既可以参与企业的利润分配，也可以参与企业的经营管理。

③ 在企业清算时，负债拥有优先求偿权；而所有者权益则只能在清偿了所有的负债以后，才返还给投资者。

（4）收入

收入是指企业在日常活动中形成的、会导致所有者权益增加的、与所有者投入资本无关的经济利益的总流入。收入的实质是企业经济活动的产出过程，即企业生产经营活动的结果。收入具有以下基本特征：

① 收入从企业的日常活动中产生，而不是从偶发的交易或事项中产生。日常活动是指企业为完成其经营目标所从事的经常性活动及与之相关的活动。有些非经常性活动也会给企业带来经济利益的流入，但是不能确认为收入，而应当确认为利得（如营业外收入）。

② 收入最终能导致企业所有者权益的增加。不会导致所有者权益增加的经济利益流入，不能确认为收入，比如企业向银行借入款项，该业务导致了负债的产生，而不是收入的实现。

③ 收入是指与所有者投入资本无关的经济利益流入。如果是投资者投入资本带来的经济利益的增加，应该直接确认为所有者权益，不能确认为收入。

企业收入的来源渠道多种多样，不同收入来源的特征有所不同，其收入确认条件也往往存在差别。一般而言，收入的确认至少应该符合以下条件：

① 合同各方已批准该合同并承诺履行各自义务；

② 该合同明确了合同各方与所转让商品或劳务相关的权利和义务；

③ 该合同有明确的与所转让商品或提供劳务相关的支付条款；

④ 该合同具有商业实质，即履行该合同将会改变未来现金流量的风险、时间分布或金额；

⑤ 企业因向客户转让商品或提供劳务而有权取得的对价很可能收回。

收入根据重要性要求，可以分为主营业务收入和其他业务收入；按照收入性质不同，可以分为销售商品收入、提供劳务收入和让渡资产使用权收入。

以上对于收入的定义是指狭义的收入，广义的收入包括营业收入（主营业务收入、其他业务收入）、利得（营业外收入）。

主营业务收入，是指企业的主要经营活动产生的收入，如销售商品、提供劳务的收入。

其他业务收入，是指除主营业务活动以外的其他经营活动带来的收入。如出售原材料，出租固定资产、无形资产和包装物等业务取得的收入。

营业外收入，是指企业非日常活动产生的利得。一般与正常的生产经营活动没有直接关系，是偶然发生的。它主要包括罚款收入、固定资产盘盈、捐赠收入等，直接计入当期利润的利得。

投资收益，是指企业或个人对外投资所得的收入（所发生的损失为负数），如企业对外投资取得股利收入、债券利息收入以及与其他单位联营所分得的利润等。投资收益是对外投资所取得的利润、股利和债券利息等收入减去投资损失后的净收益。

(5) 费用

费用是指企业在日常活动中发生的、会导致所有者权益减少的、与向所有者分配利润无关的经济利益的总流出。费用具有以下基本特征:

① 费用是企业在日常活动中发生的。如果不是日常活动产生的经济利益流出,如企业由自然灾害引起的经济利益减少,不是费用,而是损失(又如营业外支出)。

② 费用能导致企业所有者权益的减少。不会导致所有者权益减少的经济利益流出不符合费用的定义,不应确认为费用,例如偿还银行的借款,导致经济利益流出,但不会导致所有者权益减少,应确认为负债的减少,而不是确认为费用的增加。

③ 费用与向所有者分配利润无关。如果是分配利润导致经济利益的流出,这属于留存利润的减少,也就是所有者权益的抵减,不能确认为费用。

费用的确认除了应当符合定义外,至少应当符合以下条件:

① 与费用相关的经济利益应当很可能流出企业;

② 经济利益流出企业的结果会导致资产的减少或者负债的增加;

③ 经济利益的流出额能够可靠计量。

费用包括成本,成本是指企业为生产产品、提供劳务而发生的各种耗费,包括为生产产品、提供劳务而发生的直接材料费用、直接人工费用和各种间接费用。企业应当在确认收入时,将已销售产品或已提供劳务的成本等从当期收入中扣除。企业计入当期损益的成本主要有主营业务成本和其他业务成本。费用一般是指企业在经营活动中发生的税金及附加、期间费用,以及资产和信用减值损失等。费用与成本既有联系又有区别。费用是和期间相联系的,而成本是和产品相联系的;成本要有实物承担者,而费用一般没有实物承担者。二者都反映资金的耗费,都意味着企业经济利益的减少,也都是由过去已经发生的经济活动引起或形成的。

上面定义的费用是狭义上的概念。广义的费用还包括直接计入当期利润的损失和所得税费用。直接计入当期利润的损失,即营业外支出,是指企业发生的与其生产经营活动无直接关系的各项偶发性支出,如罚款支出、非流动资产报废损失、捐赠支出和非常损失等。所得税费用是指企业按照企业所得税法的规定向国家缴纳的所得税。

主营业务成本,是指销售商品、提供劳务等企业主要经营活动所发生的成本。主营业务成本是与主营业务收入相对应的概念,主营业务收入反映商品或劳务的销售收入,而主营业务成本反映商品制造成本或劳务成本。

其他业务成本,是指企业确认的除主营业务活动以外的其他日常经营活动所发生的耗费。它包括销售材料的成本、出租固定资产的折旧额、出租无形资产的摊销额、出租包装物的成本或摊销额等。

税金及附加,反映企业经营主要业务应负担的各种税费和教育费附加,包括消费税、城市维护建设税、资源税、教育费附加、房产税、土地使用税、车船税、印花税等相关税费。

销售费用,是指为推销产品及专设销售机构发生的各种费用。它主要包括运输费、装卸费、包装费、保险费、广告费、展览费等。

管理费用,是指为组织和管理企业生产经营活动而发生的费用,主要是企业管理部门发生的各种费用。它主要包括管理人员的工资、办公费、差旅费、固定资产折旧费等。

财务费用,是指企业为筹集和使用资金而发生的费用。它主要包括企业支付给银行或其他金融机构的手续费、生产经营期间发生的利息支出等。

销售费用、管理费用、财务费用合称为"期间费用"。它们是企业为取得各项收入而发生的共同费用。

营业外支出,是指企业发生的与其生产经营无直接关系的各项支出,如捐赠支出、罚款、报废固定资产净损失等。

所得税费用,是指企业按照税法的规定,将企业利润的一定比例以所得税的方式缴纳给国家。当期所得税费用就是"当期应交所得税=应纳税所得额×所得税税率(一般为25%)",其中,"应纳税所得额=税前会计利润(即利润总额)+纳税调整增加额-纳税调整减少额"。

(6) 利润

利润是指企业在一定会计期间的经营成果,包括收入减去费用后的净额、直接计入当期利润的利得和损失等。利润具有以下基本特征:

① 利润是指企业在一定会计期间的经营成果。经营成果有可能是盈利,导致所有者权益增加;也有可能是亏损,导致所有者权益减少。

② 利润金额的确定,一般不单独计量,取决于收入、费用,以及直接计入当期利润的利得和损失的计量。

③ 直接计入当期利润的利得和损失是企业非日常活动的结果。非日常活动产生的经济利益的流入称为利得,非日常活动产生的经济利益的支出称为损失。不像收入和费用能进行配比,利得和损失没有配比关系,利得发生后直接计入利润,损失发生后直接抵减利润。

利润指标主要包括毛利润、营业利润、利润总额和净利润。

① 毛利润。毛利润是主营业务收入加上其他业务收入,减去主营业务成本、其他业务成本后的金额,它是企业产品竞争力的重要体现。

$$毛利润 = 主营业务收入 + 其他业务收入 - 主营业务成本 - 其他业务成本 \quad (2.1)$$

② 营业利润。营业利润是指主营业务收入加上其他业务收入,加上其他收益,减去主营业务成本、其他业务成本、税金及附加、销售费用、管理费用、研发费用、财务费用、资产及信用减值损失,加上或减去公允价值变动损益、投资收益、资产处置损益后的金额。它是狭义收入与狭义费用配比后的结果。

$$\begin{aligned}营业利润 =\ & 主营业务收入 + 其他业务收入 + 其他收益 - 主营业务成本 - 其他业务成本 \\ & - 税金及附加 - 销售费用 - 管理费用 - 研发费用 - 财务费用 \\ & - 资产(信用)减值损失 + (-)公允价值变动损益 + (-)投资收益 \\ & + (-)资产处置损益 \end{aligned} \quad (2.2)$$

③ 利润总额。利润总额是指营业利润加上营业外收入,减去营业外支出后的金额。

$$利润总额 = 营业利润 + 营业外收入 - 营业外支出 \quad (2.3)$$

④ 净利润。净利润亦称"税后利润",是指利润总额减去所得税费用后的金额。它是广义收入与广义费用配比后的结果。

净利润＝利润总额－所得税费用 (2.4)

2）会计要素的作用

会计要素的划分在会计核算中具有十分重要的作用，具体表现在：

(1) 会计要素是对会计对象的科学分类和具体化。会计对象的内容是多种多样、错综复杂的，为了科学、系统地对其进行反映和监督，必须对它们进行分类，然后按类设置账户并记录账簿。划分会计要素正是对会计对象进行分类。

(2) 会计要素是设置会计科目和会计账户的基本依据。对会计对象进行分类，必须确定分类的标志，而这些标志本身就是账户的名称即会计科目。不将会计对象划分为会计要素，就无法设置会计账户，也就无法进行会计核算。

(3) 会计要素构成会计报表的基本框架。会计报表是提供会计信息的工具和手段，会计要素是会计报表框架的基本构成内容，资产、负责和所有者权益是资产负债表的主要内容，收入、费用和利润是利润表的主要内容。因此，会计要素为会计报表奠定了基础。

3）会计要素的确认和计量

(1) 会计要素的确认

会计确认是指运用特定的会计方法对企业已发生的交易或事项同时以文字和金额的形式进行描述，将其作为企业的资产、负债、所有者权益、收入、费用和利润等会计要素加以正式记录，并使其反映在企业的财务报表之中的过程，是财务会计的一项重要程序。会计确认主要解决某一个项目应否确认、如何确认和何时确认三个问题，它包括在会计记录中的初始确认和在财务报告中的再确认，凡是确认必须具备一定的条件。

初始确认是指在一项交易或事项发生后，明确其所涉及的会计要素，编制和审核会计凭证，然后登记在相关会计账簿中，对其所涉及的会计要素变动的信息以文字和货币的形式反映出来的过程。再确认是指将初始确认后形成的账簿数据通过综合和重新分类，在财务报表中以财务报表项目的形式进行表述的过程。再确认关注的是企业应在什么时候，以什么金额，通过什么财务报表项目将账簿数据列入财务报表等问题。

基于《企业会计准则——基本准则》的规定，初始确认条件主要包括：①可定义性，即将有关经济业务确认为一项要素，首先必须符合该要素的定义。②可计量性，即应予以确认的交易或事项要能够以某种计量属性可靠地进行计量。③相关性，即予以确认和计量的交易或事项所产生的会计信息应与会计信息使用者的决策相关，能够导致决策差别。④可靠性，即予以确认和计量的交易或事项所产生的会计信息应当具有真实性、可核性和中立性，真实地反映企业的经营状况。

(2) 会计要素的计量

会计要素的计量是为了将符合确认条件的会计要素登记入账并列报于财务报表而确定其金额的过程。会计通常被认为是一个对会计要素进行确认、计量和报告的过程，其中，会计计量在会计确认和报告之间起着十分重要的作用。一般来说，会计计量主要由计量单位和计量属性两方面的内容构成，二者的不同组合就形成了不同的计量模式。其中，会计是以货币作为计量单位，《企业会计准则——基本准则》第四十二条对会计计量属性做了规定。会计计量属性主要有以下五种：

① 历史成本。历史成本,又称为"实际成本",是指取得或制造某项财产物资时所实际支付的现金或其他等价物。在历史成本计量下,资产按照购置时支付的现金或者现金等价物的金额,或者按照购置资产时所付出的对价的公允价值计量。负债按照因承担现时义务而实际收到的款项或者资产的金额,或者承担现时义务的合同金额,或者按照日常活动中为偿还负债预期需要支付的现金或者现金等价物的金额计量。历史成本计量是基于经济业务的实际交易成本,不考虑随后市场价格变动的影响。

② 重置成本。重置成本,又称"现时成本",是指按照当前市场条件,重新取得同样一项资产所需支付的现金或者现金等价物的金额。在重置成本计量下,资产按照现在购买相同或相似资产所需支付的现金或现金等价物的金额计量。负债按照现在偿付该项债务所需支付的现金或者现金等价物的金额计量。

③ 可变现净值。可变现净值是指在正常生产经营过程中,以预计售价减去进一步加工成本和预计销售费用及相关税费后的净值。在可变现净值计量下,资产按照其正常对外销售所能收到现金或者现金等价物的金额扣减该资产至完工时估计将要发生的成本、估计的销售费用以及相关税费后的金额计量。

④ 现值。现值是指对未来现金流量以恰当的折现率进行折现后的价值,是考虑资金时间价值的一种计量属性。在现值计量下,资产按照预计从其持续使用和最终处置中所产生的未来净现金流入量的折现金额计量。负债按照预计期限内需要偿还的未来净现金流出量的折现金额计量。

⑤ 公允价值。公允价值是指市场参与者在计量日发生的有序交易中,出售一项资产所能收到或者转移一项负债所需支付的价格。在公允价值计量下,资产和负债按照市场参与者在计量日发生的有序交易中,出售资产所能收到或者转移负债所需支付的价格计量。

《企业会计准则——基本准则》第四十三条规定:"企业在对会计要素进行计量时,一般应当采用历史成本,采用重置成本、可变现净值、现值、公允价值计量的,应当保证所确定的会计要素金额能够取得并可靠计量。"这是对会计计量属性选择的一种限定性条件:一般应当采用历史成本,如果要使用其他计量属性,必须保证金额能够取得并可靠计量。

2.2.2 会计等式

1) 会计等式的含义

会计等式,也称为"会计方程式",是根据会计要素之间的相互依存关系建立的数学表达方式,是表明各会计要素之间基本关系的恒等式。会计对象可概括为资金运动,具体表现为会计要素,每发生一笔经济业务,都是资金运动的一个具体过程,每个资金运动过程都必然涉及相应的会计要素,从而使全部资金运动所涉及的会计要素之间存在一定的相互联系,会计要素之间的这种内在关系可以通过数学表达式予以描述,这种表达会计要素之间基本关系的数学表达式就叫"会计等式"。

(1) 静态会计等式

资产、负债和所有者权益会计要素之间的数量关系可表达为以下等式:

$$资产 = 负债 + 所有者权益 \tag{2.5}$$

式(2.5)表达的基本含义是,企业的资产要么来源于债权人,从而形成企业的负债;要么来源于投资者,从而形成企业的所有者权益。由此可见,资产与负债和所有者权益,实际上是同一价值运动的两个方面。也就是说,一定数额的资产必然对应着相同数额的负债与所有者权益,而一定数额的负债与所有者权益也必然对应着相同数额的资产。这一会计等式是最基本的会计等式,也称为"静态会计等式""存量会计等式",既表明了某一会计主体在某一特定时点拥有的各种资产,同时也表明了这些资产的归属关系。它是设置账户、复式记账以及编制资产负债表的理论依据,在会计核算体系中有着举足轻重的地位。而且,不管企业发生什么类型的经济业务,都不会影响该等式,因此,该基本等式被称为"会计恒等式"。

(2) 动态会计等式

企业的目标是从生产经营活动中获取收入,实现盈利。企业在取得收入的同时,必然要发生相应的费用。将一定期间的收入与费用相比较,收入大于费用的差额为利润;反之,收入小于费用的差额则为亏损。因此,收入、费用和利润三要素之间的关系可用公式表示为:

$$收入 - 费用 = 利润 \tag{2.6}$$

式(2.6)是第二会计等式,反映的是企业的利润情况,也称为"经营成果会计等式",反映会计要素的增量即变动情况,也就是"动态会计等式";该等式反映了企业某一时期收入、费用和利润的恒等关系,表明了企业在某一会计期间所取得的经营成果,是编制利润表的理论依据。

(3) 扩展会计等式

企业一定会计期间的生产经营成果即利润必然影响所有者权益,也就是说,企业获得利润将使所有者权益增加,资产也会随之增加或者负债随之减少;企业发生亏损将使所有者权益减少,资产也会随之减少或者负债随之增加。因此,企业生产经营活动产生收入、费用、利润后,则基本会计等式就会演变为:

$$\begin{aligned}资产 &= 负债 + 所有者权益 + 利润 \\ &= 负债 + 所有者权益 + (收入 - 费用)\end{aligned} \tag{2.7}$$

或者:
$$资产 + 费用 = 负债 + 所有者权益 + 收入 \tag{2.8}$$

我们将"资产+费用=负债+所有者权益+收入"这一等式称为"扩展的会计等式"。这一会计等式是在上述基本会计等式基础上代入动态会计等式后的综合会计等式,由于利润隐含在收入和费用中,因此该等式表明了收入和费用发生后各会计要素之间的恒等关系。

2) 经济业务的发生对会计基本等式的影响

企业在生产经营过程中,不断地发生各种经济业务。经济业务即会计事项,是指在经济活动中使会计要素发生增减变动的交易或事项。企业的经济业务繁多,比如采购、销售、投资、融资等业务,同一类型由于业务的内容不同,影响的会计要素也不同,但是,总体都不会影响会计等式的平衡。经济业务对会计等式的影响归纳起来有九种类型。

(1) 一项经济业务的发生,导致资产项目此增彼减,增减金额相等。

【例 2.1】 信诚公司用银行存款 60 000 元采购原材料,已验收入库。

该项经济业务属于原材料采购业务,原材料增加60 000元,银行存款减少60 000元,由于原材料和银行存款都属于资产会计要素,属于资产项目一增一减,增减金额相等,并没有改变会计等式的平衡。

(2) 一项经济业务的发生,导致负债项目此增彼减,增减金额相等。

【例2.2】 信诚公司向银行借入6个月期限的短期借款50 000元,偿还供应商货款。

该项经济业务向银行借款偿还供应商货款,短期借款增加50 000元,对供应商的应付账款减少50 000元,由于短期借款和应付账款都属于负债会计要素,属于负债项目一增一减,增减金额相等,因此,并没有改变会计等式的平衡。

(3) 一项经济业务的发生,导致所有者权益项目此增彼减,增减金额相等。

【例2.3】 信诚公司用盈余公积转增实收资本80 000元。

该项经济业务是将盈余公积转为实收资本,一方面使得盈余公积减少80 000元,另一方面导致实收资本增加80 000元,涉及的两个项目都属于所有者权益会计要素,也就是导致所有者权益项目一增一减,增减金额相等,因此,会计等式依然保持平衡。

(4) 一项经济业务的发生,导致资产项目增加,同时负债项目也增加,增加金额相等。

【例2.4】 信诚公司购买一台设备200 000元,款项尚未支付。

该项经济业务属于购置固定资产业务,固定资产增加200 000元,款项尚未支付,应付账款增加200 000元,由于固定资产属于资产会计要素,应付账款属于负债会计要素,使得会计等式两边同时增加相等金额,因此,并没有改变会计等式的平衡。

(5) 一项经济业务的发生,导致资产项目减少,同时负债项目也减少,减少金额相等。

【例2.5】 信诚公司用银行存款偿还短期借款50 000元。

该项经济业务属于银行还款业务,银行存款减少50 000元,偿还了短期借款导致其减少50 000元,由于银行存款属于资产会计要素,短期借款属于负债会计要素,使得会计等式两边同时减少相等金额,因此,会计等式依然平衡。

(6) 一项经济业务的发生,导致资产项目增加,同时所有者权益项目也增加,增加金额相等。

【例2.6】 信诚公司的投资者增加投资100 000元,手续已办妥,款项已转入企业的银行存款账户。

该项经济业务属于接受投资人投资业务,银行存款增加100 000元,企业的资本即实收资本增加100 000元,由于银行存款属于资产会计要素,实收资本属于所有者权益会计要素,使得会计等式两边同时增加相等金额,因此,会计等式依然平衡。

(7) 一项经济业务的发生,导致资产项目减少,而同时所有者权益项目亦减少,减少金额相等。

【例2.7】 信诚公司的投资者收回90 000元,手续已办妥,企业以银行存款支付。

该项经济业务属于投资人投资减少业务,银行存款减少90 000元,企业的资本即实收资本减少90 000元,由于银行存款属于资产会计要素,实收资本属于所有者权益会计要素,使得会计等式两边同时减少相等金额,因此,不改变会计等式的平衡。

(8) 一项经济业务的发生,导致负债项目增加,所有者权益项目减少,增减金额相等。

【例2.8】 信诚公司宣布向投资者分配现金股利30 000元,股利尚未支付。

该项经济业务属于利润分配股利支付业务,企业利润并不留存,而是向股东分配现金股利

30 000元,同时,股利尚未分配,形成企业的应付股利 30 000元,由于利润分配属于所有者权益的减少,应付股利的形成属于负债的增加,增减金额相等,因此,会计等式依然平衡。

(9) 一项经济业务的发生,导致负债项目减少,所有者权益项目增加,增减金额相等。

【例 2.9】 信诚公司将债权人的应付账款 100 000 元转为对企业的投资。

该项经济业务属于债务重组经济业务,应付账款减少 100 000 元,企业的资本即实收资本增加 100 000 元,由于应付账款属于负债会计要素,实收资本属于所有者权益会计要素,使得会计等式右边的负债和所有者权益一增一减,增减金额相等,因此,会计等式仍然平衡。

以上九类经济业务对基本会计等式的影响,可以归纳为以下三类:

(1) 一项经济业务的发生,引起会计基本等式左边或者右边内部项目一增一减,增减金额相等,变动结果不会影响会计等式的平衡。

(2) 一项经济业务的发生,引起会计基本等式左右两边同时增加,且增加金额相等,会计等式依然平衡。

(3) 一项经济业务的发生,引起会计基本等式左右两边同时减少,且减少金额相等,会计等式依然平衡。

3) 经济业务的发生对扩展的会计等式的影响

对于企业经济业务的发生对扩展会计等式的影响,可进行以下分析:

(1) 企业收入的取得,或者表现为资产要素和收入要素同时、同等金额的增加,或者表现为收入要素的增加和负债要素同等金额的减少,其影响结果是:该等式仍然保持平衡。

【例 2.10】 信诚公司销售自制产品,取得收入 80 000 元,已存入银行。

该项经济业务属于商品销售业务,销售收入即主营业务收入增加 80 000 元,银行存款增加 80 000 元,由于主营业务收入属于收入项目,银行存款属于资产项目,使得扩展会计等式两边同时增加相等金额,因此,会计等式依然平衡。

(2) 企业费用的发生,或者表现为负债要素和费用要素同时、同等金额的增加,或者表现为费用要素的增加和资产要素同等金额的减少,其影响结果是:该等式仍然保持平衡。

【例 2.11】 信诚公司以银行存款转账支付店面租金 50 000 元。

该项经济业务属于费用支付业务,店面租金发生 50 000 元,即管理费用增加 50 000 元,银行存款减少 50 000 元,由于管理费用属于费用项目,银行存款属于资产项目,使得扩展会计等式左边资产要素减少,费用要素增加,金额相等,因此,会计等式依然平衡。

(3) 在会计期末,将收入与费用相减得出企业的利润。利润在按规定程序进行分配以后,留存企业的部分(包括盈余公积和未分配利润)转化为所有者权益的增加(或减少),此时,要么是资产要素相应增加(或减少),要么是负债要素相应减少(或增加),其影响结果是:扩展的会计等式转化为基本会计等式,且仍然保持平衡。

由于收入、费用和利润这三个要素的变化实质上都可以表现为所有者权益的变化,因此,上述三种情况都可以归纳到前面总结的九种业务类型中去。也正因为如此,上述扩展的会计等式才会始终保持平衡。

以上分析表明,资产、负债、所有者权益、收入、费用和利润这六大会计要素之间存在着恒等关系。会计等式反映了这种恒等关系,且任何经济业务的发生都不会破坏会计等式的这种恒等关系,因而,会计等式的平衡原理通常可作为检验会计业务处理正确与否的"试金石",通常作为试算平衡的标准。

综上所述,会计对象的具体内容是由资产、负债、所有者权益、收入、费用和利润六大要素组成的,它们是资金运动的具体体现。资金运动具有两种形式,相对静止状态和动态过程,反映资金运动静态状况的会计等式:资产=负债+所有者权益;反映资金运动动态变化过程的会计等式:收入-费用=利润。由于资金运动的动态状态最终都会反映到各项静态会计要素上,即企业的收入可导致资产的增加或负债的减少,最终导致所有者权益的增加,费用可导致资产的减少或负债的增加,最终导致所有者权益的减少,所以,一定时期的经营成果即利润必然影响一定时点的财务状况。

2.3 会计科目与会计账户

2.3.1 会计科目

1) 会计科目及其作用

企业的资金运动可以通过六大类会计要素来反映,但是仅以会计要素来反映企业的经济业务,提供的信息过于笼统,不能实现会计目标,即为各类信息使用者提供会计信息。例如,资产有流动资产和非流动资产之分,流动资产中有银行存款、原材料等,非流动资产有机器设备、对外投资等,它们的经济内容以及在经济活动中的周转方式和作用各不相同。负债也有流动负债和非流动负债之分,但它们的形成原因和偿付期限也是各不相同的。所有者权益中有所有者投入的实收资本和企业的累计利润,但它们的形成原因与用途不大一样。为了实现会计的基本职能,要从数量上反映各项会计要素的增减变化,就不仅需要取得各项会计要素增减变化及其结果的总括数字,还要取得一系列更加具体的分类和数量指标。因此为了满足所有者了解利润构成及其分配情况、债权人了解负债及构成情况的需要,为了满足税务机关了解企业欠缴税金等详细情况的需要,还要对会计要素做进一步具体化的分类,这便形成会计科目。会计科目,是指对会计要素的具体内容进行分类核算的项目。

设置会计科目的作用,一方面是将会计要素进一步细化,提高核算的效率,并能为精细化管理打下基础;另一方面,会计科目也是进行各项会计记录和提供各项会计信息的基础,能提供全面、统一的会计信息,便于投资人、债权人以及其他会计信息使用者掌握和分析企业的财务情况、经营成果和现金流量,提高会计信息的决策有用性。

2) 会计科目的内容及级次

(1) 会计科目的内容和设置要求

我国会计科目及其核算内容都是由财政部统一规定的,表2.1是根据财政部2006年印发的《企业会计准则——应用指南》摘录的制造业常用会计科目。由表可知,企业的会计科目主要分为资产类、负债类、共同类、所有者权益类、成本类和损益类六类。每个会计科目不仅有标准称谓,还有对应编号。会计科目编号一般由四个数字组成,每个数字都有其专门含义。例如,"库存现金"科目的编号为1001,其首位数字"1"代表资产,次位数字"0"代表货币资产,后两位数字"01"代表库存现金。会计科目编号既为会计账户及其报表中各项目的固定排序,也使得会计信息化处理更为便利,企业也可结合实际情况自行确定会计科目编号。

表 2.1 制造业常用会计科目表

序号	编号	会计科目名称	序号	编号	会计科目名称	序号	编号	会计科目名称
		一、资产类	38	1521	投资性房地产	74	3101	衍生工具
1	1001	库存现金	39	1531	长期应收款	75	3201	套期工具
2	1002	银行存款	40	1532	未实现融资收益	76	3202	被套期项目
3	1004	备用金	41	1601	固定资产			四、所有者权益类
4	1012	其他货币资金	42	1602	累计折旧	77	4001	实收资本
5	1101	交易性金融资产	43	1603	固定资产减值准备	78	4002	资本公积
6	1121	应收票据	44	1604	在建工程	79	4003	其他综合收益
7	1122	应收账款	45	1605	工程物资	80	4101	盈余公积
8	1123	预付账款	46	1606	固定资产清理	81	4103	本年利润
9	1131	应收股利	47	1701	无形资产	82	4104	利润分配
10	1132	应收利息	48	1702	累计摊销	83	4201	库存股
11	1221	其他应收款	49	1703	无形资产减值准备	84	4301	专项储备
12	1231	坏账准备	50	1711	商誉	85	4401	其他权益工具
13	1401	材料采购	51	1801	长期待摊费用			五、成本类
14	1402	在途物资	52	1811	递延所得税资产	86	5001	生产成本
15	1403	原材料	53	1901	待处理财产损溢	87	5101	制造费用
16	1404	材料成本差异			二、负债类	88	5201	劳务成本
17	1405	库存商品	54	2001	短期借款	89	5301	研发支出
18	1406	发出商品	55	2101	交易性金融负债			六、损益类
19	1407	商品进销差价	56	2201	应付票据	90	6001	主营业务收入
20	1408	委托加工物资	57	2202	应付账款	91	6051	其他业务收入
21	1411	周转材料	58	2203	预收账款	92	6101	公允价值变动损益
22	1471	存货跌价准备	59	2205	合同负债	93	6111	投资收益
23	1473	合同资产	60	2211	应付职工薪酬	94	6115	资产处置损益
24	1474	合同资产减值准备	61	2221	应交税费	95	6117	其他收益
25	1475	合同履约成本	62	2231	应付利息	96	6301	营业外收入
26	1476	合同履约成本减值准备	63	2232	应付股利	97	6401	主营业务成本
27	1477	合同取得成本	64	2241	其他应付款	98	6402	其他业务成本
28	1478	合同取得成本减值准备	65	2245	持有待售负债	99	6403	税金及附加
29	1481	持有待售资产	66	2401	递延收益	100	6601	销售费用
30	1482	持有待售资产减值准备	67	2501	长期借款	101	6602	管理费用
31	1485	应收退货成本	68	2502	应付债券	102	6603	财务费用
32	1501	债权投资	69	2701	长期应付款	103	6701	资产减值损失
33	1502	债权投资减值准备	70	2702	未确认融资费用	104	6702	信用减值损失
34	1503	其他债权投资	71	2711	专项应付款	105	6711	营业外支出
35	1504	其他权益工具投资	72	2801	预计负债	106	6801	所得税费用
36	1511	长期股权投资	73	2901	递延所得税负债	107	6901	以前年度损益调整
37	1512	长期股权投资减值准备			三、共同类			

注：1. 共同类项目的特点是既可能是资产也可能是负债。在某些条件下是一项权益，形成经济利益的流入，这时就是资产；在某些条件下是一项义务，将导致经济利益流出企业，这时就是负债。
2. 损益类项目的特点是其项目是形成利润的要素。如反映收益类科目，例如主营业务收入；如反映费用类科目，例如主营业务成本。

（2）会计科目的级次

各个会计科目并不是彼此孤立的,而是相互联系、相互补充,组成一个完整的会计科目体系。通过这些会计科目,可以全面、系统、分类地反映和监督会计要素的增减变动情况及其结果,为经营管理提供所需要的一系列核算指标。在生产经营过程中,由于经济管理的要求不同,所需要的核算指标的详细程度也就不同。根据经济管理的要求,既需要设置提供总括核算指标的总账科目,又需要设置提供详细核算资料的二级明细科目和三级明细科目。

① 总账科目。总账科目即一级科目,也称"总分类会计科目",是对会计要素的具体内容进行总括分类的会计科目,是进行总分类核算的依据。为了满足国家宏观经济管理的需要和会计信息使用者对信息质量的要求,总账科目由财政部统一规定,表2.1所示会计科目为《企业会计准则——应用指南》中常见的总账科目。

② 明细科目。明细科目也称为"明细分类会计科目",是在总账科目的基础上,对其所反映的经济内容进行进一步详细分类的会计科目,以提供更详细、更具体的会计信息,主要分为二级科目和三级科目。二级科目,也称"为子目",是在一级科目的基础上,对一级科目所反映的经济内容进行较为详细分类的会计科目;三级科目,也称"细目",是在二级科目基础上,对二级科目所反映的经济内容进行进一步详细分类的会计科目。

明细科目的设置,除了要符合财政部统一规定外,一般根据经营管理需要,由企业自行设置。如在"原材料"一级科目下,设置"原料及主要材料""辅助材料""外购半成品(外购件)""修理用备件(备品备件)""包装材料""燃料"等二级科目。为了对原材料的以上不同类别进行进一步核算,还可以按照不同的标准设置三级明细,如在"原料及主要材料"下,再根据材料规格、型号等开设三级明细科目。会计科目的级次设置,如表2.2所示。

表2.2 "原材料"总账和明细账会计科目

总账科目	明细科目	
（一级科目）	二级科目(子目)	三级科目(细目)
原材料	原料及主要材料	塑料外壳、显示屏
	辅助材料	保护膜、双面胶
	外购半成品	线路板、电池

在实际工作中,并不是所有的总账科目都需要开设二级和三级明细科目,根据会计信息使用者所需信息的详细程度不同,有些只需设一级总账科目,有些只需要设一级总账科目和二级明细科目,不需要设置三级科目等。

3) 会计科目的设置原则

会计科目作为反映会计要素的构成情况及其变化情况,为投资者、债权人、企业管理者等提供会计信息的重要手段,在其设置过程中应努力做到科学、合理、实用,因此在设置会计科目时应遵循下列基本原则:

（1）依据国家相关会计法律法规的规定,坚持统一性

国家的会计法规包括《中华人民共和国会计法》(简称《会计法》)《企业会计准则》等,体现了国家对财务会计工作的要求,因此,设置会计科目首先要以此为依据,对于主要会计科目统一设置,包括计算标准、口径、核算内容等都要统一,同时还要求设置要相对稳定,不能

经常变更,一方面以便企业编制会计凭证,登记账簿,查阅账目,实行会计信息化处理,另一方面便于对不同企业或同一企业不同时期的会计信息进行比较,满足不同信息使用者对会计信息的可比性要求。

(2) 全面反映企业经济业务内容

在会计要素的基础上,对会计对象的具体内容做进一步分类时,为了全面而概括地反映企业生产经营活动情况,会计科目的设置要保持会计指标体系的完整性,企业所有能用货币表现的经济业务,都能通过所设置的会计科目进行核算,即所设置的会计科目应能覆盖企业所有的经济业务。

(3) 结合企业经营特点,体现灵活性

企业参照《企业会计准则——应用指南》提供的会计科目进行选用和调整时,可以根据实际情况,在不违反会计准则中确认、计量和报告规定的前提下,根据企业经营特点自行增设、减少或合并某些会计科目的明细科目,对于企业发生的交易或事项不涉及的会计信息项目内容,可以不设置相关会计科目。

(4) 保证会计科目之间的互斥性

每一科目,原则上反映一项内容,各科目之间不能相互混淆。企业可以根据本企业具体情况,在不违背会计科目使用原则的基础上,确定适合本企业的会计科目名称。会计科目名称力求简明扼要,内容确切。

2.3.2 会计账户

1) 会计账户的概念

如前所述,会计科目是对会计要素进行分类的具体项目,只是会计要素具体化后的项目名称,无法对经济业务进行反映和记录,因此,需要一种专门方法分门别类地对各项经济业务的发生所引起会计要素的增减变动情况及其结果进行全面、连续、系统、准确的反映和监督,为信息使用者提供其需要的会计信息,因而必须根据会计科目开设账户。会计账户,是根据会计科目设置并具有一定的格式和结构,用于连续、系统地记录各项经济业务,系统反映资金运动过程及其结果的载体。

每确定一个会计科目,都需要开设一个对应的会计账户。会计科目与账户是两个既有区别,又有联系的不同概念。它们的共同点是:会计科目是设置会计账户的依据,是会计账户的名称;会计账户是会计科目的具体运用,账户不仅反映经济内容,而且反映和控制其增减变化及结余情况。它们之间的区别在于:会计科目只是对会计要素具体内容的分类,本身没有结构;会计账户则有相应的结构,是一种核算方法,能具体反映资金运动状况。

2) 账户的结构

账户作为会计核算的工具,是用来记录经济业务引起会计要素的具体项目增减变动及其结果的,必须具有一定的结构,账户的结构就是指账户的组成部分及其相互关系。账户分为左、右两个方向,一方登记金额的增加,一方登记金额的减少,如何登记取决于是何种性质的账户。任何账户的基本结构是相同的,主要包括以下内容:

(1) 账户的名称,即会计科目;

(2) 日期,即所依据记账凭证中注明的时间;

(3) 凭证编号,即所依据记账凭证的编号;

(4) 摘要,即经济业务的简要说明;

(5) 金额,即增加额、减少额和余额。

账户的一般格式和结构如表 2.3 所示。

表 2.3　账户名称(会计科目)

年		凭证编号	摘要	发生额		借或贷	余额
月	日			借方	贷方		

注:借贷记账法是以借或贷来表示增加或减少方向。

以上账户的基本结构如果主要反映账户名称及其金额的增减,可以采用简化格式,省略有关栏次。由于类似于汉字的"丁"和大写英文字母"T",因此,在教学和实务中,此账户经常被称为"丁"字账户或"T"字账户,如图 2.2 所示。

左方(借方)　　　　　　　账户名称(会计科目)　　　　　　　右方(贷方)

图 2.2　"丁"字账户基本结构图

从以上账户的结构可知,账户的左右两方是按相反方向来记录增加额和减少额,也就是说,如果左方记录增加额,右方便记录减少额;反之,如果在右方记录增加额,左方便记录减少额。在具体账户的左、右两个方向中究竟哪一方记录增加额,哪一方记录减少额,取决于账户所记录的经济内容和所采用的记账方法;账户的余额一般与记录的增加额在同一方向。并且,账户所记录的主要内容满足这样一个恒等关系式:

$$期末余额 = 期初余额 + 本期增加额 - 本期减少额 \tag{2.9}$$

式(2.9)中,本期增加额和减少额是指在一定会计期间(月、季或年)内,账户在左右两方分别登记的增加金额合计数和减少金额的合计数,又可以将其称为"本期增加发生额"和"本期减少发生额"。本期增加发生额和本期减少发生额相抵后的差额,加上本期期初余额,就是本期期末余额。如果将本期的期末余额转入下一期,就是下一期的期初余额。以某企业"银行存款"账户为例,如图 2.3 所示。

左方(借方)	银行存款	右方(贷方)	
期初余额	300 000		
本期增加额	50 000	本期减少额	30 000
	20 000		10 000
本期增加发生额	70 000	本期减少发生额	40 000
期末余额	330 000		

图 2.3　"银行存款"账户基本结构图

以上银行存款账户会计期间期初余额为 300 000 元，本期增加额有 2 笔，分别为 50 000 元和 20 000 元，增加额总发生额为 70 000 元；本期减少额有 2 笔，分别为 30 000 元和 10 000 元，减少额总发生额为 40 000 元；期末余额为 330 000 元，该期末余额为下一期的期初余额。

主要关系式为：

期末余额 330 000 ＝ 期初余额 300 000 ＋ 本期增加发生额 70 000 － 本期减少发生额 40 000

3）账户的分类

（1）核算的经济内容不同

根据核算的经济内容不同进行分类，账户可分为资产类账户、负债类账户、共同类账户、所有者权益类账户、成本类账户和损益类账户六类。

（2）提供信息的详细程度和驾驭关系不同

会计账户的开设与会计科目的设置相适应，会计科目按提供核算资料的详细程度不同分为总账科目、二级明细科目和三级明细科目，会计账户也相应地分为总分类账户（一级账户）和明细分类账户（二级、三级账户），如表 2.4 所示。通过总分类账户对经济业务进行的核算称为"总分类核算"。总分类核算只能用货币度量。通过明细分类账户对经济业务进行的核算称为"明细分类核算"。明细分类核算除了能用货币度量外，有些账户还要用实物度量。总分类账户统驭明细分类账户；明细分类账户则对总分类账户起着进一步补充说明的作用，能够满足经济管理的需要。

表 2.4 "原材料"总分类账户和明细分类账户

总分类账户 （一级账户）	明细分类账户	
	二级明细分类账户	三级明细分类账户
原材料	原料及主要材料	塑料外壳、显示屏
	辅助材料	保护膜、双面胶
	外购半成品	线路板、电池

以上原材料的总分类账户和明细分类账户在实际记录时，依据账户的性质和反映的内容采用具体的账户格式即不同格式的账簿，在后面章节会进一步学习。

2.4 复式记账

2.4.1 复式记账法

会计对象是企业的资金运动，通过设置会计科目和开设账户，详细核算和监督企业的经济业务，但是怎样记录经济业务所引起的会计要素的增减变化，则需要专门的记账方法。所谓记账方法，是指在账户中记录经济交易和事项的具体手段和方法，即根据一定的记账原则、记账符号、记账规则，采用一定的计量单位，利用文字和数字把经济业务记录到账簿中的一种专门方法。记账方法分为单式记账法和复式记账法，单式记账法早已不再使用，现代会计使用的是复式记账法。

1) 复式记账法的概念

复式记账法是指对每一笔经济业务,都要用相等的金额,在两个或两个以上相互联系的账户中进行登记,以全面系统地反映经济业务增减变化的一种记账方法。例如,企业转账支付购买一台机器设备,这笔经济业务不仅引起"固定资产"增加,同时使得"银行存款"减少,所以,一方面要在"固定资产"账户中登记增加,另一方面要在"银行存款"账户中登记减少,增减金额相同。

由此可见,复式记账法需要设置完整的账户体系,涵盖前一节中会计科目表中的会计账户,通过对应账户的双重等额记录,反映经济活动的来龙去脉,根据会计等式的平衡关系,可以对一定时期发生的全部经济活动的会计记录进行综合试算,检查全部会计记录的正确性。所以,复式记账法作为科学的记账方法一直被广泛运用。目前,我国的企业、行政事业单位所采用的记账方法,都属于复式记账法。

2) 复式记账法的理论依据

如前所述,会计的对象是资金运动,而企业经营过程中发生的每一项经济业务,都是资金运动的具体过程。只有把企业所有经济业务无一遗漏地进行核算,才能完整地反映企业资金运动的全貌,为信息使用者提供所需要的全部核算资料。

企业发生的所有经济业务无非涉及资金增加和减少两个方面,并且某项资金在量上的增加或减少,总是与另一项资金在量上的增加或减少相伴而生。换言之,在资金运动中,任何一项资金都不可能无缘无故地增加,也不可能无缘无故地减少,即一部分资金的增加或减少,总是有另一部分资金的减少或增加作为其变动的原因。这样就要求在会计记账的时候,必须把每项经济业务所涉及的资金增减变化的原因和结果都记录下来,从而完整、全面地反映经济业务所引起的资金运动的来龙去脉。复式记账法恰恰适应了资金运动的这一规律性的客观要求,把每一项经济业务涉及的资金在量上的增减变化,通过两个或两个以上账户的记录予以全面反映,可见资金运动的内在规律性是复式记账的理论依据。

3) 复式记账法的种类

复式记账法根据记账符号、记账规则等不同,可分为增减记账法、收付记账法和借贷记账法。

(1) 增减记账法

增减记账法是以"增"和"减"作为记账符号,对发生的经济业务进行记录的复式记账方法。该方法是我国梁润身于1947年首次提出,经过原商业部专家张以宽先生等的缜密论证,自20世纪60年代起在我国商业系统使用。

(2) 收付记账法

收付记账法是以"收"和"付"作为记账符号,对发生的经济业务进行记录的复式记账方法。该方法是20世纪30年代为了应对西式借贷记账法对中式商业簿记的冲击而提出的改良方案。1950年以后,收付记账法在中国人民银行系统、政府事业单位和财政总预算会计领域得到广泛应用。

(3) 借贷记账法

借贷记账法是以"借"和"贷"作为记账符号,对发生的经济业务进行记录的复式记账方法。借贷记账法是世界各国普遍采用的一种记账方法,我国财政部于1992年颁布的《企业会计准则》明文规定,会计记账采用借贷记账法,增减记账法从此不再使用。财政部分别于1997年、1998年颁布的《事业单位会计准则(试行)》和《中央国家机关行政单位会计制度》均规定,会计记账采用借贷记账法,收付记账法从此不再使用。

2.4.2 借贷记账法

1) 借贷记账法的概念

借贷记账法是以"借""贷"二字作为记账符号的一种复式记账法,将发生的经济交易与事项所引起的会计要素的增减变动通过使用相等的金额,同时在相互关联的两个或两个以上的账户中进行相互联系、相互制约的记录。

借贷记账法起源于意大利。1494年,意大利数学家卢卡·帕乔利在《算术、几何、比及比例概要》中第一次完整地描述了复式簿记。当时,借贷记账法中的"借"和"贷"分别表示债权、债务的变化,后来随着经济发展和经济活动的日趋复杂,记录的经济业务不再局限于货币资金的借贷业务,逐渐扩展到所有经济业务包括财产物资、经营利润等,但仍然采用统一的记账规则和符号。因此,借贷记账法中的"借"和"贷"逐渐失去了原来的字面意思,只是记账符号而已,并成为现在世界广泛采用的记账方法。

2) 借贷记账法的理论基础

借贷记账法的对象是会计要素的增减变动过程及其结果。这个过程及结果可用公式表示为:资产=负债+所有者权益。这一会计恒等式揭示了三个方面的内容:

(1) 会计主体各要素之间的数字平衡关系。有一定数量的资产,就必然有相应数量的权益(负债和所有者权益)与之相对应,任何经济业务所引起的要素增减变动,都不会影响这个等式的平衡。如果把等式的"左""右"两方,用"借""贷"两方来表示的话,就是说每一次记账的借方和贷方是平衡的,一定时期账户的借方、贷方的金额是平衡的,所有账户的借方、贷方余额的合计数是平衡的。

(2) 各会计要素增减变化的相互联系。从前面的表述可以看出,任何经济业务都会引起两个或两个以上相关会计项目发生金额变动,因此当经济业务发生后,在一个账户中记录的同时必然要有另一个或两个及以上账户的记录与之对应。

(3) 会计恒等式有关因素之间是对立统一的。资产在等式的左边,当想移到等式右边时,就要以"-"表示,负债和所有者权益也具有同样情况。也就是说,当我们用左边(借方)表示资产类项目的增加额时,就要用右边(贷方)来记录资产类项目的减少额。与之相反,当我们用右方(贷方)记录负债和所有者权益的增加额时,我们就需要通过左方(借方)来记录负债和所有者权益的减少额。

这三个方面的内容贯穿了借贷记账法的始终。会计恒等式对记账方法的要求决定了借贷记账法的账户结构、记账规则、试算平衡的基本理论,因此说会计恒等式是借贷记账法的理论基础。

3) 借贷记账法的记账规则

(1) 记账符号

"借"和"贷"是借贷记账法的记账符号,"借"表示计入账户的借方,通常英文简写为

"Dr","贷"表示计入账户的贷方,通常英文简写为"Cr"。这对记账符号,要同借贷记账法的账户结构统一起来应用,才能真正反映出它们分别代表的会计对象要素增减变动的内容。

(2) 账户结构

在借贷记账法中,账户的基本结构是:左方为借方,右方为贷方。但哪一方登记增加,哪一方登记减少,要根据各账户反映的经济内容和账户性质来决定,主要从会计要素的静态恒等式"资产＝负债＋所有者权益",动态平衡等式"资产＋费用＝负债＋所有者权益＋收入"来分析。

① 资产类账户

由于借贷记账法"借"在左方,"贷"在右方,因此可确定会计要素平衡等式的左方,即借方记录资产增加额,反之资产减少额就一律登记在贷方,期初、期末余额一般在借方,其账户结构如图 2.4 所示。

借方	资产类账户	贷方
期初余额		
增加额	减少额	
本期增加发生额	本期减少发生额	
期末余额		

图 2.4　资产类账户基本结构图

该类账户期末余额计算公式为:

　　资产类账户期末余额＝借方期初余额＋本期借方发生额－本期贷方发生额　(2.10)

② 负债及所有者权益类账户

从会计恒等式"资产＝负债＋所有者权益"可以看出,由于负债及所有者权益与资产分别处于等式的两边,其账户与资产类账户正好相反,贷方登记负债及所有者权益的增加额,借方登记负债及所有者权益的减少额,期初、期末余额一般在贷方,其账户结构如图 2.5 所示。

借方	负债及所有者权益类账户	贷方
		期初余额
减少额	增加额	
本期减少发生额	本期增加发生额	
		期末余额

图 2.5　负债及所有者权益类账户基本结构图

该类账户期末余额计算公式为:

负债及所有者权益类账户期末余额＝贷方期初余额＋本期贷方发生额－本期借方发生额

(2.11)

③ 收入类账户

收入类账户与负债及所有者权益类账户类似,账户的贷方登记收入的增加额,借方登记收入的减少(转销)额,由于贷方和借方相抵后的发生额都要结转到利润中去,因此,收入类账户没有余额,其账户结构如图2.6所示。

借方	收入类账户	贷方
减少额		增加额
本期减少发生额		本期增加发生额

图2.6 收入类账户基本结构图

④ 费用类账户

费用类账户在抵消收入以前,可以将其看作一种资产。并且,费用与资产同处于等式的左方,因此其结构与资产类账户的结构基本相同,只是由于借方记录的费用的增加额一般都要通过贷方转出,因此账户通常没有期末余额,其账户结构如图2.7所示。

借方	费用类账户	贷方
增加额		减少额
本期增加发生额		本期减少发生额

图2.7 费用类账户基本结构图

综上所述,"借""贷"二字作为记账符号所表示的经济含义是不一样的。账户基本结构汇总如图2.8所示。

借	账户名称	贷
资产类增加		资产类减少
负债及所有者权益类减少		负债及所有者权益类增加
费用类增加		费用类转出
收入类转出		收入类增加

图2.8 账户基本结构汇总

(3) 记账规则

记账规则是指采用某种记账方法登记具体经济业务时应当遵循的规律,也是进行会计记录和检查账簿登记是否正确的依据。不同的记账方法,具有不同的记账规则。借贷记账法的记账规则是"有借必有贷,借贷必相等",也就是当经济业务发生时,企业必须按照相同的金额,一方面记入一个或几个账户的借方,另一方面同时记入一个或几个账户的贷方,借方金额合计与贷方金额合计必须相等。借贷记账法如何应用,通过下一节编制会计分录来具体阐述。

2.5 会计分录与试算平衡

2.5.1 会计分录

1) 会计分录的概念及对应账户

会计分录是指对每一项经济业务,按照借贷记账法的规则,分别列示应借应贷账户名称及其金额的一种记录方式,简称为"分录"。会计分录具有规范的格式,每个会计分录都包括记账符号、对应账户名称(会计科目)、金额三个要素。

对应账户是指采用借贷记账法对每笔交易或事项进行记录时涉及两个或两个以上的相关会计账户。当发生经济业务时,必然涉及与该业务有关的一些账户,而这些账户之间就形成了一种对应关系,具有这种对应关系的账户称为"对应账户"。

2) 会计分录的编制步骤

在运用借贷记账法的记账规则登记经济业务,编制会计分录时,一般按以下步骤进行:

第一,判断经济业务及其涉及的会计账户名称(会计科目);

第二,确定经济业务涉及相关会计科目所属的类别;

第三,分析经济业务涉及相关会计科目的金额增减情况;

第四,根据会计科目的性质和金额的增减情况,确定应记的方向即借方还是贷方;

第五,按照固定格式编写会计分录,并且依据借贷记账法记账规则检查分录是否正确。

会计分录编写的格式为:

(1) 先写借后写贷,在借和贷后面加冒号(:);

(2) 借贷要分行错一格书写;

(3) 借方和贷方的总金额相等。

基本格式示范如下:

借:会计科目　　　　　　　　　　　　　　　×××(表示金额)
　　贷:会计科目　　　　　　　　　　　　　　×××(表示金额)

3) 会计分录的分类

按照经济业务的内容及涉及账户的多少,会计分录分为简单会计分录和复合会计分录。简单会计分录是只涉及一个账户借方和另一个账户贷方的会计分录,即一借一贷的会计分录;复合会计分录是指由两个以上(不含两个)对应账户所组成的会计分录,即一借多贷、多借一贷和多借多贷的会计分录。

4) 会计分录编写举例

【例2.12】 信诚公司的投资者增加投资100 000元,手续已办妥,款项已转入企业的银行存款账户。

按照前面会计分录编写的步骤,第一,此项经济业务对于企业来讲,涉及会计科目"银行存款"和"实收资本";第二,"银行存款"是资产类会计科目,"实收资本"是所有者权益类会计科目;第三,该业务一方面使得企业的"银行存款"增加,另一方面企业的"实收资本"规模也扩大即增加;第四,进一步分析,"银行存款"属于资产类账户,资产的增加,通过账户的借方反映,"实收资本"是所有者权益类账户,所有者权益的增加,通过账户的贷方反映;第五,按照固定格式,编制相应的会计分录如下:

　　借:银行存款　　　　　　　　　　　　　　　　　　　　　　　　100 000
　　　　贷:实收资本　　　　　　　　　　　　　　　　　　　　　　　　　100 000

【例2.13】　信诚公司购买所需原材料,由于资金周转紧张,材料款60 000元尚未支付。

按照会计分录编写思路,第一,此项经济业务涉及会计科目"原材料"和"应付账款";第二,"原材料"是资产类会计科目,"应付账款"是负债类会计科目;第三,该业务一方面使得企业的"原材料"增加,另一方面企业的"应付账款"增加;第四,进一步分析,"原材料"属于资产类账户,资产的增加,通过账户的借方反映,"应付账款"是负债类会计科目,负债的增加,通过账户的贷方反映;第五,根据借贷记账法,按照固定格式,编制相应的会计分录如下:

　　借:原材料　　　　　　　　　　　　　　　　　　　　　　　　　60 000
　　　　贷:应付账款　　　　　　　　　　　　　　　　　　　　　　　　60 000

【例2.14】　信诚公司以银行存款转账支付店面租金50 000元。

企业支付店面租金,属于费用的支付业务,分析该经济业务:第一,涉及会计科目"银行存款"和"管理费用";第二,"银行存款"是资产类会计科目,"管理费用"是费用类会计科目;第三,该业务使企业"管理费用"增加,另一方面企业的"银行存款"减少;第四,进一步分析,"银行存款"属于资产类账户,资产的减少,通过账户的贷方反映,"管理费用"是费用类会计科目,费用的增加,通过账户的借方反映;第五,根据借贷记账法,按照固定格式,编制相应的会计分录如下:

　　借:管理费用　　　　　　　　　　　　　　　　　　　　　　　　50 000
　　　　贷:银行存款　　　　　　　　　　　　　　　　　　　　　　　　50 000

【例2.15】　信诚公司销售自制产品,取得收入80 000元,已存入银行(不考虑增值税)。

企业销售产品,属于收入业务,分析该经济业务:第一,涉及会计科目"银行存款"和"主营业务收入";第二,"银行存款"是资产类会计科目,"主营业务收入"是收入类会计科目;第三,该业务使企业"银行存款"增加,另一方面企业的"主营业务收入"增加;第四,进一步分析,"银行存款"属于资产类账户,资产的增加,通过账户的借方反映,"主营业务收入"是收入类会计科目,收入的增加,通过账户的贷方反映;第五,根据借贷记账法,按照固定格式,编制相应的会计分录如下:

　　借:银行存款　　　　　　　　　　　　　　　　　　　　　　　　80 000
　　　　贷:主营业务收入　　　　　　　　　　　　　　　　　　　　　　80 000

2.5.2　试算平衡

企业设置会计科目,开设会计账户,对日常发生的经济业务采用借贷记账法进行会计分录编制,为了检查全部经济业务是否登记正确,必须定期进行试算平衡。所谓试算平衡,是指根据借贷记账法的记账规则和会计恒等式"资产＝负债＋所有者权益"的恒等关系,通过对所有账户的发生额和余额的汇总计算和比较,来检查记录是否正确的一种方法,它包括发生额试算平衡和余额试算平衡。

1) 发生额试算平衡

发生额试算平衡的原理是根据借贷记账法"有借必有贷,借贷必相等"的记账规则,每一笔交易或事项均以相等的金额记入两个或两个以上相关账户的借方和贷方,故而对每一笔交易或事项而言,记入借方的金额合计与记入贷方的金额合计必然相等。推而广之,一定时期内所有的交易或事项全部记入账户后,所有账户的借方发生额合计与贷方发生额合计也必然是相等的。发生额试算平衡正是基于这一原理来判断一定时期内会计记录是否正确,即根据本期所有账户借方发生额合计与贷方发生额合计的恒等关系,来检验本期发生额记录是否正确。基本原理如图2.9所示。

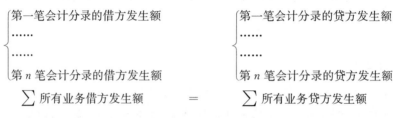

图 2.9 发生额试算平衡关系图

因此,发生额的试算平衡公式为:

$$全部账户本期借方发生额合计＝全部账户本期贷方发生额合计 \quad (2.12)$$

发生额试算平衡是根据上面两种发生额平衡关系,来检验本期发生额记录是否正确的方法。在实际工作中,某项工作是通过编制发生额试算平衡表进行的,其格式如表2.5所示。

表 2.5 本期发生额试算平衡表

年　月　日　　　　　　　　　　　　　　　　　　　单位:元

会计科目	借方发生额	贷方发生额
合计		

2) 余额试算平衡

借贷记账法以"资产＝负债＋所有者权益"这一会计基本等式作为记账原理。同时,"借"和"贷"这一对记账符号,对于会计基本等式两边的两类不同性质的账户规定了相反的含义,使资产类账户的余额在借方,负债及所有者权益类账户的余额在贷方。因此,在某一特定时日,全部账户的期末借方余额之和必然等于全部账户期末贷方余额之和,期末余额转到下一期,便是下一期的期初余额,全部账户的期初借方余额之和与全部账户期初贷方余额之和必然相等。这就是借贷记账法中余额试算平衡的依据,用公式表示为:

全部账户的借方期初余额合计＝全部账户的贷方期初余额合计　　　　(2.13)

全部账户的借方期末余额合计＝全部账户的贷方期末余额合计　　　　(2.14)

余额试算平衡是通过编制余额试算平衡表来进行的。其格式如表2.6所示。

表2.6　余额试算平衡表

年　　月　　日　　　　　　　　　　　　　　　　　　　　　　单位：元

会计科目	借方余额	贷方余额
合计		

3) 试算平衡表的编制

试算平衡是通过编制试算平衡表进行的。试算平衡表通常是在期末结出各账户的本期发生额合计和期末余额后编制的,试算平衡表中一般应设置"期初余额""本期发生额"和"期末余额"三大栏目,其下分设"借方"和"贷方"两个小栏。各大栏中的借方合计与贷方合计应该平衡相等,否则便存在记账错误。

在日常会计核算中,通常是在月末进行一次试算平衡,既可以分别编制发生额试算平衡表和余额试算平衡表,也可以将两者合并编制成一张发生额及余额试算平衡表。其格式如表2.7所示。

表2.7　试算平衡表

年　　月　　日　　　　　　　　　　　　　　　　　　　　　　单位：元

会计科目	期初余额		本期发生额		期末余额	
	借方	贷方	借方	贷方	借方	贷方
合计						

4) 试算平衡表编制的举例

依据前面2.2.2节会计等式中,例2.1～例2.11的案例资料,运用借贷记账法编制会计分录如下:

【例2.1】　信诚公司用银行存款60 000元采购原材料,已验收入库。

借：原材料　　　　　　　　　　　　　　　　　　　　　　　　60 000

　　贷：银行存款　　　　　　　　　　　　　　　　　　　　　　60 000

【例2.2】　信诚公司向银行借入6个月期限的短期借款50 000元,偿还供应商货款。

借：银行存款　　　　　　　　　　　　　　　　　　　　　　　50 000

　　贷：短期借款　　　　　　　　　　　　　　　　　　　　　　50 000

借：应付账款 50 000
　　贷：银行存款 50 000

【例2.3】 信诚公司用盈余公积转增实收资本80 000元。

借：盈余公积 80 000
　　贷：实收资本 80 000

【例2.4】 信诚公司购买一台设备200 000元，款项尚未支付。

借：固定资产 200 000
　　贷：应付账款 200 000

【例2.5】 信诚公司用银行存款偿还短期借款50 000元。

借：短期借款 50 000
　　贷：银行存款 50 000

【例2.6】 信诚公司的投资者增加投资100 000元，手续已办妥，款项已转入企业的银行存款账户。

借：银行存款 100 000
　　贷：实收资本 100 000

【例2.7】 信诚公司的投资者收回90 000元，手续已办妥，企业以银行存款支付。

借：实收资本 90 000
　　贷：银行存款 90 000

【例2.8】 信诚公司宣布向投资者分配现金股利30 000元，股利尚未支付。

借：利润分配 30 000
　　贷：应付股利 30 000

【例2.9】 信诚公司将债权人的应付账款100 000元转为对企业的投资。

借：应付账款 100 000
　　贷：实收资本 100 000

【例2.10】 信诚公司销售自制产品，取得收入80 000元，已存入银行。

借：银行存款 80 000
　　贷：主营业务收入 80 000

【例2.11】 信诚公司以银行存款转账支付店面租金50 000元。

借：管理费用 50 000
　　贷：银行存款 50 000

根据相关账户的期初余额，按照以上资料涉及的会计科目开设"T"字账户，将期初余额及发生额登记在"T"字账户中，并计算每个账户的本期发生额和期末余额，如图2.10所示。

借方	银行存款		贷方		借方	短期借款		贷方
期初余额	100 000						期初余额	0
(2)	50 000	(1)	60 000		(5)	50 000	(2)	50 000
(6)	100 000	(2)	50 000		本期发生额	50 000	本期发生额	50 000
(10)	80 000	(5)	50 000				期末余额	0
		(7)	90 000					
		(11)	50 000					
本期发生额	230 000	本期发生额	300 000					
期末余额	30 000							

借方	应付账款		贷方		借方	原材料		贷方
		期初余额	0		期初余额	0		
(2)	50 000	(4)	200 000		(1)	60 000		
(9)	100 000				本期发生额	60 000		
本期发生额	150 000	本期发生额	200 000		期末余额	60 000		
		期末余额	50 000					

借方	实收资本		贷方		借方	盈余公积		贷方
		期初余额	200 000				期初余额	90 000
(7)	90 000	(3)	80 000		(3)	80 000		
		(6)	100 000		本期发生额	80 000		
		(9)	100 000				期末余额	10 000
本期发生额	90 000	本期发生额	280 000					
		期末余额	390 000					

借方	固定资产		贷方		借方	利润分配		贷方
期初余额	190 000				期初余额	0		
(4)	200 000				(8)	30 000		
本期发生额	200 000				本期发生额	30 000		
期末余额	390 000				期末余额	30 000		

借方	应付股利		贷方		借方	主营业务收入		贷方
		期初余额	0				期初余额	0
		(8)	30 000				(10)	80 000
		本期发生额	30 000				本期发生额	80 000
		期末余额	30 000					

借方	管理费用		贷方
期初余额	0		
(11)	50 000		
本期发生额	50 000		

图 2.10　例 2.1～例 2.11 业务发生额及余额

将以上各"T"字账中的本期发生额及期末余额按资产、负债、所有者权益、收入和费用的顺序填入下表中的借方和贷方栏目,编制信诚公司发生额和余额试算平衡表,如表 2.8 所示。

表 2.8 信诚公司试算平衡表

××××年××月××日　　　　　　　　　　　　　　　　　　　单位:元

会计科目	期初余额		本期发生额		期末余额	
	借方	贷方	借方	贷方	借方	贷方
银行存款	100 000		230 000	300 000	30 000	
短期借款		0	50 000	50 000		0
应付账款		0	150 000	200 000		50 000
原材料	0		60 000		60 000	
实收资本		200 000	90 000	280 000		390 000
盈余公积		90 000	80 000			10 000
固定资产	190 000		200 000		390 000	
利润分配	0			30 000		30 000
应付股利		0		30 000		30 000
主营业务收入		0		80 000		80 000*
管理费用	0		50 000		50 000*	
合计	290 000	290 000	940 000	940 000	560 000	560 000

注: * 表示主营业务收入、管理费用并未在期末结转入本年利润,因此期末余额就是本期发生额。

综上所述,试算平衡表只是通过借贷金额是否平衡来检查账户记录是否正确,而有些错误对于借贷双方的平衡并不发生影响。因此,在编制试算平衡表时,必须保证所有账户的余额均已记入试算平衡表。因为会计等式是对六项会计要素整体而言的,缺少任何一个账户的余额,都会造成期初或期末借方与贷方余额合计不相等。如果借贷不平衡,肯定是账户记录有错误,应认真查找,直到实现平衡为止。如果借贷平衡,那么并不能说明账户记录绝对正确,因为有些错误对于借贷双方的平衡并不发生影响。例如:

(1) 漏记某项经济业务,将使本期借贷双方的发生额减少,借贷仍然平衡;
(2) 重记某项经济业务,将使本期借贷双方的发生额等额虚增,借贷仍然平衡;
(3) 某项经济业务记错有关账户,借贷仍然平衡;
(4) 某项经济业务颠倒了记账方向,借贷仍然平衡;
(5) 借方或贷方发生额中,偶然一多一少并相互抵消,借贷仍然平衡。

关 键 术 语

会计对象(accounting object)　　　　　　会计要素(accounting element)

会计等式(accounting equation)　　　资产(assets)
负债(liabilities)　　　　　　　　　　所有者权益(owners' equity)
实收资本(paid-in capital)　　　　　 资本公积(capital reserve)
盈余公积(surplus reserve)　　　　　 未分配利润(undistributed profit)
收入(revenue)　　　　　　　　　　　费用(expense)
利润(profit)　　　　　　　　　　　　会计科目(accounting item)
会计账户(accounting account)　　　 复式记账法(double-entry bookkeeping)
借贷记账法(debit-credit bookkeeping)　会计分录(accounting entry)
试算平衡(trial balancing)

本章思考

1. 企业的组织形式有哪些?
2. 企业的经济活动包括哪些? 它们之间有何关系?
3. 企业的资金活动怎么描述? 什么是企业的会计对象?
4. 会计要素的概念和作用是什么?
5. 六大会计要素包括哪些? 能否列举每一类会计要素的具体项目?
6. 简述会计等式的定义。能否写出3个会计等式?
7. 会计科目的概念和作用是什么? 会计科目的级次如何确定?
8. 简述会计账户的概念。会计账户包括的要素和结构有哪些?
9. 简述会计科目和会计账户的区别和联系。
10. 简述会计分录的概念和包含的要素。
11. 简述我国近代会计的复式记账发展过程。
12. 试算平衡的原理是什么? 包括哪些试算平衡?

思政园地

我国明末清初时,由于商业和手工业的空前繁荣,在山西商界的票号之中,产生了中国的复式簿记"龙门账"。"龙门账"的特色主要表现在年终结算时"进""缴""存""该"四大经济要素的"合龙"方面。"合龙"原本是我国古代兴建堤坝、桥梁工程所用俗语,如修筑堤坝,一般先从两端施工,最后在中间结合,因为这种结合是工程成败的关键,故人们取用了"合龙"这一神圣名称。"龙门账"采用双轨计算盈亏的科学方法,并通过差额平衡试算的方法,达到勾稽全部账目,因而,年终验算账目,考核两轨所计盈亏是否一致,也是关键,所以这种账法的创造者也采用了"合龙"这一神圣名称。"合龙"是根据企业经济活动过程中客观存在着的经济平衡关系,即进与缴、存与该之间的平衡关系检查账目、勾稽账目,以及考核盈亏计算是否正确的一种科学方法。"合龙"的基本账理是:尽管企业的经济收支活动十分繁杂,但一定时期"进缴"方面运动的结果与"存该"方面运动的结果必然相等、平衡,即双轨计算出来的盈亏必须一致。根据这一账理,"龙门账"的缔造者建立了"合龙"的平衡公式:进一缴＝存一该。根据进缴存该各自所包含的经济内容，上述公式可以变化为：收入－（成本＋费用＋损失）＝（资产＋债权）－（资本＋负债）。由此可见，"合龙"所运用的原理，与西式簿记中资产负债表和损益表所运用的原理基本上是一致的。按照中式会计的传统记账方法和形象的比喻手法，把上下比照反映的方法称为"龙门账"法，把双轨计算盈亏，并运用差额平衡公式进行账目勾稽的方法叫作"合龙门"。这种做法已初步把复式记账同试算平衡结合在一起了，这是前所未有的，并且，从通过复式记录归类核算，到结册编制，从结册编制到"合龙"结算，已有了一个较为科学的会计核算程序。

"龙门账"是我国固有复式簿记的初级形态，它的"合龙"原理、结册编报方法，以及盈亏计算方法，对中式会计的发展有着深远的影响，成为我国部门会计——商业会计的开端，但随着同一时代借贷记账法的普及应用，该方法在我国改革开放后，逐渐淡出历史舞台。

资料来源：摘编自郭道扬，张美红. 第六讲　中国固有复式簿记（一）："龙门帐（账）"[J]. 中国农业会计,1993(4)：45-46.

第3章 企业主要经济业务及其财税处理

> **学习目标**

1. 价值塑造：培养学生合规思维和流程思维，谨守准则，熟悉业务流程和会计流程；培养学生会计诚信及工匠精神，重视会计信息生成的每个环节，做到守法守则、严谨、细致、专业；树立纳税光荣的思想，建立正确的金钱观。

2. 知识传授：熟悉制造型企业从资金筹资、供应、生产、销售到利润形成与分配的完整经济业务；熟练掌握每类经济业务财税处理方法。

3. 能力培养：通过信诚公司完整的业务全貌及上百张原始凭证，培养学生利用会计数据处理经济业务的能力以及"业财税"融合的能力。

> **引入案例**

会计专业小明同学学完借贷记账法之后，信心满满地对以下经济业务进行了记录，具体情况如下：

企业购入材料生产产品，支付存款20 000元；

  借：生产成本   20 000
    贷：银行存款   20 000

企业计提生产车间的设备折旧3 000元；

  借：制造费用   3 000
    贷：固定资产   3 000

企业销售产品，售价50 000元；

  借：银行存款   50 000
    贷：库存商品   50 000

请问小明同学的账务处理正确吗？如果不正确，错误的原因是什么呢？你能做出正确的会计分录吗？

资料来源：根据教学过程中学生常见错误编写而成。

3.1 企业主要经济活动概述

根据会计基本理论，会计对象就是企业的资金运动。企业开展各种经济业务，必然引起资金运动,而会计就是以独特的语言对企业的经济业务和资金运动进行反映,即账务、税务处理,揭示其背后的规律及影响。因此,企业的业务、财务、税务应该是一体的、融合的。

按照企业的经营过程,企业主要可以分为产品制造企业(工业企业)、商品流通企业和服务性企业三类。而这三类企业中,服务性企业经营过程比较特殊,也比较简单;商品流通企业的经营过程一般包括供应和销售两个阶段;产品制造企业的经营过程则更为复杂和完整,一般包括供应、生产和销售三个阶段。因此,本章以产品制造企业信诚公司的经营为例,介绍企业的资金筹集、供应、生产、销售、利润形成与分配等经济业务,便于初学者完整地理解产品制造企业的业务流程和资金循环。

资金循环一般从资本进入企业开始,企业初始资金来源渠道一般有两种:一是投资人投资,二是通过债务方式借入。资金进入企业后,企业开始运营,资金由货币形态依次转化为储备资金、生产资金、成品资金,最后回到货币资金,完成一次循环与周转。企业最后将赚取的利润的一部分进行分配,另一部分留存企业继续进入生产经营活动,开始新的资金循环,这种周而复始的资金循环也称作"资金周转"。产品制造企业经济业务与资金周转流程如图 3.1 所示。

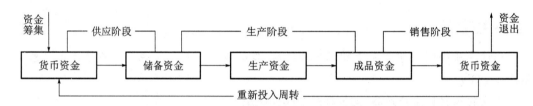

图 3.1　产品制造企业经济业务与资金运动流程图

3.2　筹资业务及其财税处理

筹资,也称"融资",是企业通过一定渠道和方式从外部获得资金的活动。企业筹集的资金主要来源于两个方面:一是出让公司股权以获取投资者投入的资金,形成企业的权益资本,这种方式也叫"股权融资"或"权益融资"。二是企业从债权人那里借入资金,形成企业的债务资本,这种方式也叫"债务筹资",但企业必须在一定的期限内偿还本息。

3.2.1　筹资业务概述

企业的筹资活动包括权益筹资和债务筹资。

1) 权益筹资

权益筹资又分为公开募集和私下募集。公开募集是向不特定的人群或机构公开发行股票来筹集资金,私下募集则是向特定的人群或机构以协商的方式出售股权来筹集资金。

公司制企业按其组织形式不同,又分为有限责任公司和股份有限公司。有限责任公司的资金通过私下募集的方式进行认缴,股东的股权证明是经律师认可的出资证明书,出资证明书不能公开转让、流通,但发起人股权可以在原始股东之间转让,若要转让给非原始股东,则须征得半数以上股东(公司可自行规定)同意。股份有限公司可以通过公开发行股票的方式筹集资金。股权是以纸面或无纸化的股票作为出资证明,股东不能退股,但其股票可以在证券市场进行交易、转让。我国上市公司的股票面值通常设置为每股1元人民币,股票发行价格一般高于面值。

2013年我国《公司法》修订之前,公司的注册资本采用实缴制,注册资本等于实收资本。2014年国务院发布的《注册资本登记制度改革方案》指出,实收资本不再作为工商登记事项,注册资本改为认缴制,企业登记机关只登记认缴的注册资本总额,无须登记实收资本。换句话说,股东认缴的资本可以在公司章程约定的时间内分期缴纳。公司注册时的注册资本可能不等于实收资本。如果是一次缴纳的,投入资本等于注册资本;如果分期缴纳,所有者最后一次缴入资本后,投入资本才等于注册资本。

2) 债务筹资

债务筹资是指企业按照约定用途和代价获取资金并且需要按期还本付息的一种筹资方式。企业主要通过向银行等金融机构借款或通过发行债券的方式筹集资金,这里主要介绍借款筹资方式。

负债按偿还期限的长短可以分为短期借款和长期借款。短期借款是指企业为了满足临时性经营资金需求而向银行或其他金融机构借入的偿还期限在1年以内(含1年)的各种借款。长期借款则是向银行或其他金融机构借入的偿还期限在1年以上的各种借款,一般用于长期工程、大型设备制造或长期研发项目等。

向金融机构或其他单位借款需要签订借款合同,合同主要条款会对借款金额、期限和利率进行约定。企业需要及时正确地计算借款利息。借款利息计算公式如下:

$$借款利息＝借款本金 \times 利率 \times 借款期限 \tag{3.1}$$

3.2.2 筹资业务核算设置的主要账户

1)"实收资本"或"股本"账户

该账户属于所有者权益类账户,用来核算企业的投资者按照章程、合同或协议的约定,实际投入企业的资本金,以及按照有关规定由资本公积、盈余公积等转增的资本。该账户贷方反映所有者对企业投资的增加额,借方反映所有者投资的减少额,余额一般在贷方,表示期末时点所有者投资的实际数额。该账户可以按照投资者的名称设置明细账。"实收资本"或"股本"账户的结构如图3.2所示。

借方	实收资本(股本)	贷方
	期初余额	
实收资本(股本)的减少	实收资本(股本)的增加额	
	期末余额:实收资本的实有数	

图3.2 "实收资本(股本)"账户的结构简图

2)"资本公积"账户

该账户属于所有者权益类账户,用来核算投资者出资额超出其在资本或股本中所占份额部分,以及其他资本公积。该账户的贷方登记资本公积的增加额,借方登记资本公积的减少额,余额一般在贷方,表示期末资本公积的结余数额。该账户可按资本公积的来源不同,设置"资本溢价""股本溢价""其他资本公积"明细账户进行明细核算。资本公积主要用于转增资本,不得用于弥补公司亏损。"资本公积"账户的结构如图 3.3 所示。

借方	资本公积	贷方
	期初余额	
资本公积的减少额	资本公积的增加额	
	期末余额:资本公积的实有数	

图 3.3 "资本公积"账户的结构简图

3)"短期借款"账户

该账户属于负债类账户,用来核算企业短期借款的增减变动及结余情况。该账户的贷方登记取得的短期借款,即短期借款本金的增加,借方登记短期借款的偿还,即短期借款本金的减少,期末余额一般在贷方,表示企业尚有未偿还的短期借款的本金余额。在实务中,期末计算借款利息时,利息记入"应付利息"账户,而不通过"短期借款"账户核算。本账户可以按照借款种类、贷款人和币种设置明细账。"短期借款"账户的结构如图 3.4 所示。

4)"长期借款"账户

该账户属于负债类账户,用来核算企业长期借款的增减变动及结余情况。该账户贷方登记企业举借的各项长期借款本金及有关利息,借方登记企业归还的长期借款本金和有关利息,期末余额一般在贷方,表示期末尚未归还的长期借款本金和利息。本账户可按贷款单位和种类进行二级明细科目核算,按本金和利息进行三级明细科目核算。"长期借款"账户的结构如图 3.5 所示。

借方	短期借款	贷方
	期初余额	
短期借款的偿还	短期借款的取得	
	期末余额:短期借款结余额	

图 3.4 "短期借款"账户的结构简图

借方	长期借款	贷方
	期初余额	
长期借款本金及其利息的偿还	长期借款本金的取得及其利息的计算	
	期末余额:尚未偿还的长期借款本金和利息	

图 3.5 "长期借款"账户的结构简图

5)"财务费用"账户

该账户属于损益类账户,用来核算企业为筹集生产经营资金等而发生的筹资费用,包括相关手续费、利息支出、汇兑损益等。该账户借方登记手续费、利息等的增加额,贷方登记冲减财务费用的利息收入、期末转入"本年利润"账户的财务费用净额等,期末结转后该账户无余额。本账户可按费用项目进行明细核算。"财务费用"账户的结构如图3.6所示。

6) "应付利息"账户

该账户属于负债类账户,用来核算企业按照合同约定应该支付的利息。该账户贷方登记应付未付利息,借方登记已经支付的利息,期末余额在贷方,反映企业应付未付的利息。本账户可按债权人进行明细核算。"应付利息"账户的结构如图3.7所示。

借方	财务费用	贷方
手续费、利息等发生时		冲减利息收入 转入"本年利润"账户

图3.6 "财务费用"账户的结构简图

借方	应付利息	贷方
		期初余额
已经支付的利息		应该支付的利息
		期末余额:应付未付的利息

图3.7 "应付利息"账户的结构简图

3.2.3 筹资业务财税处理

1) 权益筹资业务财税处理

权益筹资业务一方面带来资产的增加,另一方面带来所有者权益的增加。公司根据接受资产的形式不同可以设置不同的账户,如"库存现金""银行存款""固定资产""无形资产""原材料"等。由于有限责任公司和股份有限公司筹资方式不同,需要设置不同的所有者权益账户来进行核算。有限责任公司设置"实收资本"和"资本公积——资本溢价"账户来反映股东按注册资本所占份额实际缴纳的部分和超认缴部分;股份有限公司则设置"股本"和"资本公积——股本溢价"账户来反映面值及超过面值部分的资本。如上市公司股票发行价为15元/股,1元/股面值计入"股本"账户,14元/股计入"资本公积——股本溢价"账户。

权益筹资主要根据投资主体不同,设置不同的明细账进行核算。投资主体主要包括国家、法人、外商和个人,将其投入的资本分为国家资本、法人资本、外商资本和个人资本。国家资本是以国家名义投资形成的资本;法人资本是以公司名义投资形成的资本;外商资本是以国外公司以及港澳台地区公司投资形成的资本;个人资本是以个人名义投资形成的资本。

【例3.1】 信诚公司是一家有限责任公司,成立于20×2年11月5日。成立时分别收到个人投资者A(张三)的资本金1 200 000元,存入银行;收到个人投资者B(李四)投入的厂房一栋和机床设备一台,合同价值分别为2 480 000元和1 000 000元;收到个人投资者C(王五)的非专利技术一项,评估价为870 000元(个人投资者向企业投入设备、非专利技术等,如果符合增值税免税条件,可以享受免征增值税,开具免税的增值税发票)。

【例3.1】业务单据

【分析】 该融资业务一方面使公司的银行存款增加1 200 000元、固定资产中的厂房和机床设备分别增加2 480 000元和1 000 000元、无形资产增加870 000元,分别记入"银行存款""固定资产"和"无形资产"账户的借方;另一方面使公司的所有者权益增加,按照投资人不同分别记入"实收资本"账户的贷方。

20×2年11月5日,会计分录如下:

借：银行存款	1 200 000
固定资产——厂房	2 480 000
——机床设备	1 000 000
无形资产	870 000
贷：实收资本——投资者A(张三)	1 200 000
——投资者B(李四)	3 480 000
——投资者C(王五)	870 000

【例3.2】
业务单据

【例3.2】 信诚公司注册资本为6 000 000元，20×2年12月25日收到投资者D(赵六)投入资本500 000元，存入银行，占注册资本的份额为7.5%。

【分析】 这是一项增资业务，投资方作为新进入股东，需要比原始股东付出更多代价才能获得与原始股东相等的股份。该项增资业务一方面使公司的银行存款增加500 000元，记入"银行存款"账户的借方；另一方面，使公司的实收资本增加450 000元，资本溢价增加50 000元，分别记入"实收资本""资本公积——资本溢价"账户的贷方。

20×2年12月25日，会计分录如下：

借：银行存款	500 000
贷：实收资本——投资者D(赵六)	450 000
资本公积——资本溢价	50 000

2) 债务筹资业务财税处理

债务筹资业务一方面带来资产的增加，另一方面带来负债的增加。资产的增加通常表现为"银行存款"增加，而负债根据期限的长短，1年及1年以内的借款记为"短期借款"，1年以上的借款记为"长期借款"。

由于短期借款和长期借款用途不同，债务利息的处理也存在差异。短期借款一般用于日常经营，利息费用直接记入当期损益，即"财务费用"；而长期借款一般用于长期资产的建设，其利息在符合资本化条件时，需要将其资本化，记入"在建工程""研发支出"等会计科目。

【例3.3】
业务单据

【例3.3】 信诚公司因生产经营临时性需要，于20×2年12月1日向银行申请取得期限为3个月、年率为3%的借款400 000元存入银行，每月15日结息。

【分析】 这是一项短期债务筹资业务，此处仅考虑借入本金业务的处理。取得借款时，一方面银行存款增加400 000元，记入"银行存款"账户的借方；另一方面，短期负债增加400 000元，记入"短期借款"账户的贷方。

20×2年12月1日，会计分录如下：

| 借：银行存款 | 400 000 |
| 贷：短期借款——本金 | 400 000 |

该项债务的月利息＝(400 000×3%)/12＝1 000(元)

【例3.4】
业务单据

【例3.4】 信诚公司因基建工程需要，于20×2年11月15日与银行签订了借款协议，协议规定：借款本金为1 600 000元，期限为5年，年利率为6%，每月15日结息，工程于12月初开工。

【分析】 这是一项长期债务筹资业务，此处仅考虑取得借款的处理。取得借款时,一方面银行存款增加 1 600 000 元,记入"银行存款"账户的借方;另一方面,长期负债增加 1 600 000 元,记入"长期借款"账户的贷方。

20×2 年 11 月 15 日,会计分录如下:

借:银行存款　　　　　　　　　　　　　　　　　　　　　　1 600 000
　　贷:长期借款——本金　　　　　　　　　　　　　　　　　　　　1 600 000

该项借款的月利息=(1 600 000×6%)/12=8 000(元),因此 11 月 30 日应确认半个月的利息,即 4 000 元。由于基建工程尚未开工,因此 4 000 元的利息应该费用化,计入财务费用。

20×2 年 11 月 30 日,会计分录如下:

借:财务费用　　　　　　　　　　　　　　　　　　　　　　　4 000
　　贷:长期借款——利息　　　　　　　　　　　　　　　　　　　　4 000

【例 3.5】　承例 3.3 和例 3.4,信诚公司于 20×2 年 12 月 15 日,通过转账方式支付银行短期借款利息 500 元,长期借款利息 8 000 元。

【例 3.5】
业务单据

【分析】　这是一项利息支付业务。根据例 3.3 可知短期借款于 20×2 年 12 月 1 日借入,应该支付半个月的利息 500 元(1 000/2),确认利息费用增加,记入"财务费用"账户借方;根据例 3.4 可知长期借款于 20×2 年 11 月 15 日借入,至 20×2 年 12 月 15 日应支付一个月的利息 8 000 元,其中 4 000 元于 11 月底已经确认过利息费用,本月无须确认利息费用,而是直接归还长期借款利息,因此长期借款利息减少,记入"长期借款——利息"账户借方,另外 4 000 元由于工程已经开工,利息费用应该资本化,记入"在建工程"账户借方;此外,支付利息导致企业银行存款减少,因此记入"银行存款"账户的贷方。

20×2 年 12 月 15 日,会计分录如下:

借:财务费用　　　　　　　　　　　　　　　　　　　　　　　500
　　长期借款——利息　　　　　　　　　　　　　　　　　　　4 000
　　在建工程　　　　　　　　　　　　　　　　　　　　　　　4 000
　　贷:银行存款　　　　　　　　　　　　　　　　　　　　　　　8 500

3.3　供应业务及其财税处理

供应过程是制造业生产经营的第一个阶段,主要是为生产产品做好准备工作。供应过程主要包括购置固定资产,采购生产所需要的原材料及辅助材料,是将货币资金转化为储备资金的过程。

3.3.1　供应业务概述

1) 购置固定资产业务概述

(1) 固定资产的概念与特征

固定资产是指企业为生产产品、提供劳务、出租或经营管理而持有的,使用寿命超过 1

个会计年度的有形资产。固定资产的金额标准可由企业根据其规模和管理需要自行确定。如一个规模较小的企业可能将单位价值为2 000元的资产列为固定资产,而一个规模较大的企业则可能将单位价值达到20 000元的资产才列为固定资产。

固定资产具有三个特征:①具有实物形态,是一种有形资产;②持有目的是使用,即企业为生产产品、提供劳务、出租或经营管理而持有的资产;③使用寿命超过一个会计年度。

(2) 固定资产取得成本的计算

企业可以通过外购、自行建造、接受投资者投入、非货币性资产交换、债务重组等方式取得固定资产。取得固定资产的方式不同,其成本构成内容及确定方法也不尽相同,这里主要说明外购固定资产的成本。

外购固定资产成本是指企业购买某项固定资产并在其达到预定可使用状态前所发生的所有合理、必要的支出,包括购买价款、相关税费、使固定资产达到预定可使用状态前所发生的可归属于该固定资产的运输费、装卸费、安装费和专业人员服务费等。对于开具增值税专用发票的一般纳税人,其为购买固定资产支付的增值税进项税额可以从销项税额中进行抵扣,不计入固定资产成本;而小规模纳税人开具的普通增值税发票,由于不能从销项税额中抵扣,因此需要计入固定资产成本。

知识链接 3-1

增 值 税

2016年5月1日,我国全面实现营改增,增值税的征税范围由原来对物(包括动产和不动产)的流转以及无形资产(如土地使用权和知识产权等)的交易,扩大到建筑业、房地产业、金融业、生活服务业,几乎所有业务都涉及增值税,因此,熟练掌握增值税的基本知识是进行资产会计处理的前提。

增值税设计原理:"增值税"顾名思义是对增值额征税。如,某企业以10 000元购入一批材料,生产成产品后以30 000元将其出售,增值额为20 000元,如果该企业适用的增值税税率为13%,那么国家对增值额征收2 600元(20 000×13%)的增值税。这种差额征税的设计原理可以避免重复征税。按照增值税的设计原理,企业向税务机关缴纳的增值税税额在理论上是用其经济业务所实现的增值额乘适用的税率计算而来的。但在实践中,由于购销之间可能存在较长的时间差,国家不可能针对每一笔业务计算其增值额,因此实务工作中采用的是分别汇总计算进项税额和销项税额,再根据两者之差来确定增值税应纳税额的办法。

进项税额是企业在购入货物或接受劳务时支付或者承担的增值税额,即进项税额=购货款×税率;销项税额是企业在销售商品或提供劳务时按照销售额和增值税税率计算并向客户收取的增值税额,即销项税额=销售额×税率。

征税对象:在中华人民共和国境内销售货物或者提供加工、修理修配劳务,销售服务、无形资产、不动产以及进口货物的单位和个人,为增值税的纳税人。

一般纳税人和小规模纳税人:增值税纳税人分为一般纳税人和小规模纳税人。年应征增值税销售额超过财政部和国家税务总局规定标准的纳税人为一般纳税人,未超过规定标准的纳税人为小规模纳税人。

计税方法：增值税的计税方法包括一般计税方法和简易计税方法。通常一般纳税人适用一般计税方法计税，小规模纳税人适用简易计税方法计税。一般计税方法的应纳税额是当期销项税额抵扣当期进项税额后的差额，即：企业当期应纳税额＝销项税额－进项税额。根据相关规定，企业收到的增值税发票如果是普通发票，则进项税额不允许抵扣，需要计入资产的成本；简易计税方法的应纳税额是指按照不含税销售额和增值税征收率（一般为3%）计算的增值税额，不得抵扣进项税额，即应纳税额＝销售额×征收率。

2) 材料采购业务概述

材料采购业务包括材料采购成本的计算、货款的支付和材料验收入库三项工作。

（1）材料采购成本的计算

材料的采购成本是指企业从材料采购到入库前所发生的全部合理的、必要的支出，包括购买价格、运输费、保险费、装卸费、运输途中的合理损耗、挑选整理费、入库前的仓储费和除增值税进项税额以外的其他税费等。

采购成本中有一部分成本可以直接归属某类材料，有些费用则是共同发生的，需要在购入的材料中进行分配，分配基础可以是重量、体积、价格等，分配基础的选择要符合公平合理的原则。

（2）货款的支付

货款支付涉及与供应商的合同约定，一般有三种方式：一是交货时支付，相当于一手交钱一手交货；二是在交货之前提前支付，相当于预付了一笔账款；三是交货后完成支付，相当于赊购了一批材料。

（3）材料验收入库

材料运抵企业后，需由仓库验收保管，并出具材料入库单，交财务部门备查入账。

3.3.2 供应业务核算设置的主要账户

1) "固定资产"账户

该账户属于资产类账户，用来核算企业固定资产原价的增减变动及结余情况。该账户的借方登记固定资产的取得成本，贷方登记固定资产退出企业时该固定资产的原值，期末余额在借方，表示固定资产原值的结余额。该账户应按固定资产的种类设置明细账户，进行明细分类核算。"固定资产"账户的结构如图3.8所示。

2) "在建工程"账户

该账户为资产类账户，用来核算企业为进行固定资产基建、安装、技术改造以及大修理等工程而发生的全部支出(包括安装设备的价值)，并据以计算确定各工程成本的账户。该账户的借方登记在建工程发生的全部支出，贷方一般登记固定资产达到可使用状态时结转到"固定资产"账户的工程成本，期末余额在借方，表示未完工工程的成本。本账户可按"建筑工程""安装工程""在安装工程""待摊支出"以及单项工程等进行明细核算。该账户也是固定资产的成本计算类账户。"在建工程"账户的结构如图3.9所示。

借方	固定资产	贷方
期初余额		
固定资产取得时的成本		固定资产退出企业时原价的注销金额
期末余额：原价的结余		

图 3.8 "固定资产"账户的结构简图

借方	在建工程	贷方
期初余额		
在建工程发生的全部支出		固定资产达到可使用状态时结转完工工程的成本
期末余额：未完工工程成本		

图 3.9 "在建工程"账户的结构简图

3) "在途物资"账户

该账户属于资产类账户，用来核算企业采用实际成本法时购入的各种材料、商品的买价和采购费用，并据以计算材料的实际采购成本。该账户借方登记购入物资的买价和采购费用，贷方登记月末验收入库时按实际采购成本转入"原材料"等账户的数额。期末若有余额，一般在借方，反映尚未运达企业或已经运达企业但尚未验收入库的在途材料等物资的实际采购成本。本账户可按材料、商品品种设置明细分类账。该账户可视作"原材料"等账户的成本计算类账户。"在途物质"账户的结构如图 3.10 所示。

4) "原材料"账户

该账户属于资产类账户，用来核算企业库存材料的增减变动及结存情况。该账户借方登记已经验收入库材料的成本，贷方登记发出材料的成本，期末余额在借方，表示库存材料的成本。"原材料"账户应按照材料的保管地点（仓库），材料的类别、品种和规格等进行明细核算。"原材料"账户的结构如图 3.11 所示。

借方	在途物资	贷方
期初余额		
购入材料的买价和采购费用等		结转验收入库原材料、商品的实际采购成本
期末余额：在途材料的实际采购成本		

图 3.10 "在途物资"账户的结构简图

借方	原材料	贷方
期初余额		
验收入库材料的成本		发出材料的成本
期末余额：库存材料的成本		

图 3.11 "原材料"账户的结构简图

5) "预付账款"账户

该账户属于资产类账户，用来核算企业因购货等业务预先支付的款项。该账户借方登记企业已经支付的预付款项，贷方登记企业收到货物后应冲减的预付款项。期末余额一般在借方，反映企业已经预付但尚未收到货物的款项。该账户可按供应商进行明细核算。企业在应付款不多的情况下，应付款项也可以通过该账户的贷方来核算，也就是说，如果该账户存在贷方余额，则是应付账款。"预付账款"账户的结构如图 3.12 所示。

6) "应付账款"账户

该账户属于负债类账户，用来核算企业因购买材料、商品和接受劳务等经营活动应支付给供应单位而未支付的款项。该账户贷方登记应付未付款项的数额，借方登记实际归还款项的数额,期末余额一般在贷方,表示尚欠供应单位的款项。该账户应按照供应单位的名称进行明细核算。企业在预付款不多的情况下,预付款项也可以通过该账户的借方来核算,也就是说,如果该账户存在借方余额,则是预付账款。"应付账款"账户的结构如图3.13所示。

借方	预付账款	贷方
期初余额		
已经支付的预付款项	收到货物后冲减的预付款项	
期末余额:已预付但未收到货物的款项	期末余额:应付给供应单位的货款等	

图 3.12 "预付账款"账户的结构简图

借方	应付账款	贷方
	期初余额	
偿还应付给供应单位的款项	应付供应单位款项	
期末余额:预付给供应单位的货款等	期末余额:尚未偿还的应付款	

图 3.13 "应付账款"账户的结构简图

7)"应付票据"账户

该账户属于负债类账户,用来核算企业因购买材料、商品和接受劳务等经营活动而签发给供应商的商业汇票,如银行承兑汇票或商业承兑汇票。该账户贷方登记尚未到期的应支付的票据金额,借方登记已偿还的到期票据金额,期末余额一般在贷方,反映企业应该支付而未支付的票据金额。该账户可按照供应单位的名称进行明细核算。企业对于开出的票据需要设置应付票据备查簿,详细登记商业汇票的种类、出票日期、到期日、票据面值、票面利率、交易合同号、收票人名称等资料,待支付完成后加以注销。"应付票据"账户的结构如图3.14所示。

8)"应交税费"账户

该账户是负债类账户,用来核算企业按税法规定应缴纳的各种税费款的计算与实际交纳情况的账户。该账户贷方登记计算出的各种应交而未交的税费,借方一般登记实际缴纳的各种税费。期末余额方向不固定,如果在贷方,表示税费的应缴未缴数;如果在借方,表示多缴或预缴的税费。"应交税费"账户应按照应缴税费的种类进行明细核算。"应交税费"账户的结构如图3.15所示。

借方	应付票据	贷方
	期初余额	
已经偿还的到期票据金额	尚未到期的应付票据金额	
	期末余额:应付未付的票据金额	

图 3.14 "应付票据"账户的结构简图

借方	应交税费	贷方
	期初余额	
实际缴纳的税费(增值税进项税额)	应交未交的税费(增值税销项税额)	
期末余额:多交或预缴的税费	期末余额:应交未缴的税费	

图 3.15 "应交税费"账户的结构简图

3.3.3 供应业务财税处理

1)固定资产购置业务

固定资产购置业务根据其是否需要安装,分为不需要安装的固定资产购置业务和需要安装的固定资产购置业务。需要安装的固定资产先在"在建工程"账户的借方归集在建工程买价、安装调试成本等,当在建工程达到预定可使用状态后将归集的所有成本转入"固定资产"账户的借方;不需要安装的固定资产直接在"固定资产"账户借方登记增加额,核算其实际成本。购置固定资产属于增值税涉税业务,缴纳增值税时记入"应交税费——应交增值税(进项税额)"的借方。此外,购置固定资产时,企业的银行存款会减少,因此需要在"银行存款"账户的贷方登记。

【例3.6】 信诚公司于20×2年11月15日购入一台不需要安装的机床设备,取得增值税专用发票一张,该设备的不含税购买价为300 000元,增值税税率为13%,增值税39 000元;另支付运费,取得增值税专用发票一张,不含税价格为2 000元,增值税税率为9%,增值税为180元,合计2 180元。全部款项以转账支票支付,设备已运达企业并投入使用。

【分析】 这是一项不需要安装的固定资产采购业务。该业务一方面使固定资产增加302 000元,记入"固定资产"账户的借方,固定资产的进项税额为39 180元(300 000×13%+2 000×9%),记入"应交税费——应交增值税(进项税额)"账户的借方;另一方面银行存款减少341 180元,记入"银行存款"账户的贷方。

20×2年11月15日,会计分录如下:

借:固定资产——机床设备　　　　　　　　　　　　　　　　　302 000
　　应交税费——应交增值税(进项税额)　　　　　　　　　　 39 180
　　贷:银行存款　　　　　　　　　　　　　　　　　　　　　　341 180

【例3.7】 信诚公司于20×2年11月20日购入一台需要安装的机床设备,取得增值税专用发票一张,该设备的不含税购买价为500 000元,增值税税率为13%,增值税65 000元;取得运输企业开具的增值税普通发票一张,不含税运费为3 000元,增值税税率为9%,增值税270元,合计3 270元。以转账支票支付,设备已运抵企业并投入安装。

【分析】 这是一项需要安装的固定资产采购业务。该业务先在"在建工程"借方归集固定资产成本,包括买价500 000元,计入固定资产成本的运费3 270元(由于取得的发票是增值税普通发票,因此增值税进项税额不得抵扣),计入"应交税费——应交增值税(进项税额)"账户借方的金额为65 000元(500 000×13%);另一方面银行存款减少568 270元,记入"银行存款"账户的贷方。

20×2年11月20日,会计分录如下:

借:在建工程　　　　　　　　　　　　　　　　　　　　　　　503 270
　　应交税费——应交增值税(进项税额)　　　　　　　　　　 65 000
　　贷:银行存款　　　　　　　　　　　　　　　　　　　　　　568 270

【例3.8】 承例3.7,20×2年11月21日,上述设备在安装过程中用银行存款支付外单位安装工人的劳务费,取得对方企业开具的增值税专用发票一张,不含税价格为30 000元,增值税税率为9%,增值税2 700元,合计32 700元。

【分析】 这是一项支付在建工程安装费的业务。该业务一方面使在建工程成本增加 30 000 元,记入"在建工程"账户的借方,安装劳务进项税额为 2 700 元(30 000×9%),记入"应交税费——应交增值税(进项税额)"账户的借方;另一方面,使公司银行存款减少 32 700 元,记入"银行存款"账户的贷方。

20×2 年 11 月 21 日,会计分录如下:

借:在建工程   30 000
　　应交税费——应交增值税(进项税额)   2 700
　　贷:银行存款   32 700

【例 3.9】 承例 3.7 和例 3.8,20×2 年 11 月 23 日,上述设备安装完毕,经验收合格已经交付使用,结转工程成本。

【例 3.9】
业务单据

【分析】 这是一项在建工程成本结转业务。该业务一方面使固定资产成本增加 533 270 元(503 270+30 000=533 270),记入"固定资产"账户的借方;另一方面,使在建工程减少 533 270 元,记入"在建工程"账户的贷方。

20×2 年 11 月 23 日,会计分录如下:

借:固定资产——机床设备   533 270
　　贷:在建工程   533 270

【例 3.10】 信诚公司于 20×2 年 11 月 25 日购入一辆小汽车,取得机动车销售发票一张,不含税购买价为 200 000 元,增值税税率为 13%,增值税 26 000 元;另支付保险费 6 000 元、牌照费 2 000 元,合计 8 000 元。车辆购置税税率为 10%,税额为 20 000 元,全部款项以银行存款支付,车辆已运达企业并投入使用。

【例 3.10】
业务单据

【分析】 这是一项固定资产(小汽车)购置业务。该业务一方面使固定资产成本增加 222 000 元(包括买价 200 000 元,一次性支付的牌照费 2 000 元,车辆购置税 20 000 元),记入"固定资产"账户的借方,保险费 6 000 元记入当期损益,即"管理费用"账户的借方(根据《企业会计准则第 4 号——固定资产》,外购固定资产的成本包括买价、相关税费、使固定资产达到预定可使用状态前所发生的可归属于该项资产的运输费、装卸费、安装费和专业人员服务费等。这里的保险费每年都交,不属于达到预定可使用状态前的必要支出,因此计入当期损益),购入机动车进项税额为 26 000 元,记入"应交税费——应交增值税"账户的借方;另一方面,使银行存款减少 254 000 元,记入"银行存款"账户的贷方。

20×2 年 11 月 25 日,会计分录如下:

借:固定资产——小汽车   222 000
　　管理费用   6 000
　　应交税费——应交增值税(进项税额)   26 000
　　贷:银行存款   254 000

2) 材料采购业务财税处理

材料采购业务一方面使企业材料增加,在购入的材料未验收入库之前,材料的买价、运费、保险费、装卸费等先记入"在途物资"账户的借方,如果已经验收入库,那么凭入库单结转记入"原材料"账户的借方;购入材料缴纳的增值税进项税额,记入"应交税费——应交增值税(进项税额)"的借方。另一方面,有关货款的结算,如果直接支付,会导致企业银行存款减少,记入"银行存款"账户的贷方;如果尚未支付,那么欠供应商的货款增加,未给供应商开具商业汇票时记入"应付账款"账户的贷方,开具了商业汇票则记入"应付票据"账户的贷方;如果是通过预付的方式支付款项,预付账款时,企业预付账款增加,同时银行存款减少,因此,借方登记"预付账款",贷方登记"银行存款",待企业收到货物后,再冲减"预付账款"。

【例3.11】业务单据

【例3.11】 信诚公司20×2年12月8日从大华工厂购入甲材料1 000千克,并收到大华工厂开出的增值税专用发票一张,发票上注明:不含税价款20 000元,增值税税率为13%,增值税为2 600元,合计22 600元。购入材料支付装卸费1 000元。上述款项合计23 600元,用转账支票支付,材料已运达企业并验收入库。

【分析】 这是一项原材料采购业务。该业务一方面使甲材料成本增加21 000元(包括买价20 000元和装卸费1 000元),由于材料已经验收入库,直接记入"原材料"账户的借方,购入材料使得增值税进项税额增加2 600元,记入"应交税费——应交增值税(进项税额)"账户的借方;另一方面,企业通过转账支票支付货款,使得银行存款减少23 600元,记入"银行存款"账户的贷方。

20×2年12月8日,会计分录如下:

借:原材料——甲材料　　　　　　　　　　　　　　　　　　　　　　21 000
　　应交税费——应交增值税(进项税额)　　　　　　　　　　　　　　2 600
　贷:银行存款　　　　　　　　　　　　　　　　　　　　　　　　　　23 600

【例3.12】业务单据

【例3.12】 信诚公司20×2年12月8日从新华工厂购入乙材料6 200千克,并收到新华工厂开出的增值税专用发票一张,发票上注明:价款60 000元,增值税税率为13%,增值税为7 800元。新华工厂代垫运费2 180元,收到南京米来物流有限公司开具的增值税专用发票一张,增值税税率为9%,其中,不含税运费为2 000元,增值税为180元。以上款项尚未支付,材料已运达企业并验收入库。

【分析】 这是一项原材料采购业务。该业务一方面使乙材料成本增加62 000元(包括买价60 000元和不含税的运费2 000元),由于材料已经验收入库,直接记入"原材料"账户的借方,购入材料使得增值税进项税额增加7 980元(7 800+180),记入"应交税费——应交增值税(进项税额)"账户的借方;另一方面,企业款项尚未支付,应付账款增加69 980元,记入"应付账款"账户的贷方。

20×2年12月8日,会计分录如下:

借:原材料——乙材料　　　　　　　　　　　　　　　　　　　　　　62 000
　　应交税费——应交增值税(进项税额)　　　　　　　　　　　　　　7 980
　贷:应付账款——新华工厂　　　　　　　　　　　　　　　　　　　69 980

【例3.13】业务单据

【例3.13】 信诚公司20×2年12月9日从前进工厂购入甲、丙两种材料,甲材料2 000千克,金额为30 000元,增值税税率为13%,增值税额为3 900元,合计33 900元;丙材料4 000千克,金额为40 000元,增值税税率为13%,增值税为5 200元,合计45 200元。全部款项79 100元以信诚公司开出并承兑的3个月期限的商业承兑汇票支付,两种材料均未到达企业。

【分析】 这是一项原材料采购业务。该业务一方面使在途甲材料的成本增加30 000元,在途丙材料的成本增加40 000元,由于材料未到达企业,因此记入"在途物资"账户的借方,购入材料使得增值税进项税额增加9 100元(3 900+5 200),记入"应交税费——应交增值税(进项税额)"账户的借方;另一方面,信诚公司开出商业汇票支付,使得应付票据款增加79 100元,记入"应付票据"账户的贷方。

20×2年12月9日,会计分录如下:

借:在途物资——甲材料　　　　　　　　　　　　　　　　　　　30 000
　　　　　　——丙材料　　　　　　　　　　　　　　　　　　　40 000
　　应交税费——应交增值税(进项税额)　　　　　　　　　　　　9 100
　　贷:应付票据——前进工厂　　　　　　　　　　　　　　　　　79 100

【例3.14】 承例3.13,20×2年12月9日公司用银行存款支付上述购入甲、丙材料的外地运费,取得南京米来物流有限公司开具的增值税专用发票一张,不含税运费为3 600元,增值税税率为9%,增值税324元,合计3 924元,企业按照材料的重量比例进行分配。

【例3.14】
业务单据

【分析】 这是一项购买运输服务的业务。该业务一方面使在途材料的成本增加3 600元,记入"在途物资"账户的借方,购入材料使得增值税进项税额增加324元,记入"应交税费——应交增值税(进项税额)"账户的借方;另一方面,使银行存款减少3 924元,记入"银行存款"账户的贷方。运输费是两种材料的共同费用,应由两种材料共同负担,需要在两种材料之间进行分配,分配基础可以是重量、体积、价格等,本例分配基础为重量。

费用分配率=运费/材料重量总额=3 600/(2 000+4 000)=0.6(元/千克)
甲材料应该分配的运杂费=甲材料的重量×费用分配率=2 000×0.6=1 200(元)
丙材料应该分配的运杂费=3 600−1 200=2 400(元)

20×2年12月9日,会计分录如下:

借:在途物资——甲材料　　　　　　　　　　　　　　　　　　　1 200
　　　　　　——丙材料　　　　　　　　　　　　　　　　　　　2 400
　　应交税费——应交增值税(进项税额)　　　　　　　　　　　　324
　　贷:银行存款　　　　　　　　　　　　　　　　　　　　　　3 924

【例3.15】 承例3.13、例3.14,信诚公司20×2年12月13日从前进工厂购入的材料全部到达,验收入库。

【例3.15】
业务单据

【分析】 这是一项采购成本结转的会计处理业务。该业务将之前由"在途物资"账户归集的采购成本转入"原材料"账户。这项经济业务一方面使原材料增加,记入"原材料"账户的借方;另一方面将已经完成采购手续的采购成本转出,记入"在途物资"账户的贷方。

20×2年12月13日,会计分录如下:

借:原材料——甲材料　　　　　　　　　　　　　　　　　　　　31 200
　　　　　——丙材料　　　　　　　　　　　　　　　　　　　　42 400
　　贷:在途物资——甲材料　　　　　　　　　　　　　　　　　　31 200
　　　　　　　——丙材料　　　　　　　　　　　　　　　　　　42 400

【例3.16】业务单据

【例 3.16】 信诚公司于 20×2 年 12 月 15 日用银行存款 69 980 元支付前欠新华工厂的货款 69 980 元。

【分析】 这是一项应付账款支付业务。该业务将例 3.12 中企业欠供应商的货款归还掉。一方面导致企业应付账款减少 69 980 元，记入"应付账款"账户的借方；另一方面导致企业银行存款减少 69 980 元，记入"银行存款"账户的贷方。

20×2 年 12 月 15 日，会计分录如下：

借：应付账款——新华工厂　　　　　　　　　　　　　　　　　69 980
　　贷：银行存款　　　　　　　　　　　　　　　　　　　　　　　　69 980

3.4 生产业务及其财税处理

生产过程是产品制造业资金循环的第二阶段，是从原材料投入生产起，到产品完工入库止的这一过程。这个过程要发生各种生产费用，最后形成产品成本。因此在产品生产过程中费用的发生、归集和分配以及产品成本的形成，就构成了生产产品业务核算的主要内容。

3.4.1 生产业务概述

生产过程实际上是资源的耗费过程，既有劳动资料的耗费，又有劳动对象的耗费，在发生各种耗费的同时生产产品。因此，生产过程是资源耗费过程与产品形成过程的统一。

产品制造企业产品成本的主要构成项目包括：

1) 直接材料

指构成产品实体的原材料以及有助于产品形成的主要材料和辅助材料、燃料和动力等。

2) 直接人工

指直接从事产品生产人员的各种形式的报酬及各项附加费用的职工薪酬。

3) 制造费用

指企业为生产产品和提供劳务而发生的各项间接费用，包括企业生产部门（如生产车间）发生的水电费、固定资产折旧、无形资产摊销、车间管理人员的薪酬、劳动保护费、季节性和修理期间的停工损失等。换言之，制造费用是指企业为生产多种产品而发生的间接代价。这些间接代价不能直接计入某一特定产品或劳务的成本，而是需要先归集，然后采用合理的标准分配给相应的产品项目。

3.4.2 生产业务核算设置的主要账户

1) "生产成本"账户

该账户属于成本计算类账户，用来归集和分配产品生产过程中发生的各项生产费用，以正确地计算产品生产成本。该账户借方登记直接计入产品生产成本的直接材料费、直接人工费和其他直接支出，以及期末按照一定方法分配计入产品生产成本的制造费用；贷方登记已完工产品成本的转出。期末余额一般在借方，表示尚未完工产品（即在产品）的成本。该账户应按产品种类设置明细账户，进行明细分类核算。"生产成本"账户的结构如图 3.16 所示。

2) "制造费用"账户

该账户是成本计算类账户,用来归集和分配为生产产品和提供劳务而发生的不能直接归属于某一种产品的间接费用,包括车间管理人员的工资、福利费、车间机器设备的折旧、车间发生的水电费等。该账户借方登记本期发生的各项制造费用,贷方登记月末按照一定的标准在完工产品之间或完工产品与在产品之间按照一定标准结转的制造费用。该账户月末结转后一般无余额。该账户应按照车间和具体的费用项目设置明细账(多栏式),进行明细分类核算。"制造费用"账户的结构如图 3.17 所示。

借方	生产成本	贷方
期初余额		
发生的费用: 直接材料、直接人工、其他直接支出以及月末转入的制造费用	结转完工验收入库产成品的成本	
期末余额:期末在产品成本		

图 3.16 "生产成本"账户的结构简图

借方	制造费用	贷方
归集车间范围内发生的各项间接费用	期末分配转入"生产成本"账户的制造费用	

图 3.17 "制造费用"账户的结构简图

3) "应付职工薪酬"账户

应付职工薪酬属于负债类账户,用来核算尚未支付的已计入成本费用的职工薪酬总额。该账户贷方反映企业应支付未支付的薪酬总额,借方登记已经支付的薪酬数额,期末余额在贷方,反映企业尚未支付的职工薪酬。该账户应根据薪酬的具体项目如工资、社会保险费、住房公积金等设置明细分类账,进行明细核算。"应付职工薪酬"账户的结构如图 3.18 所示。

4) "累计折旧"账户

该账户是资产类账户,是固定资产的抵减账户,用来核算企业固定资产折旧的累计计提情况。其贷方登记按月提取的折旧额即累计折旧的增加,借方登记固定资产退出企业时需要注销的该固定资产已经计提的累计折旧额。期末余额在贷方,表示已提折旧的累计额。"累计折旧"账户的贷方余额抵消"固定资产"账户的借方余额(现有固定资产的原始价值),即为现有固定资产的净值。该账户只进行总分类核算,不进行明细分类核算。"累计折旧"账户的结构如图 3.19 所示。

借方	应付职工薪酬	贷方
	期初余额	
已经支付的薪酬数额	应付未付的薪酬总额	
	期末余额:尚未支付的职工薪酬	

图 3.18 "应付职工薪酬"账户的结构简图

借方	累计折旧	贷方
	期初余额	
固定资产退出企业时其折旧额的注销额	提取的固定资产折旧额	
	期末余额:现有固定资产的累计折旧额	

图 3.19 "累计折旧"账户的结构简图

5)"库存商品"账户

该账户是资产类账户,用来核算企业库存商品的收入、发出和结余情况。该账户借方登记已经完工产品的实际生产成本或购入成本,贷方登记已经销售产品的实际制造成本或购入成本。期末余额在借方,表示库存商品的实际成本。该账户应按照商品的品种或类别设置明细账,进行明细分类核算。"库存商品"账户的结构如图3.20所示。

6)"管理费用"账户

该账户是费用类账户,用来核算企业行政管理部门为组织和管理生产经营活动所发生的管理费用(如行政管理人员的工资,行政管理部门领用的材料,管理部门的固定资产折旧费、修理费和办公费等)。该账户的借方登记企业发生的各项管理费用,贷方登记结转至"本年利润"账户的金额,结转后期末一般无余额。该账户应按照费用项目设置明细账(多栏式),进行明细分类核算。"管理费用"账户的结构如图3.21所示。

借方	库存商品	贷方
期初余额		
验收入库商品的实际或购入成本	已经销售产品的实际制造成本或购入成本	
期末余额:库存商品的实际成本		

借方	管理费用	贷方
企业发生的各项管理费用	期末结转计入"本年利润"账户的金额	

图 3.20 "库存商品"账户的结构简图   图 3.21 "管理费用"账户的结构简图

3.4.3 生产业务的财税处理

生产过程既是产品的制造过程,又是资源的耗费过程。材料的耗费、人工的耗费、制造费用的耗费共同构成产品的生产成本。

1) 材料费用的核算

材料的核算要按照材料的使用部门不同,记入不同的账户。车间生产领用的材料记入"生产成本"账户,行政管理部门领用的材料记入"管理费用"账户,车间一般耗费先记入"制造费用"账户,再选择适当的标准分摊记入相应产品的成本。因此领用材料时,一般借记"生产成本""管理费用""制造费用"等账户,贷记"原材料"账户。

企业发出材料(存货)的成本计价方法有个别计价法、先进先出法、月末一次加权平均法和移动加权平均法,具体计算方法的应用见本书6.2.3节。

【例3.17】 信诚公司20×2年12月15日从仓库发出材料,材料收、发、存情况见表3.1所示,发出材料成本采用移动加权平均法。

表 3.1 原材料收、发、存汇总表

	甲材料		乙材料		丙材料		总金额/元
	重量/千克	金额/元	重量/千克	金额/元	重量/千克	金额/元	
12月8日收入	1 000	21 000	6 200	62 000			
12月9日收入	2 000	31 200			4 000	42 400	

续表

	甲材料		乙材料		丙材料		总金额/元
	重量/千克	金额/元	重量/千克	金额/元	重量/千克	金额/元	
12月15日领用							
制造产品领用							
A产品耗用	2 000	34 800	5 000	50 000	1 600	16 960	101 760
B产品耗用	1 000	17 400	1 200	12 000	1 100	11 660	41 060
车间耗用小计	3 000	52 200	6 200	62 000	2 700	28 620	142 820
车间一般耗用					500	5 300	5 300
耗用合计		52 200		62 000		33 920	148 120

【分析】 这是一项生产领用材料业务。采用移动加权平均法计算甲材料发出单价=(21 000+31 200)/(1 000+2 000)=17.4(元/千克),由此可以计算出A产品耗用甲材料34 800元(2 000×17.4),B产品耗用甲材料17 400元(1 000×17.4);乙材料发出单价=62 000/6 200=10(元/千克),由此计算出A产品耗用乙材料50 000元(5 000×10),B产品耗用乙材料12 000元(1 200×10);丙材料发出单价=42 400/4 000=10.6(元/千克),由此计算出A产品耗用丙材料16 960元(1 600×10.6),B产品耗用丙材料11 660(1 100×10.6)元,车间一般耗用丙材料5 300元(500×10.6)。

该项业务一方面使生产成本增加142 820元(101 760+41 060),记入"生产成本"账户的借方,车间一般耗用的材料费使得企业制造费用增加,记入"制造费用"账户的借方;另一方面使原材料减少148 120元(52 200+62 000+33 920),记入"原材料"账户的贷方。

20×2年12月15日,会计分录如下:

借:生产成本——A产品　　　　　　　　　　　　　　　　　　　　101 760
　　　　　　——B产品　　　　　　　　　　　　　　　　　　　　　41 060
　　制造费用　　　　　　　　　　　　　　　　　　　　　　　　　　5 300
　贷:原材料——甲材料　　　　　　　　　　　　　　　　　　　　　52 200
　　　　　　——乙材料　　　　　　　　　　　　　　　　　　　　　62 000
　　　　　　——丙材料　　　　　　　　　　　　　　　　　　　　　33 920

2) 职工薪酬的核算

职工薪酬是指企业为获得职工提供的服务而给予各种形式的报酬以及其他相关支出,包括职工在职期间和离职后企业提供给职工的全部货币性薪酬和非货币性福利。企业提供给职工配偶、子女或其他被赡养人的福利等,也属于职工薪酬。

按照职工提供服务的受益对象,将薪酬分别计入产品成本或期间费用等。其中支付给与生产产品直接相关的生产工人的工资记入"生产成本"账户,支付给车间管理人员的工资记入"制造费用"账户,支付给行政管理人员的工资记入"管理费用"账户,支付给(专设销售机构的)销售人员的工资记入"销售费用"账户。

职工薪酬的核算可以概括为两步:第一步,将薪酬计入成本费用类账户的同时,确认一笔应付未付的负债(应付职工薪酬),即借记"生产成本""制造费用""管理费用""销售费用"

等,贷记"应付职工薪酬"账户;第二步,实际发放薪酬时,冲减应付职工薪酬,同时减少银行存款,即借记"应付职工薪酬"账户,贷记"银行存款"账户。

【例3.18】
业务单据

【例3.18】 信诚公司20×2年12月31日结算员工工资300 000元,其中生产A产品工人的工资为168 000元,生产B产品工人的工资为112 000元,车间管理人员工资8 000元,行政管理人员工资12 000元。

【分析】 这是一项职工工资分配业务,该业务一方面使工资费用增加300 000元,其中生产工人工资为280 000元(168 000+112 000),记入"生产成本"账户的借方,车间管理人员的工资为8 000元,记入"制造费用"账户的借方,行政管理人员的工资为12 000元,记入"管理费用"账户的借方;另一方面企业应付未付工资增加300 000元,记入"应付职工薪酬"账户的贷方。

20×2年12月31日,会计分录如下:

借:生产成本——A产品　　　　　　　　　　　　　　　168 000
　　　　　——B产品　　　　　　　　　　　　　　　　112 000
　　制造费用　　　　　　　　　　　　　　　　　　　　8 000
　　管理费用　　　　　　　　　　　　　　　　　　　　12 000
　　贷:应付职工薪酬——应付工资　　　　　　　　　　　300 000

【例3.19】 信诚公司20×2年12月31日按工资总额的一定比例替员工代扣代缴社会保险费30 000元、住房公积金21 000元和个人所得税9 000元,合计60 000元。业务单据扫码见例3.18的业务单据"工资结算汇总表"。

【分析】 这是一项企业为员工代扣代缴社会保险费、住房公积金和个人所得税的业务,该业务一方面相当于企业支付了员工薪酬,应付职工薪酬减少60 000元,记入"应付职工薪酬"账户的借方;另一方面,企业在代扣社会保险费和住房公积金51 000元(30 000+21 000)时,尚未缴纳给相关部门,先按照具体项目分别记入"其他应付款"账户的贷方,在代扣个人所得税9 000元时尚未缴纳给税务局,先记入"应交税费——应交个人所得税"账户的贷方。未来缴纳时再冲销"其他应付款"和"应交税费——应交个人所得税"。

20×2年12月31日,会计分录如下:

借:应付职工薪酬——应付工资　　　　　　　　　　　　60 000
　　贷:其他应付款——社会保险费　　　　　　　　　　　30 000
　　　　　　　——住房公积金　　　　　　　　　　　　21 000
　　　　应交税费——应交个人所得税　　　　　　　　　　9 000

【例3.20】 信诚公司20×2年12月31日按工资总额的一定比例计提企业负担的社会保险费和住房公积金,总额分别为50 000元和40 000元,其中生产A产品工人分配的金额为50 400元,生产B产品工人分配的金额为33 600元,车间管理人员分配的金额为2 400元,行政管理人员分配的金额为3 600元。业务单据扫码见例3.18的"工资结算汇总表"。

【分析】 这是一笔分配企业负担的社会保险费和住房公积金的业务。该业务一方面根据社会保险费和住房公积金分配对象记入相关成本费用类科目,其中,企业负担的生产产品工人的社会保险费和住房公积金为84 000元(50 400+33 600),记入"生产成本"账户的借方,企业负担的车间管理人员的社会保险费和住房公积金为 2 400 元,记入"制造费用"账户的借方,企业负担的行政管理人员的社会保险费和住房公积金为 3 600 元,记入"管理费用"账户的借方;另一方面该业务使企业应付未付的社会保险费和住房公积金增加 90 000元(50 000+40 000),记入"应付职工薪酬"账户的贷方。

20×2 年 12 月 31 日,会计分录如下:

```
借:生产成本——A 产品                                    50 400
          ——B 产品                                    33 600
    制造费用                                            2 400
    管理费用                                            3 600
    贷:应付职工薪酬——社会保险费                          50 000
                  ——住房公积金                          40 000
```

【例 3.21】 信诚公司 20×2 年 12 月 31 日用银行存款 390 000 元发放员工工资,并缴纳社会保险费、住房公积金和个人所得税。

【例 3.21】业务单据

【分析】 这是一项企业发放工资并缴纳社会保险费、住房公积金和个人所得税的业务。该业务一方面使应付未付工资减少 240 000 元,企业应付未付的社会保险费减少 50 000 元,企业应付未付的住房公积金减少 40 000 元,分别记入"应付职工薪酬"账户的借方;企业缴纳个人负担的社会保险费和住房公积金时,例 3.19 中代扣的社会保险费和住房公积金减少,分别记入"其他应付款"账户的借方;企业缴纳个人负担的个人所得税时,例 3.19 中代扣的个人所得税减少,记入"应交税费——应交个人所得税"账户的借方。另一方面,该项业务使得企业银行存款减少 390 000 元,记入"银行存款"账户的贷方。

20×2 年 12 月 31 日,会计分录如下:

```
借:应付职工薪酬——应付工资                            240 000
              ——社会保险费                           50 000
              ——住房公积金                           40 000
    其他应付款——社会保险费                            30 000
              ——住房公积金                           21 000
    应交税费——应交个人所得税                            9 000
    贷:银行存款                                        390 000
```

3) 制造费用的归集与分配

制造费用是一种间接费用,间接费用是指与产品生产有关,但不能直接归属于某类产品成本计算对象的费用,需要先归集,再分配转入产品成本。即当费用发生时,先在"制造费用"账户进行归集,期末再分配转入"生产成本"账户,以使"生产成本"账户的借方归集生产过程中发生的全部产品制造成本。制造费用分配转入生产成本时,分配基础可以选择产品数量、机器工时等。

【例 3.22】 信诚公司 20×2 年 12 月 31 日按规定的固定资产折旧率计提当月固定资产折旧 26 750 元,其中:车间固定资产折旧 25 000 元,行政管理部门固定资产折旧 1 750 元。

【例 3.22】业务单据

【分析】 这是一项固定资产计提折旧的业务。计提折旧就是将固定资产的成本分期计入费用,这项业务一方面使车间的折旧费用增加 25 000 元,记入"制造费用"账户的借方,行政管理部门折旧费用增加 1 750 元,记入"管理费用"账户的借方;另一方面使固定资产账面价值减少 26 750 元,记入"累计折旧"账户的贷方。

20×2 年 12 月 31 日,会计分录如下:

借:制造费用　　　　　　　　　　　　　　　　　　　　　　　25 000
　　管理费用　　　　　　　　　　　　　　　　　　　　　　　 1 750
　贷:累计折旧　　　　　　　　　　　　　　　　　　　　　　　26 750

"折旧"是对固定资产成本的分摊,会计准则提供的分摊方法有加速折旧法、平均分摊法(即直线法)、工作量法等。本书只涉及最简单的分摊方法,即按照固定资产期限平均分摊。

$$每月的折旧额 = \frac{固定资产 - 预计净残值}{预计使用年限 \times 12} \quad (3.2)$$

$$每月的折旧额 = 固定资产原值 \times 月折旧率 \quad (3.3)$$

式中,预计净残值和预计使用年限都是估计值。

固定资产折旧费按照使用部门进行归集。生产车间厂房、设备等的折旧费记入"制造费用"账户,行政管理部门使用的固定资产折旧费记入"管理费用"账户,销售部门使用的固定资产折旧费记入"销售费用"账户。

【例 3.23】
业务单据

【例 3.23】 信诚公司 20×2 年 12 月 31 日以银行存款支付企业水电费,收到电费增值税专用发票一张,价款 1 500 元,增值税税率 13%,增值税 195 元;收到水费增值税普通发票一张,总额 500 元。其中车间耗用 1 500 元,办公部门耗用 500 元。

【分析】 这是一项水电费支付业务。该业务一方面使企业成本费用增加,其中车间耗用的水电费使得制造费用增加 1 500 元,记入"制造费用"账户的借方,办公部门耗用的水电费使得管理费用增加 500 元,记入"管理费用"账户的借方,企业增值税进项税额增加 195 元,记入"应交税费——应交增值税(进项税额)"的借方;另一方面,使得企业银行存款减少 2 195 元,记入"银行存款"账户的贷方。

20×2 年 12 月 31 日,会计分录如下:

借:制造费用　　　　　　　　　　　　　　　　　　　　　　　 1 500
　　管理费用　　　　　　　　　　　　　　　　　　　　　　　　 500
　　应交税费——应交增值税(进项税额)　　　　　　　　　　　　195
　贷:银行存款　　　　　　　　　　　　　　　　　　　　　　　 2 195

【例 3.24】
业务单据

【例 3.24】 信诚公司 20×2 年 12 月 31 日收到增值税专用发票一张,以银行存款支付应由本月负担的车间保险费,价款 1 200 元,增值税税率为 6%,增值税额 72 元,合计 1 272 元。

【分析】 这是一项车间保险费支付业务。该业务一方面使车间制造费用增加 1 200 元,记入"制造费用"账户的借方,企业增值税进项税额增加 72 元,记入"应交税费——应交增值税(进项税额)"的借方;另一方面,使得企业银行存款减少 1 272 元,记入"银行存款"账户的贷方。

20×2年12月31日,会计分录如下:

借:制造费用　　　　　　　　　　　　　　　　　　　　　　　　1 200
　　应交税费——应交增值税(进项税额)　　　　　　　　　　　　72
　　贷:银行存款　　　　　　　　　　　　　　　　　　　　　　　1 272

【例3.25】 信诚公司将本月发生的制造费用43 400元按照生产工时比例分配计入A、B产品的生产成本。其中A产品生产工时为260.4小时,B产品为173.6小时。

【例3.25】
业务单据

【分析】 这是一项制造费用分配业务。该项业务一方面使得产品生产成本增加43 400元(26 040+17 360),记入"生产成本"账户的借方;另一方面使得制造费用减少43 400元,记入"制造费用"账户的贷方。

制造费用分配率=制造费用总额÷生产工时总额
　　　　　　　=43 400÷(260.4+173.6)=100(元/时)
A产品负担的制造费用金额=260.4×100=26 040(元)
B产品负担的制造费用金额=43 400−26 040=17 360(元)

20×2年12月31日,会计分录如下:

借:生产成本——A产品　　　　　　　　　　　　　　　　　　26 040
　　　　　　——B产品　　　　　　　　　　　　　　　　　　17 360
　　贷:制造费用　　　　　　　　　　　　　　　　　　　　　43 400

4) 完工产品生产成本的计算与结转

产品制造完成并验收合格后,完工产品应从生产车间运转至产成品仓库。仓库在办理产品入库时需填制产成品入库单,其中一联交给财务部门作为入账凭证。财务部门在进行产品成本计算的同时,要编制一笔结转已完工产品成本的分录。

【例3.26】 信诚公司20×2年12月18日生产完工A、B两种产品,其中A产品完工总成本为346 200元,B产品完工总成本为204 020元。A、B产品已验收入库,结转成本。假定A产品和B产品各完工1 000件。

【例3.26】
业务单据

【分析】 这是一项生产成本结转业务。该项业务一方面使库存商品增加550 220元(346 200+204 020),记入"库存商品"账户的借方;另一方面使生产成本减少550 220元(346 200+204 020),记入"生产成本"账户的贷方。

20×2年12月18日,有关分录为:

借:库存商品——A产品　　　　　　　　　　　　　　　　　　346 200
　　　　　　——B产品　　　　　　　　　　　　　　　　　　204 020
　　贷:生产成本——A产品　　　　　　　　　　　　　　　　346 200
　　　　　　　——B产品　　　　　　　　　　　　　　　　204 020

由此可以计算得出,两种产品的单位成本分别为346.20元/件和204.02元/件。

3.5 销售业务及其财税处理

销售过程是产品价值和使用价值的实现过程,因此也是资金周转最重要的一个过程。

在该阶段，企业开展销售活动后，一方面部分货币资金重新回到企业手中形成债权，另一方面通过销售收入和销售成本的配比，形成企业毛利。

3.5.1 销售业务概述

销售业务是指企业将库存商品交付给客户，并收回货款的过程。企业会计人员一方面在确认收入的同时，还应按适用的增值税税率计算相应的增值税销项税额。在销售过程中，为了销售产品，企业还会发生包装费、运输费、广告费、销售人员工资福利、销售机构日常运营费用等销售费用。因此，销售业务主要涉及收入确认、增值税销项税额的计算、货款结算、结转已售产品(库存商品)成本、销售费用的处理。

1) 收入确认

收入确认的关键是确认时点。按照2017年我国修订后的《企业会计准则第14号——收入》的规定，企业应当在履行了合同中的履约义务且客户取得商品的控制权时确认收入。收入确认的详细判定标准和步骤将在中级财务会计阶段学习，本书仅简单说明收入确认的条件，具体可参考本书2.2.1节会计要素中的相关内容。

2) 增值税销项税额的计算

增值税一般纳税人按照销售货物或服务所适用的增值税税率计算增值税销项税额。

3) 货款结算

货款结算涉及销售方式，现销直接采用"库存现金"和"银行存款"账户进行核算；赊销涉及"应收账款"和"应收票据"账户；采用预收货款的方式销售，则需要通过"预收账款"账户进行核算。

4) 结转已售产品成本

结转已售产品成本就是将已出售的产品成本计入当期损益，与相关的收入进行配比，以便计算出当期利润。通常情况下，公司为了管理需要，将企业经营活动区分为主营业务和兼营业务，并设置"主营业务成本"和"其他业务成本"账户来分别核算已售商品的成本。

5) 销售费用的处理

企业的销售费用是指企业为了销售商品、推广其所提供的劳务所发生的费用，包括保险费、包装费、展览费和广告费、商品维修费、运输费、装卸费等以及为销售本企业商品而专设的销售机构的职工薪酬、业务费、折旧费等经营费用。企业发生销售费用时，需要记录企业费用的增加。

3.5.2 销售业务核算设置的主要账户

1) "主营业务收入"账户

该账户属于损益类账户中的收入类，用来核算企业销售商品、提供劳务等主营业务而获得的收入。该账户贷方登记企业实现的主营业务收入，借方登记发生销售退回或销售折让时应冲减的主营业务收入和期末转入"本年利润"账户的主营业务收入，结转后该账户期末应没有余额。该账户应按主营业务的种类设置明细分类账户，进行明细分类核算。"主营业务收入"账户的结构如图3.22所示。

2) "其他业务收入"账户

该账户属于损益类账户中的收入类,用来核算企业确认的除主营业务活动以外的其他经营活动实现的收入,包括出租固定资产、无形资产、包装物,销售材料等取得的收入。该账户贷方登记企业实现的其他业务收入,借方登记期末转入"本年利润"账户的其他业务收入,结转后该账户期末无余额。该账户应按其他业务的种类进行明细核算。"其他业务收入"账户的结构如图 3.23 所示。

借方	主营业务收入	贷方
销售退回和折让等期末转入"本年利润"账户的主营收入		实现的主营业务收入

图 3.22 "主营业务收入"账户的结构简图

借方	其他业务收入	贷方
期末转入"本年利润"账户的其他收入		实现的其他业务收入

图 3.23 "其他业务收入"账户的结构简图

3) "主营业务成本"账户

该账户属于损益类账户中的费用类账户,用以核算企业已销售商品或提供劳务的成本。该账户借方登记主营业务成本的增加,贷方登记销售退回冲销的成本以及期末转入"本年利润"账户的数额,期末结转后应无余额。该账户应按主营业务的种类设置明细分类账户,进行明细分类核算。"主营业务成本"账户的结构如图 3.24 所示。

4) "其他业务成本"账户

该账户属于损益类账户中的费用类账户,用以确认企业除主营业务活动以外的其他经营活动所发生的成本,包括销售材料的成本、出租固定资产的折旧额、出租无形资产的摊销额或出租包装物的成本等。该账户借方登记其他业务成本的增加,贷方登记期末转入"本年利润"账户的数额,期末结转后应无余额。该账户也应按其他业务的种类设置明细分类账户,进行明细分类核算。"其他业务成本"账户的结构如图 3.25 所示。

借方	主营业务成本	贷方
结转的已销商品或已提供劳务的成本		销售退回冲销的成本以及期末转入"本年利润"账户的主营业务成本

图 3.24 "主营业务成本"账户的结构简图

借方	其他业务成本	贷方
其他业务成本的增加		期末转入"本年利润"账户的其他业务成本

图 3.25 "其他业务成本"账户的结构简图

5) "销售费用"账户

该账户属于损益类中的费用类账户,用来核算企业在商品销售过程中所发生的各种销售费用,如广告费、包装费、运杂费、展品展销费、专设销售机构的费用等。该账户借方登记本月所发生的各种销售费用,贷方登记期末转入"本年利润"账户的数额,期末结转后应无余额。该账户应按业务种类设置明细账,进行明细分类核算。"销售费用"账户的结构如图3.26 所示。

6) "税金及附加"账户

该账户属于损益类中的费用类账户,用来核算企业由于销售商品、提供劳务或占用国家资源、发生特定行为等需要负担的税金及附加,包括消费税、城市维护建设税、资源税、教育费附加、房产税、印花税、土地使用税、车船税等。该账户借方登记按税法规定计算应缴纳的税金及附加,贷方登记期末转入"本年利润"账户的数额,期末结转后应无余额。该账户可按业务类别设置明细分类账。"税金及附加"账户的结构如图3.27所示。

借方	销售费用	贷方
商品销售过程中发生的各种费用	期末转入"本年利润"账户的销售费用	

图3.26 "销售费用"账户的结构简图

借方	税金及附加	贷方
按照计税依据计算出的消费税、资源税、城市维护建设税等	期末转入"本年利润"账户的税金及附加	

图3.27 "税金及附加"账户的结构简图

7)"应收账款"账户

该账户属于资产类账户,用来核算企业因赊销商品或提供劳务等对购买单位形成的债权。该账户借方登记应向购货单位或接受劳务单位收取的销售货款或劳务款,贷方登记收回的销售货款或劳务款,余额一般在借方,表示购买单位暂欠货款或劳务款。期末余额也可在贷方,表示预收款项。该账户应按欠款单位设明细分类账,进行明细分类核算。"应收账款"账户的结构如图3.28所示。

8)"应收票据"账户

该账户属于资产类账户,用来核算企业因赊销商品或提供劳务等收到的商业汇票(包括银行承兑汇票和商业承兑汇票)。该账户借方登记企业收到的应收票据,贷方登记应收票据的收回或转让。期末余额在借方,表示企业持有的尚未到期的商业汇票金额。该账户应按欠款单位设明细分类账,进行明细分类核算。

企业应当设置应收票据备查簿,逐笔登记商业汇票的种类、编号和出票日、票面金额、交易合同号、付款人、承兑人、收款日、收回金额等资料。商业汇票到期结清票款或退票后,应在备查簿中予以注销。"应收票据"账户的结构如图3.29所示。

借方	应收账款	贷方
发生的应收账款(增加)	收回的应收账款(减少)	
期末余额:应收未收款	期末余额:预收款	

图3.28 "应收账款"账户的结构简图

借方	应收票据	贷方
发生的应收票据(增加)	减少的应收票据	
期末余额:未到期的票据款		

图3.29 "应收票据"账户的结构简图

9)"预收账款"账户

该账户属于负债类账户,用来核算企业按照合同规定预先收取但尚未交付商品或服务的款项。该账户贷方登记企业向购货单位预收的款项,借方登记已交付商品或服务后转为收入的预收款项。期末余额一般在贷方,反映企业预收的款项余额。期末余额也可在借方,反映企业应收的款项。该账户应按购货单位设明细分类账,进行明细分类核算。该账户的结构如图3.30所示。

借方	预收账款	贷方
预收款的减少或冲销		向购货单位预收的款项
期末余额：应收款项		期末余额：预收的款项余额

图 3.30 "预收账款"账户的结构简图

3.5.3 销售业务的财税处理

1) 主营业务的核算

企业主营业务的核算包括主营业务收入的确认、货款的结算、主营业务成本的结转、税金及附加的核算等。

企业销售商品时，一方面主营业务收入增加，记入"主营业务收入"账户的贷方，销售时企业增值税销项税增加，记入"应交税费——应交增值税(销项税额)"的贷方；另一方面，如果是现销业务，企业收到货款，银行存款增加，记入"银行存款"账户的借方，如果是赊销，企业债权增加，应收客户款记入"应收账款"账户的借方，如果企业收到对方开具的商业汇票(包括银行承兑汇票和商业承兑汇票)，那么记入"应收票据"账户的借方。

企业如果通过预收的方式销售商品，则在预收货款时，一方面使企业银行存款增加，借记"银行存款"账户，另一方面，企业预收货款增加，记入"预收账款"账户的贷方；待企业交付商品给客户时，一方面冲销预收款，记入"预收账款"账户的借方，同时收取余款，记入"银行存款"账户的借方，另一方面确认收入的增加，记入"主营业务收入"账户的贷方，企业增值税销项税额增加，记入"应交税费——应交增值税(销项税额)"账户的贷方。

结转主营业务成本时，一方面企业的库存商品减少，记入"库存商品"账户的贷方；另一方面，为了计算毛利，将销售成本记入"主营业务成本"账户的借方。

税金及附加是指企业经营活动发生的消费税、城市维护建设税、资源税、教育费附加、房产税、土地使用税、车船税、印花税等相关税费，需要设置"税金及附加"账户进行核算。结算企业税金及附加时，一方面企业的税金及附加增加，记入"税金及附加"账户的借方；另一方面在结算时税金及附加尚未缴纳，企业应交税费增加，记入"应交税费"账户的贷方。

【例 3.27】 信诚公司 20×2 年 12 月 20 日向永安企业销售 A 产品 350 件，售价 1 000 元/件；销售 B 产品 300 件，售价 500 元/件。开出的增值税专用发票注明：不含税价款合计 500 000 元，增值税税率为 13%，增值税 65 000 元。全部价款 565 000 元已经通过银行存款收讫。

【分析】 这是一项产品销售业务。该业务一方面使银行存款增加 565 000 元，记入"银行存款"账户的借方；另一方面，使企业产品收入增加 500 000 元(350 000+150 000)，销项税额增加 65 000 元，记入"应交税费——应交增值税(销项税额)"账户的贷方。

20×2 年 12 月 20 日，有关分录为：

借：银行存款　　　　　　　　　　　　　　　　　　　565 000
　　贷：主营业务收入——A 产品　　　　　　　　　　350 000
　　　　　　　　　　——B 产品　　　　　　　　　　150 000
　　　　应交税费——应交增值税(销项税额)　　　　　 65 000

【例3.28】业务单据

【例3.28】 信诚公司20×2年12月23日向永华公司销售A产品200件,售价1 000元/件;销售B产品600件,售价500元/件。开出的增值税专用发票注明:不含税价款合计500 000元,增值税税率为13%,增值税65 000元。在产品发运时以银行存款代垫运杂费1 000元,上述款项尚未收到。

【分析】 这是一项产品销售业务。该业务一方面由于商品销售款项及代垫运杂费款项未收到使企业债权增加566 000元,记入"应收账款"账户的借方;另一方面使企业产品收入增加500 000元(200 000+300 000),记入"主营业务收入"账户的贷方,销项税额增加65 000元,记入"应交税费——应交增值税(销项税额)"账户的贷方,用银行存款代垫运杂费,银行存款减少1 000元,记入"银行存款"账户的贷方。

20×2年12月23日,有关分录为:

借:应收账款——永华公司　　　　　　　　　　　　　566 000
　　贷:主营业务收入——A产品　　　　　　　　　　　200 000
　　　　　　　　　　——B产品　　　　　　　　　　　300 000
　　　　应交税费——应交增值税(销项税额)　　　　　 65 000
　　　　银行存款　　　　　　　　　　　　　　　　　　 1 000

【例3.29】业务单据

【例3.29】 信诚公司20×2年12月23日向永保公司预收货款50 000元。

【分析】 这是一项预收货款销售业务。该业务一方面使银行存款增加50 000元,记入"银行存款"账户的借方;另一方面使公司承担了在约定时间交付商品的义务,形成企业的一项负债50 000元,记入"预收账款"账户的贷方。

20×2年12月23日,有关分录为:

借:银行存款　　　　　　　　　　　　　　　　　　　 50 000
　　贷:预收账款——永保公司　　　　　　　　　　　　 50 000

【例3.30】业务单据

【例3.30】 承例3.29,信诚公司20×2年12月25日向永保公司发出A产品200件,每件售价1 000元,开出的增值税专用发票注明:不含税价款200 000元,增值税税率为13%,增值税26 000元。扣除预收款后,对方开出转账支票支付剩余款项176 000元。

【分析】 这是一项预收款销售交付商品并收回余款的业务。这项经济业务一方面使银行存款增加176 000元,记入"银行存款"账户的借方,使预收款减少50 000元,记入"预收账款"账户的借方;另一方面使收入增加200 000元,记入"主营业务收入"账户的贷方,销项税额增加26 000元,记入"应交税费——应交增值税(销项税额)"账户的贷方。

20×2年12月25日,有关分录为:

借:银行存款　　　　　　　　　　　　　　　　　　　176 000
　　预收账款——永保公司　　　　　　　　　　　　　 50 000
　　贷:主营业务收入——A产品　　　　　　　　　　　200 000
　　　　应交税费——应交增值税(销项税额)　　　　　 26 000

【例3.31】业务单据

【例3.31】 承例3.27~例3.30,20×2年12月31日,该公司A、B产品属于消费税应税消费品,计算已销A、B两产品应缴纳的消费税,消费税税率为5%,消费税税额为60 000元。

【分析】 这是一项税金及附加计提业务。该项业务一方面使企业的税金及附加增加60 000元,记入"税金及附加"账户的借方;另一方面计算的消费税尚未缴纳,企业负债增加60 000元,记入"应交税费——应交消费税"的贷方。

20×2年12月31日,有关分录为:

借:税金及附加　　　　　　　　　　　　　　　　　　　　　　　　　60 000
　　贷:应交税费——应交消费税　　　　　　　　　　　　　　　　　　　　60 000

【例3.32】 20×2年12月31日,信诚公司结转上述已销产品的实际生产成本,共计443 268元(A产品共出售750件,每件346.20元;B产品共出售900件,每件204.02元)。

【例3.32】业务单据

【分析】 这是一项已销产品的成本结转业务。公司出售产品后,在减少库存商品的同时,为了与收入进行配比,以便计算毛利,需要将已出售产品的成本结转至主营业务成本。该项业务一方面使企业销售成本增加443 268元(259 650+183 618),记入"主营业务成本"的借方;另一方面使库存商品减少443 268元(259 650+183 618),记入"库存商品"的贷方。

20×2年12月31日,有关分录为:

借:主营业务成本——A产品　　　　　　　　　　　　　　　　　　　259 650
　　　　　　　　——B产品　　　　　　　　　　　　　　　　　　　183 618
　　贷:库存商品——A产品　　　　　　　　　　　　　　　　　　　　259 650
　　　　　　　——B产品　　　　　　　　　　　　　　　　　　　　183 618

2) 其他业务的核算

在企业实务中,一般将企业出租固定资产、无形资产、包装物,销售原材料等取得的收入通过"其他业务收入"账户进行核算,其对应成本通过"其他业务成本"账户进行核算。

【例3.33】 信诚公司20×2年12月25日向永恒公司出售生产产品剩余的丙材料800千克,每千克15元。开出的增值税发票注明:不含税金额12 000元,增值税税率为13%,增值税1 560元,合计13 560元。对方企业以银行存款支付。

【例3.33】业务单据

【分析】 这是一项材料成本结转业务,转售材料对产品制造型企业来讲属于其他业务。该项经济业务一方面使银行存款增加13 560元,记入"银行存款"账户的借方;另一方面使其他业务收入增加12 000元,记入"其他业务收入"的贷方,增值税销项税增加1 560元,记入"应交税费——应交增值税(销项税额)"的贷方。

20×2年12月25日,有关分录为:

借:银行存款　　　　　　　　　　　　　　　　　　　　　　　　　13 560
　　贷:其他业务收入　　　　　　　　　　　　　　　　　　　　　　　12 000
　　　　应交税费——应交增值税(销项税额)　　　　　　　　　　　　　 1 560

【例3.34】 承例3.33,信诚公司20×2年12月25日结转向永恒公司出售的丙材料成本,丙材料购入时的价格为每千克10.6元(参见例3.17)。

【分析】 这是一项结转已售材料成本的业务。该业务一方面使其他业务成本增加8 480元,记入"其他业务成本"账户的借方;另一方面使原材料减少8 480元,记入"原材料"

账户的贷方。

20×2年12月25日,有关分录为:

借:其他业务成本　　　　　　　　　　　　　　　　　　　　　　　　　　8 480
　　贷:原材料——丙材料　　　　　　　　　　　　　　　　　　　　　　　　8 480

【例3.35】业务单据

【例3.35】 信诚公司20×2年12月1日将厂房未使用部分进行出租,以每月8 000元的价格出租给了永恒公司,开具一张增值税专用发票,不含税金额为8 000元,增值税税率为9%,增值税为720元,合计8 720元。租期两年,均在每月的月末付款,但永恒公司在本月月末并未支付租金。

【分析】 这是一项仓库出租业务,属于企业其他业务。该业务一方面由于期末租金未收到使企业其他应收款增加8 720元,记入"其他应收款"账户的借方;另一方面企业其他业务收入增加8 000元,记入"其他业务收入"账户的贷方,增值税销项税额增加720元,记入"应交税费——应交增值税(销项税额)"的贷方。

20×2年12月1日,有关分录为:

借:其他应收款　　　　　　　　　　　　　　　　　　　　　　　　　　　8 720
　　贷:其他业务收入　　　　　　　　　　　　　　　　　　　　　　　　　8 000
　　　　应交税费——应交增值税(销项税额)　　　　　　　　　　　　　　　720

3) 销售费用的核算

【例3.36】业务单据

【例3.36】 20×2年12月26日信诚公司开出一张转账支票支付产品广告费,收到一张增值税专用发票,不含税金额5 000元,增值税税率为6%,增值税300元,合计5 300元。

【分析】 这是一项企业支付广告费的业务,广告费属于产品推销费用。该业务一方面使销售费用增加5 000元,记入"销售费用"借方账户,增值税进项税额增加300元,记入"应交税费——应交增值税(进项税额)"账户的借方;另一方面使企业银行存款减少5 300元,记入"银行存款"账户的贷方。

20×2年12月26日,有关分录为:

借:销售费用　　　　　　　　　　　　　　　　　　　　　　　　　　　　5 000
　　应交税费——应交增值税(进项税额)　　　　　　　　　　　　　　　　300
　　贷:银行存款　　　　　　　　　　　　　　　　　　　　　　　　　　　5 300

3.6 利润形成与分配业务及其财税处理

所谓财务成果,是指企业在一定会计期间所实现的最终经营成果,也就是企业所实现的净利润或净亏损额。利润是综合反映企业一定时期生产经营成果的重要指标。

3.6.1 利润形成与分配业务概述

1) 利润形成

利润是指企业在一定会计期间的经营成果,包括收入减去费用后的净额、直接计入当期损益的利得和损失等。利润由营业利润、利润总额和净利润三个层次构成。

营业利润是企业营业收入(主营业务收入+其他业务收入)减去营业成本(主营业务成本+其他业务成本)、税金及附加、期间费用(财务费用+销售费用+管理费用)等项目后的余额,是企业利润的主要来源。

利润总额包括营业利润和营业外利润。营业外利润是营业外收入减去营业外支出后的净额。属于营业外收入的项目主要有接受捐赠、无法偿还的应付账款等;属于营业外支出的项目主要有财产盘亏、毁损、罚款、自然灾害造成的损失等。

净利润是利润总额减去所得税费用后的余额。所得税是对企业所得额征收的一种税,具有强制性、无偿性的特点。企业只要有所得,就必须按税法规定的税率缴纳所得税。企业将其视为一种费用,故称"所得税费用"。

此外,利润中有一个重要概念叫毛利,是营业收入减去营业成本的差额,主要用来反映产品给企业带来的初始利润。

利润的形成过程可以分步表示如下:

(1) 营业毛利=营业收入-营业成本

(2) 营业利润=营业毛利-税金及附加-销售费用-管理费用-财务费用-研发费用-资产减值损失-信用减值损失+(-)公允价值变动损益+(-)投资收益+(-)资产处置损益+其他收益

(3) 利润总额(税前利润)=营业利润+营业外收入-营业外支出

(4) 净利润(税后利润)=利润总额-所得税费用

其中,所得税费用=利润总额×所得税税率[①]

2) 利润分配

利润分配是指企业根据国家有关规定和企业章程、投资者协议等,对企业当年可供分配利润指定其特定用途和分配给投资者的行为。

企业向投资者分配利润应按一定的顺序进行。按照我国《公司法》的有关规定,利润分配应按下列顺序进行:

(1) 计算可供分配的利润

企业在利润分配前,应根据本年净利润(或亏损)与年初未分配利润(或亏损)、其他转入的金额(如盈余公积弥补的亏损)等项目,计算当年可供分配利润,即

可供分配利润= 净利润(或亏损)+年初未分配利润-弥补以前年度亏损+其他转入金额

(3.4)

(2) 提取法定盈余公积

按照《公司法》的有关规定,公司应当按照当年税后利润(抵减年初累计亏损后)的10%提取法定盈余公积;提取的法定盈余公积累计额超过注册资本50%以上的,可以不再提取。

[①] 原则上按照会计准则计算出来的利润总额不能直接作为计算所得税费用的基础,需按税法进行调整,即将利润总额调整为应纳税所得额,用应纳税所得额乘所得税税率计算所得税费用,应纳税所得额的计算比较复杂,不属于本书阐述范畴,因此本书对利润总额不做纳税调整。

(3) 提取任意盈余公积

公司提取法定盈余公积后,经股东会或股东大会决议,还可以从税后利润中提取任意盈余公积。

(4) 向投资者分配利润(或股利)

企业可供分配的利润扣除提取的盈余公积后,形成可供投资者分配的利润,即:可供投资者分配的利润＝可供分配的利润－提取的盈余公积。企业可采用现金股利、股票股利或财产股利等形式向投资者分配利润(或股利)。

3.6.2 利润形成与分配业务核算设置的主要账户

1) "本年利润"账户

该账户属于所有者权益类账户,是一个暂时性的计算损益的账户,用来核算企业在一定时期内实现的利润和发生的亏损。该账户贷方登记会计期末转入的各项收入(广义),借方登记会计期末转入的各项费用(广义),将本期转入的收入和费用的发生额进行比较,如果是贷方余额,就表示本期实现的净利润,如果为借方余额,就表示发生的净亏损。年度终了,将"本年利润"账户的贷方余额或借方余额全部转入"利润分配"账户,结转后"本年利润"账户应无余额。该账户一般不设置明细账。"本年利润"账户的结构如图3.31所示。

2) "投资收益"账户

该账户的性质是损益类账户,是用来核算企业对外投资所获得收益的实现或亏损的发生及其结转情况的账户。其贷方登记实现的投资收益和期末转入"本年利润"账户的投资净损失,借方登记发生的投资损失和期末转入"本年利润"账户的投资净收益。经过结转之后该账户期末没有余额。"投资收益"账户应按照投资的种类设置明细账户,进行明细分类核算。"投资收益"账户的结构如图3.32所示。

借方	本年利润 贷方	借方	投资收益 贷方
期末转入的各项费用: (1) 主营业务成本 (2) 税金及附加 (3) 其他业务成本 (4) 管理费用 (5) 销售费用 (6) 财务费用 (7) 营业外支出 (8) 资产减值损失 (9) 所得税费用等	期末转入的各项收入: (1) 主营业务收入 (2) 其他业务收入 (3) 投资收益 (4) 营业外收入 (5) 公允价值变动损益等	(1) 发生的投资损失 (2) 期末转入"本年利润"账户的投资净收益	(1) 实现的投资收益 (2) 期末转入"本年利润"账户的投资净损失
期末余额:累计净亏损	期末余额:累计净利润		

图 3.31 "本年利润"账户的结构简图　　图 3.32 "投资收益"账户的结构简图

3) "利润分配"账户

该账户是所有者权益类账户,用来核算企业一定时期内净利润的分配或亏损的弥补以及历年结存的未分配利润(或未弥补亏损)情况的账户。在盈利情况下,该账户借方登记企业提取的盈余公积和已分配利润,贷方登记从"本年利润"账户借方转入的利润金额;在亏损情况下,该账户借方登记从"本年利润"账户贷方转入的亏损金额。年内期末余额如果在借方,表示累计未弥补的亏损金额,期末余额如果在贷方,表示累计未分配的利润额。该账户应按利润分配的不同形式进行明细核算,其结构如图3.33所示。

借方	利润分配	贷方
已分配利润额: (1) 提取法定盈余公积 (2) 应付优先股股利 (3) 提取任意盈余公积 (4) 应付普通股股利 (5) 转作股本的股利等	(1) 其他转入 (2) 年末从"本年利润"账户转入的全年净利润	
年末余额:累计未弥补亏损额	年末余额:累计未分配利润额	

图 3.33 "利润分配"账户的结构简图

4)"盈余公积"账户

该账户属于所有者权益账户,用来核算企业从利润中提取的盈余公积。该账户的贷方登记从利润中提取的盈余公积,借方登记已使用的盈余公积,余额一般在贷方,表示尚未使用的盈余公积。该账户按盈余公积的种类设置明细分类账,进行明细核算。"盈余公积"账户的结构如图3.34所示。

5)"应付股利"账户

该账户属于负债类账户,用来核算企业应付给投资者的股利。该账户贷方登记应付给投资者的股利,借方登记已经支付给投资者的股利,期末余额一般在贷方,表示尚未支付的股利。该账户按应付股利的支付对象设置明细分类账,进行明细核算。"应付股利"账户的结构如图3.35所示。

借方	盈余公积	贷方	借方	应付股利	贷方
已使用的盈余公积	期初余额 提取的盈余公积		已经支付给投资者的股利	期初余额 应付给投资者的股利	
	期末余额:尚未使用的盈余公积			期末余额:尚未支付的股利	

图 3.34 "盈余公积"账户的结构简图   **图 3.35 "应付股利"账户的结构简图**

6)"营业外收入"账户

营业外收入是指企业发生的与生产经营活动没有直接联系的各项净收入,主要包括非流动资产报废利得、非货币资产交换利得、债务重组利得、政府补助利得、罚没利得、接受捐赠利得等。该账户的性质属于损益类,用来核算企业各项营业外收入的实现及其结转情况。该账户贷方登记营业外收入的实现即营业外收入的增加,借方登记会计期末转入"本年利润"账户的营业外收入额,经过结转之后,该账户期末没有余额。营业外收入账户应按照收入的具体项目设置明细账户,进行明细分类核算。"营业外收入"账户的结构如图3.36所示。

7)"营业外支出"账户

营业外支出是指企业发生的与正常经营活动没有直接联系的各种损失,主要包括报废非流动资产损失、非货币资产交换损失、债务重组损失、捐赠支出、非常损失等。该账户的性质属于损益类,用来核算企业各项营业外支出发生及结转情况的账户。该账户借方登记营业外支出的发生即营业外支出的增加,贷方登记期末转入"本年利润"账户的营业外支出额,经过结转之后,期末没有余额。营业外支出账户应按照支出的具体项目设置明细账户,进行明细分类核算。"营业外支出"账户的结构如图3.37所示。

借方	营业外收入	贷方
期末转出到"本年利润"账户的营业外收入额		实现的营业外收入

图3.36 "营业外收入"账户的结构简图

借方	营业外支出	贷方
发生的各项营业外支出		期末转入"本年利润"账户的营业外支出额

图3.37 "营业外支出"账户的结构简图

8)"所得税费用"账户

该账户属于费用类账户,用来核算企业所得税费用的发生和结转情况。该账户借方登记企业应记入当期损益的所得税费用,贷方登记企业期末转入"本年利润"账户的所得税费用,期末结转后该账户无余额。该账户可按"当期所得税费用""递延所得税费用"进行明细核算。该账户的结构如图3.38所示。

借方	所得税费用	贷方
当期发生的所得税费用		期末转入"本年利润"账户的所得税费用

图3.38 "所得税费用"账户的结构简图

3.6.3 利润形成与分配业务的财税处理

1)营业外业务的核算

企业除了日常经营活动产生的收入以外,还有一部分是非日常活动带来的收入,比如罚没收入、获得捐赠等情形下所取得的净收入。为了与日常活动带来的收入进行区分,会计学上将其称为"营业外收入"。当然有营业外收入就会有营业外支出,但两者之间并非因果关系。

取得营业外收入时,通常一方面收入增加,记入"营业外收入"账户的贷方;另一方面企业银行存款增加,记入"银行存款"账户的借方。

确认营业外支出时,一方面企业营业外支出增加,记入"营业外支出"账户的借方;另一方面企业银行存款减少,记入"银行存款"账户的贷方。

【例3.37】 信诚公司20×2年12月26日收到南京志学自动化有限公司的赔款

30 000元作为营业外收入,存入银行。

【分析】 这是一项企业收到赔款的业务,由于赔款与公司本身的经营活动无关,收到赔款的一方可以通过"营业外收入"账户进行核算。该业务一方面使企业的银行存款增加30 000元,记入"银行存款"账户的借方;另一方面使企业的营业外收入增加30 000元,记入"营业外收入"账户的贷方。

20×2年12月26日,有关分录为:

借:银行存款 30 000
  贷:营业外收入 30 000

【例3.38】 信诚公司20×2年12月28日因违反环保条例,支付罚款14 914元。

【分析】 这是一项支付罚款的业务,信诚公司支付罚款与企业的生产经营活动无关,通过"营业外支出"账户核算。该业务一方面使营业外支出增加14 914元,记入"营业外支出"账户的借方;另一方面使企业银行存款减少14 914元,记入"银行存款"账户的贷方。

【例3.38】
业务单据

20×2年12月28日,有关分录为:

借:营业外支出 14 914
  贷:银行存款 14 914

2) 期间费用的核算

企业的期间费用包括管理费用、销售费用和财务费用。企业在对应的会计期间都会发生期间费用,期间费用发生时,一方面费用增加,分别记入"管理费用""销售费用""财务费用"账户;另一方面,如果支付费用会导致企业银行存款减少,可以贷记"银行存款"账户,如果费用尚未支付,那么企业负债增加,记入"其他应付款""应付利息"等账户的贷方。

【例3.39】 信诚公司销售员王明20×2年12月26日出差,预支差旅费5 000元。

【分析】 这是一项员工预支差旅费业务。该业务一方面使企业的债权增加5 000元,记入"其他应收款"账户的借方;另一方面使企业银行存款减少5 000元,记入"银行存款"账户的贷方。

【例3.39】
业务单据

20×2年12月26日,有关分录为:

借:其他应收款——王明 5 000
  贷:银行存款 5 000

【例3.40】 承例3.39,信诚公司销售员王明20×2年12月30日报销差旅费,取得住宿增值税专用发票一张(异地),不含税金额4 000元,增值税税率为6%,增值税240元,合计4 240元。取得火车票两张,票价654元,按增值税政策允许抵扣的增值税为54元。剩余款项归还公司。

【分析】 这是一项销售员报销差旅费的业务。该业务一方面使企业的管理费用增加4 600元,记入"管理费用"账户的借方,增值税进项税增加294元,记入"应交税费——应交增值税(进项税额)"的借方,收回余款106元使银行存款增加,记入"银行存款"账户的借方;另一方面企业的债权减少,抵消其他应收款5 000元,记入"其他应收款"账户的贷方。

【例3.40】
业务单据

20×2年12月30日,有关分录为:

借：管理费用	4 600	
应交税费——应交增值税(进项税额)	294	
银行存款	106	
贷：其他应收款——王明		5 000

【例3.41】
业务单据

【例3.41】 信诚公司20×2年12月31日预提本月负担的短期借款利息500元。

【分析】 这是一项预提短期借款利息费用的业务。该业务一方面使企业的财务费用增加500元，记入"财务费用"账户的借方；另一方面由于利息尚未支付，企业负债增加500元，记入"应付利息"账户的贷方。

20×2年12月31日，有关分录为：

借：财务费用	500	
贷：应付利息		500

【例3.42】 信诚公司20×2年12月31日预提长期借款利息4 000元，该长期借款用于基建工程，工程已于本月初开工建设，建设周期为1.5年。

【分析】 这是一项预提长期借款利息费用的业务。由于工程本月初已经开工建设，利息费用应该资本化，记入"在建工程"账户进行核算。该业务一方面使在建工程成本增加4 000元，记入"在建工程"账户的借方；另一方面由于利息尚未支付导致欠银行的利息增加4 000元，记入"长期借款——利息"账户的贷方。

20×2年12月31日，有关分录为：

借：在建工程	4 000	
贷：长期借款——利息		4 000

【例3.43】
业务单据

【例3.43】 信诚公司20×2年12月13日购买办公用品，收到的增值税专用发票注明：价款1 000元，增值税税率为13%，增值税额130元，合计1 130元。通过银行转账支付。

【分析】 这是一项购买办公用品的业务。该业务一方面使企业的管理费用增加1 000元，记入"管理费用"账户的借方，增值税进项税增加130元，记入"应交税费——应交增值税(进项税额)"账户的借方；另一方面使企业银行存款减少1 130元，记入"银行存款"账户的贷方。

20×2年12月13日，有关分录为：

借：管理费用	1 000	
应交税费——应交增值税(进项税额)	130	
贷：银行存款		1 130

3) 税金及附加的核算

【例3.44】 信诚公司20×2年12月31日按规定计算本期应负担的城市维护建设税为4 508.35元，教育费附加1 932.15元，地方教育费附加1 288.1元，合计7 728.6元。

【分析】 这是一项税金及附加的计缴业务①。该业务一方面使税金及附加增加7 728.6元，记入"税金及附加"账户的借方；另一方面由于相关税金尚未缴纳，企业负债增加

---

① 税金及附加的计缴需要按国家税务部门规定的税基和税率进行计算和缴纳。税基一般是企业当期缴纳的增值税和消费税之和，税率则根据不同的税种来确定。

7 728.6 元,分别贷记"应交税费——应交城市维护建设税"4 508.35 元、"应交税费——应交教育费附加"1 932.15 元、"应交税费——应交地方教育费附加"1 288.10 元。

20×2 年 12 月 31 日,有关分录为:

借:税金及附加	7 728.6
贷:应交税费——应交城市维护建设税	4 508.35
——应交教育费附加	1 932.15
——应交地方教育费附加	1 288.10

4) 利润总额的核算

企业期末计算利润时,一方面将"主营业务收入""其他业务收入""营业外收入""投资收益"等账户的贷方发生额合计数从其借方转入"本年利润"账户的贷方;另一方面将"主营业务成本""其他业务成本""税金及附加""管理费用""销售费用""财务费用""营业外支出"等账户的借方发生额合计数从其贷方转入"本年利润"账户的借方。这个过程就是会计学所称的"结转本年利润"或"结转损益"。

【例 3.45】 信诚公司 20×2 年 12 月 31 日结转本企业的各项收入和费用。

【分析】 这是一项结账业务,包括收入的结转和费用的结转。结转收入类账户的含义是清空收入类账户,从收入类账户贷方发生额的相反方向即借方转出,使其余额为零。该业务一方面要冲减收入类账户,分别借记"主营业务收入"1 200 000 元(750 000+450 000)、"其他业务收入"20 000 元、"营业外收入"30 000 元;另一方面增加本年利润 1 250 000 元,记入"本年利润"账户的贷方。

结转费用类账户的含义是清空费用类账户,从费用类账户借方发生额的相反方向即贷方转出,使其余额为零。该业务一方面要冲减费用类账户,分别贷记"主营业务成本"443 268 元(259 650+183 618)、"其他业务成本"8 480 元、"税金及附加"67 728.6 元、"管理费用"29 450 元、"销售费用"5 000 元、"财务费用"5 000 元、"营业外支出"14 914 元;另一方面使本年利润减少 573 840.6 元,记入"本年利润"账户的借方。

20×2 年 12 月 31 日,有关分录为:

借:主营业务收入——A 产品	750 000
——B 产品	450 000
其他业务收入	20 000
营业外收入	30 000
贷:本年利润	1 250 000
借:本年利润	573 840.6
贷:主营业务成本——A 产品	259 650
——B 产品	183 618
其他业务成本	8 480
税金及附加	67 728.6
管理费用	29 450
销售费用	5 000
财务费用	5 000
营业外支出	14 914

5) 所得税费用的核算

所得税费用的核算包括计算、缴纳和结转。所得税费用应根据应纳税所得额乘所得税税率计算而得,计算所得税费用时,所得税费用增加,记入"所得税费用"账户的借方,同时应交所得税增加,记入"应交税费——应交所得税"账户的贷方;实际缴纳时,应交所得税减少,借记"应交税费——应交所得税",同时银行存款减少,贷记"银行存款"账户;结转所得税费用时,一方面企业本年利润减少,借记"本年利润"账户;另一方面所得税费用减少,贷记"所得税费用"账户。

【例3.46】 信诚公司20×2年12月31日按25%的所得税税率计算本期应缴纳的所得税费用为169 039.85元。

【分析】 这是一项所得税费用的核算业务。所得税费用=应纳税所得额×所得税税率=(1 250 000−573 840.6)×25%=169 039.85(元)。该业务一方面使企业的所得税费用增加169 039.85元,记入"所得税费用"账户的借方;另一方面由于尚未缴纳使应交所得税增加169 039.85元,记入"应交税费——应交所得税"账户的贷方。

20×2年12月31日,有关分录为:

借:所得税费用 169 039.85
　　贷:应交税费——应交所得税 169 039.85

【例3.47】 信诚公司20×2年12月31日将本期应计入损益的所得税费用169 039.85元转入"本年利润"账户。

【分析】 这是所得税费用的结转业务。该业务一方面使企业的本年利润减少169 039.85元,记入"本年利润"账户的借方;另一方面使企业的所得税费用减少169 039.85元,记入"所得税费用"账户的贷方。

20×2年12月31日,有关分录为:

借:本年利润 169 039.85
　　贷:所得税费用 169 039.85

6) 净利润的计算和结转

在结转所得税费用后,若"本年利润"账户贷方发生额合计数大于借方发生额合计数,则该差额为净利润;反之则为净亏损。若当年实现了净利润,则"本年利润"账户有贷方余额,为了将其结平为后续分配利润做准备,可以将其转入相反方向,即借记"本年利润"账户,同时企业未分配利润增加,记入"利润分配——未分配利润"账户的贷方。净利润结转后,"本年利润"账户无余额。

【例3.48】 信诚公司20×2年12月31日将形成的净利润转入"利润分配——未分配利润"账户。

【分析】 这是一项内部账务结转事项。该业务一方面使本年利润减少507 119.55元,记入"本年利润"账户的借方;另一方面使企业的未分配利润增加507 119.55元,记入"利润分配——未分配利润"账户的贷方。

20×2年12月31日,有关分录为:

```
借：本年利润                                                          507 119.55
    贷：利润分配——未分配利润                                              507 119.55
```

7) 利润分配的核算

企业的利润一方面通过提取盈余公积的方式留存在企业，另一方面通过支付利润的方式退出企业。企业利润分配的核算主要包括提取盈余公积和向投资者分配利润。

企业提取盈余公积时，一方面利润分配账户的金额减少，另一方面企业的盈余公积增加。企业提取法定盈余公积时，借记"利润分配——提取法定盈余公积"，贷记"盈余公积——法定盈余公积"；提取任意盈余公积时，借记"利润分配——提取任意盈余公积"，贷记"盈余公积——任意盈余公积"。

企业根据股东会审议批准的利润分配方案，按应该支付的现金利润，借记"利润分配——应付利润（股利）"账户，贷记"应付利润（股利）"账户。

【例 3.49】 20×2 年 12 月 31 日，信诚公司经董事会决议，对利润进行预分配，决定按净利润的 10% 提取法定盈余公积，预先分配给股东股利 50 000 元，股利尚未支付。（企业一般不会按月分配利润，这里只是为了业务完整而做的假设。）

【分析】 这是一项分配利润的业务。该业务一方面使公司可供分配的利润减少 100 711.96 元，分别借记"利润分配——提取法定盈余公积"50 711.96 元、"利润分配——应付股利"50 000 元；另一方面使企业盈余公积增加 50 711.96 元，记入"盈余公积——法定盈余公积"账户的贷方，企业应付股利增加 50 000 元，记入"应付股利"账户的贷方。

20×2 年 12 月 31 日，有关分录为：

```
借：利润分配——提取法定盈余公积                                        50 711.96
         ——应付股利                                                  50 000
    贷：盈余公积——法定盈余公积                                          50 711.96
        应付股利                                                      50 000
```

【例 3.50】 信诚公司 20×2 年 12 月 31 日将提取的法定盈余公积和股东股利转入"利润分配——未分配利润"账户。

【分析】 这是一项利润分配明细账户之间的结转业务。该业务一方面使公司未分配利润减少 100 711.96 元，记入"利润分配——未分配利润"账户的借方；另一方面按其对应明细账户的相反方向进行对冲，贷记"利润分配——提取法定盈余公积"50 711.96 元，"利润分配——应付股利"50 000 元。

20×2 年 12 月 31 日，有关分录为：

```
借：利润分配——未分配利润                                              100 711.96
    贷：利润分配——提取法定盈余公积                                      50 711.96
             ——应付股利                                              50 000
```

关 键 术 语

权益筹资（equity financing）   债务筹资（debt financing）

注册资本(registered capital)　　　　固定资产(fixed assets)
原材料(raw material)　　　　　　　　增值税(value-added tax，VAT)
预付账款(advanced payment)　　　　应付账款(accounts payable)
应付票据(notes payable)　　　　　　生产成本(manufacturing cost)
制造费用(manufacturing overheads)　累计折旧(accumulated depreciation)
应付职工薪酬(salaries payable)　　　库存商品(merchandise inventory)
主营业务收入(prime operating revenue)　主营业务成本(prime operating cost)
应收账款(accounts receivable)　　　　应收票据(notes receivable)
预收账款(receipt in advance)　　　　销售费用(selling expenses)
财务费用(financial expenses)　　　　所得税费用(income tax expense)
管理费用(general and administration expense)　净利润(net profit)
净亏损(net loss)　　　　　　　　　　本年利润(current year profits)
利润分配(profit distribution)　　　　应付股利(dividends payable)

本章思考

1. 企业的主要经济业务包括哪些？
2. 股权融资和债务融资有何不同？
3. 增值税专用发票上的增值税进项税额是购入资产的成本吗？为什么？
4. 材料采购成本包括哪些内容？材料采购为何设置"在途物资"和"原材料"账户，两者有何区别？
5. 企业产品成本的构成项目包括哪些？产品制造过程中的耗费分为直接耗费和间接耗费，它们在会计核算上有何区别？
6. 销售过程中形成的收入与已销产品或材料等的成本为何要分别进行核算？
7. 利润的形成主要通过什么账户来进行核算？如何理解该账户的内容和性质？
8. 为何要将利润分配明细账户中除未分配利润之外的明细账户全部清零？各明细账户之间是如何结转的？
9. 请思考产品制造型企业各阶段经济业务与会计核算之间有何逻辑联系。
10. 税金及附加、所得税等作为企业的费用记入利润表会导致企业利润降低，那么企业应该如何看待这种纳税负担？

思政园地

"诚信小摊"检验大学生诚信，半年没少一分钱

2015年10月长春医学高等专科学校学生程顺强在校内设置了无人售货摊，一张书桌上放置一个纸箱，纸箱里被隔成大小两部分。大区域摆放有文具、纸巾和矿泉水等用品，小区域是钱箱，纸箱一旁的墙上贴着印有商品价格的A4纸。这就是长春医学高等专科学校内的"诚信小摊"，全天无人看管，学校师生自主选择商品，自行找零。

这样的"诚信小摊"共有4个,分别安放在临床医学部一楼大厅、一栋男生宿舍楼和两栋女生宿舍楼的一楼。由于校内超市不多,校外超市距离宿舍楼又远,有小摊,不出宿舍楼就能买些日常用品,给同学们带来了极大便利。

为了充分考验学生的诚信,校内的4个"诚信小摊"全都安放在监控器的视野范围之外。"诚信小摊"主要经营笔、练习本、纸巾和矿泉水等日常用品,薄利多销,盈利捐给经济贫困的学生。小摊刚开始设置的时候,也有不少人担心东西或钱丢了,所以一开始小摊规模很小,丢了也不心疼。但令程顺强欣喜的是,一个学期下来,没发生一次丢货和丢钱的情况。"不过,有几次在点货和记账时,会发现少1元,第二天数钱时又多出1元。"程顺强猜测,应该是哪位同学零钱不够,第二天又补上了。

程顺强每天上午上课前会给小摊补货,下晚自习后再收钱、记账。第一学期,最先设立的两个诚信小摊共盈利162.22元,捐给了当地一家公益助学基金会。第二学期,程顺强还组建了自己的9人团队,4个小摊各一位摊主,先垫付进货款,采购、会计、监督等环节都各有分工。"大家都是无偿劳动,用课余时间献爱心,维护诚信小摊。"程顺强说。

该校临床医学部学办主任韦韬很支持程顺强的想法。在他看来,小摊提供了一个检验大学生诚信的平台,潜移默化地引导学生在生活细节中践行诚信。据了解,下一步"诚信小摊"将在长春医学高等专科学校全面铺开,纳入该校学生素质教育和诚信体系建设中,一直传承下去。

资料来源:根据《中国青年报》相关报道改编,2016年4月。

第 4 章 会 计 凭 证

学习目标

1. 价值塑造：培养学生以事实为依据，严格遵循会计准则，以公允、客观的态度核算每一笔业务，具备严谨细致的工作作风、敬业精神，养成良好的职业习惯。

2. 知识传授：会计凭证分为原始凭证和记账凭证。原始凭证是记录经济交易发生时间、发生地点、交易内容、交易数量和交易对手等信息的书面文件，是会计进行确认与计量并按复式记账原理编制记账凭证的依据。学生通过本章的学习，了解会计凭证的概念与作用，理解原始凭证与记账凭证的种类以及掌握原始凭证与记账凭证的填制与审核。

3. 能力培养：树立法治意识，提高学生在会计实务工作中知法守法的能力；培养学生认真审核原始凭证的能力，保证记账凭证的内容与原始凭证相符，具备处理会计信息的能力。

引入案例

A地甲设计有限公司成立于2014年，法人代表为李某，登记注册类型为有限责任公司，主要经营业务为生产和销售各种展示柜。2017年和外市的一家珠宝有限公司签订了柜台设计制作合同，由于产品生产需要板材，公司业务员杨某在网上找到自称能供应板材的联系人张某(此人非木材企业业务员)，由于该联系人提供的板材价格便宜，并且张某说能提供正规发票，板材所在地址就在A地，方便看货，于是就与该联系人正式洽谈了板材购销业务，采购了总金额为57.27万元的板材，合同由对方盖章后邮寄至公司。双方约定，先预付部分货款，发货后支付尾款，总计通过银行支付货款57.27万元，账户由该联系人张某提供，账号为××××××，共分3次转账，其中2017年12月8日转账24.15万元、12月11日转账5.18万元、12月15日转账27.94万元。

购买的板材分次发往该单位车间，板材由车间签收，运费由对方负担。采购板材的发票于12月底前快递至公司，杨某上交财务部，共取得B县某木业有限公司开具的增值税专用发票5份，进项税额合计8.32万元，开具日期2017年12月20日。

思考：上述案例是否涉及虚开发票行为？

资料来源：摘编自江苏税务公众号相关内容，2022年11月14日。

4.1 会计凭证概述

4.1.1 会计凭证的概念及分类

会计凭证是记录经济业务发生、明确经济责任和作为记账依据的证明文件，是企事业单位进行会计核算的重要依据。填制和审核会计凭证,是会计信息处理的重要方法之一,同时也是整个会计核算工作的起点和基础。根据审核无误的会计凭证进行账簿登记,如实反映企业的经济业务。会计凭证按其填制程序和用途,可以分为原始凭证和记账凭证。

4.1.2 会计凭证的作用

1) 会计凭证是提供原始资料、传导经济信息的工具

会计信息是经济信息的重要组成部分。它一般是通过数据,以凭证、账簿、报表等形式反映出来的。随着生产的发展,及时准确的会计信息在企业管理中的作用越来越重要。任何一项经济业务的发生,都要编制或取得会计凭证。会计凭证是记录经济活动的最原始资料,是经济信息的载体。通过会计凭证的加工、整理和传递,可以直接取得和传导经济信息,既协调了会计主体内部各部门、各单位之间的经济活动,保证生产经营各个环节的正常运转,又为会计分析和会计检查提供了基础资料。

2) 会计凭证是登记账簿的依据

任何单位,每发生一项经济业务,如现金的收付、商品的进出以及往来款项的结算等,都必须通过填制会计凭证来如实记录经济业务的内容、数量和金额,审核无误后才能登记入账。如果没有合法的凭证作依据,任何经济业务都不能登记到账簿中去。因此,做好会计凭证的填制和审核工作,是保证会计账簿资料真实性、正确性的重要条件。

3) 会计凭证是加强经济责任制的手段

由于会计凭证记录了每项经济业务的内容,并要由有关部门和经办人员签章,这就要求有关部门和有关人员对经济活动的真实性、正确性、合法性负责。这样,无疑会增强有关部门和有关人员的责任感,促使他们严格按照有关政策、法令、制度、计划或预算办事。如有发生违法乱纪或经济纠纷事件,也可借助会计凭证确定各经办部门和人员所负的经济责任,并据以进行正确的裁决和处理,从而加强经营管理的岗位责任制。

4) 会计凭证是实行会计监督的条件

通过会计凭证的审核,可以查明各项经济业务是否符合法规、制度的规定,有无偷税漏税、贪污盗窃、铺张浪费和损公肥私行为,从而发挥会计的监督作用,保护各会计主体所拥有资产的安全完整,维护国家、投资者、债权人和有关各方的合法权益。

4.2 原始凭证

4.2.1 原始凭证的概念

原始凭证,又称"单据",是在经济业务发生或完成时取得或填制的,用以记录或者证明经济业务的发生或完成情况的原始凭据。如现金收据、产品入库单、领料单、增值税专用发票、增值税普通发票、差旅费报销单等。原始凭证作为文件保存,以便必要时用它们来证实记录交易的准确性、合理性和合法性等。

4.2.2 原始凭证的种类

1) 原始凭证按其来源不同,可以分为外来原始凭证和自制原始凭证

外来原始凭证,是指交易发生时从外部单位取得的,证明交易发生或完成的证明。如购入小汽车取得的机动车销售发票(图 4.1)、员工出差报销的火车票(图 4.2)/汽车票、航空电子行程单以及收付款时取得的银行回单(如图 4.3 为网上银行电子回单)等。

图 4.1 机动车销售统一发票

图 4.2 火车票

中国工商银行　　网上银行电子回单

电子回单号码：34976879770

付款人	户　名	信诚有限公司	收款人	户　名	国家电网江北支网
	账　号	3230196516657914297		账　号	65548715345645
	开户银行	工行南京浦口区维平路支行		开户银行	建行星火路支行
金　额		人民币（大写）：壹仟陆佰玖拾伍元整			¥1,695.00
摘　要		支付电费	业务种类		
用　途					
交易流水号		39154030479092	时间戳		2022年12月31日14时44分
备注		支付电费			
验证码：97956145					
记账网点	810		记账柜员	398	记账日期	2022年12月31日

打印日期：2022年12月31日

图 4.3　网上银行电子回单

自制原始凭证，是指经济事项发生时由本单位经办人员填制的，证明经济事项已经发生或完成的证明。如材料入库单（图 4.4）、销售商品时开具的增值税专用发票（图 4.5）、差旅费预支借款单（图 4.6）等。

材料入库单

发票号码：32987168478

供应单位：前进工厂　　　　　　　　　　　　　　　　　收料单编号：

收发类别：收　　　　　　2022 年 12 月 13 日　　　　　收料仓库：材料仓库

编号	名称	规格	单位	数量		实际成本				计划成本	
				应收	实收	实价		运杂费	其他	合计	单价	金额
						单价	金额					
	甲材料		千克	2 000	2 000	15.00	30 000.00	1 200.00		31 200.00		0.00
	丙材料		千克	4 000	4 000	10.00	40 000.00	2 400.00		42 400.00		0.00
合　计				6 000	6 000		¥70 000.00	¥3 600.00		¥73 600.00		¥0.00
备　注												

采购员：罗明　　　　检验员：杨秀　　　　记账号：黄柏　　　　保管员：杨秀

图 4.4　材料入库单

图 4.5 增值税专用发票

借 款 单

2022 年 12 月 25 日

资金性质：差旅费预支

部门	销售部门		
借款理由	差旅费预支		
借款金额	人民币(大写)伍仟元整		￥5 000.00
领导批示		财务主管	
	同意　张竣威		同意　王子轩

部门主管：黄磊　　　　　出纳：杨伟　　　　　领款人：王明

图 4.6 差旅费预支借款单

国家税务总局公告 2019 年第 33 号明确增值税小规模纳税人(其他个人除外)发生增值税应税行为，需要开具增值税专用发票的，可以自愿使用增值税发票管理系统自行开具。选择自行开具增值税专用发票的小规模纳税人，税务机关不再为其代开增值税专用发票。因而，现阶段增值税专用发票的开具范围包括增值税一般纳税人和申请自行开具增值税专用发票的小规模纳税人。需要临时开具发票的其他个人，可以凭购销商品、提供或者接受服务以及从事其他经营活动的书面证明、经办人身份证明,直接向税务机关申请代开增值税专用发票。

2) 原始凭证按填制手续和方法的不同,可以分为一次性凭证、累计凭证和汇总凭证

一次性凭证,是指对一项或若干项交易或事项,在其发生后一次填制完毕的原始凭证。大部分的原始凭证都是一次性原始凭证,如收货单、发货单和费用报销单等。

累计凭证,是指在规定的一定时期内,连续地记载若干同类交易或事项,到期末将累计数作为记账依据的自制原始凭证。它主要用于某些经常重复发生的交易或事项,如限额领料单等。

汇总凭证,是根据许多同类交易或事项的原始凭证定期汇总编制的凭证。工资汇总表、收发料凭证汇总表等都是汇总凭证。汇总凭证由于将多次发生的同类数据汇总成一笔数据,因而可以简化编制记账凭证和登记账簿的手续。如图 4.7 为产品出库汇总单。

产品出库汇总单

2022 年 12 月 31 日　　　　　　　　　　　　　　　　　　　　　　　　附单据　1　张

产品名称	规格型号	计量单位	出库数量	备注
A 产品	A	件	750	
B 产品	B	件	900	
合计				

审核:王子轩　　　　　　　　　　　　　　　　　　　　　　　　制单:黄柏

图 4.7　产品出库汇总单

3) 原始凭证按其载体的不同,可分为纸质原始凭证与电子原始凭证

伴随着信息技术和电子商务、电子政务的发展,自 2015 年底国家税务总局启动增值税电子普通发票试点工作以来,会计凭证电子化进程进入快车道。2017 年,财政部启动财政电子票据试点应用工作;2018 年,海关总署推行电子《海关专用缴款书》试点,同年,广东省、深圳市等地税务局相继推行区块链电子普通发票试点;2019 年,中国国家铁路集团有限公司推行高铁电子客票试点,南方航空公司推出电子行程单;2020 年上半年,国家税务总局启动增值税专用发票电子化试点工作;2021 年,国家税务总局建成了全国统一的电子发票服务平台,并于当年 12 月 1 日起,在内蒙古自治区、上海市和广东省(不含深圳市)率先推行全面数字化的电子发票(简称"数电票")试点工作,随后开票试点地区进一步扩展至四川省、厦门市、大连市、青岛市、陕西省、天津市、江苏省等全国多个省市,截至 2022 年 8 月 28 日数电票受票试点工作已扩围至全国所有省市,实现 24 小时在线免费为纳税人提供发票开具、交付、查验等服务,实现发票全领域、全环节、全要素电子化。

电子原始凭证,是指单位从外部接收的电子形式的各类会计凭证,包括电子发票(增值税专用发票)(图 4.8)、电子发票(普通发票)(图 4.9)、财政电子票据、电子客票、电子行程单、电子《海关专用缴款书》、银行电子回单等电子会计凭证。来源合法、真实的电子会计凭证与纸质会计凭证具有同等法律效力。

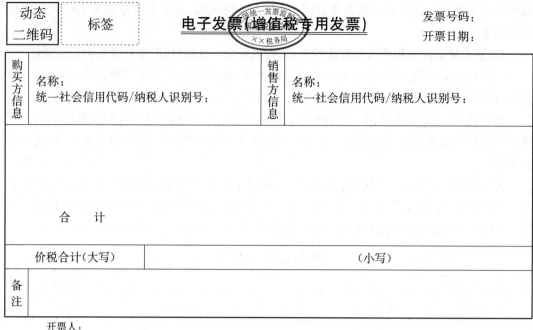

图 4.8　带有"增值税专用发票"字样的全电发票样式

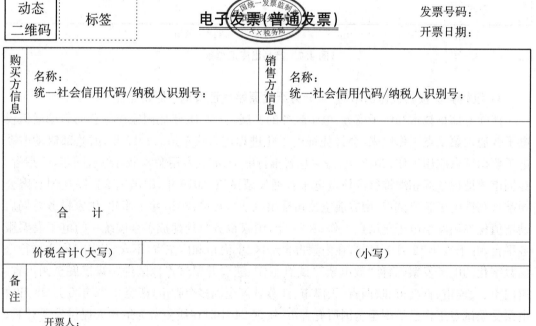

图 4.9　带有"普通发票"字样的全电发票样式

4.2.3　原始凭证的基本内容

企业发生的交易和事项繁多,因而记载这些交易和事项的各种原始凭证的具体内容和

格式也不尽相同。但它们都必须具备一些共同的基本内容,通常称为"凭证要素",主要有:

(1) 原始凭证的名称;
(2) 填制凭证的日期;
(3) 对外凭证要有接受单位的名称;
(4) 交易或事项的内容摘要;
(5) 交易或事项所涉及的财物数量、单价和金额;
(6) 填制单位的名称和公章;
(7) 经办人员的签字或盖章。

4.2.4 原始凭证的填制要求

原始凭证作为交易或事项发生的原始证明,其填制必须满足以下基本要求:

1) 记录真实

原始凭证所填列经济业务的内容和数字,必须真实可靠,符合实际情况。

2) 内容完整

原始凭证所要求填列的项目必须逐项填列齐全,不得遗漏或省略。原始凭证中的年、月、日要按照填制原始凭证的实际日期填写;名称要齐全,不能简化;品名或用途要填写明确,不能含糊不清;有关人员的签章必须齐全。

3) 手续完备

单位自制的原始凭证必须有经办单位相关负责人的签名盖章;对外开出的原始凭证必须加盖本单位公章或者财务专用章;从外部取得的原始凭证,必须盖有填制单位的公章或者财务专用章;对外开出或从外取得的电子形式的原始凭证必须附有符合《中华人民共和国电子签名法》的电子签名;从个人处取得的原始凭证,必须有填制人员的签名或盖章。

4) 书写清楚、规范

原始凭证要按规定填写,文字要简明,字迹要清楚,易于辨认,不得使用未经国务院公布的简化汉字。大小写金额必须符合填写规范,小写金额用阿拉伯数字逐个书写,不得写连笔字。在金额前要填写人民币符号"¥"(使用外币时填写相应外币符号),且与阿拉伯数字之间不得留有空白。金额数字一律填写到角、分,无角无分的,写"00"或符号"—";有角无分的,分位写"0",不得用符号"—"。大写金额的壹、贰、叁、肆、伍、陆、柒、捌、玖、拾、佰、仟、万、亿、元、角、分、零、整等,一律用正楷或行书字书写。大写金额前未印有"人民币"字样的,应加写"人民币"三个字且和大写金额之间不得留有空白。大写金额到元或角为止的,后面要写"整"或"正"字;有分的,不写"整"或"正"字,如小写金额为¥1 007.00,大写金额应写成"壹仟零柒元整"。

5) 编号连续

各种凭证要连续编号,以便检查。如果凭证已预先印定编号,如发票、支票等重要凭证,在因错作废时,应加盖"作废"戳记,妥善保管,不得撕毁。

6) 不得涂改、刮擦、挖补

原始凭证金额有错误的,应当由出具单位重开,不得在原始凭证上更正。原始凭证有其他错误的,应当由出具单位重开或更正,更正处应当加盖出具单位印章。

7) 填制及时

各种原始凭证一定要及时填写,并按规定的程序及时审核。

4.2.5 原始凭证的审核

为了保证会计记录真实、正确,充分发挥会计的监督或控制作用,原始凭证必须经过审核后才能作为记账的依据。原始凭证的审核内容主要包括以下三个方面:

1) 合法性、合规性以及合理性审核

即审核交易或事项的内容是否符合有关政策、法令、制度、计划、预算和合同等的规定,是否符合审批权限和手续,开支是否合理等。

2) 完整性审核

即审核原始凭证填写手续是否完备,项目是否填写齐全,有关经办人员是否都已签名和盖章。对内容填写不全、手续不完备的凭证,应退还给经办人员补办完整后,才能据以办理收付业务和登记入账。

3) 正确性审核

即审核原始凭证的摘要和数字是否填写清楚、正确,数量、单价、金额、合计数等是否无差错,大小写金额是否相等。对于数字填写有错误的凭证,应退还给经办人员更正后才能据以入账。

4.3 记账凭证

4.3.1 记账凭证的概念

经济业务发生后,会计人员要根据审核后的原始凭证编制会计分录,列示应借记和贷记的账户和金额,作为记账依据。在实务中,会计分录一般编制在专门的表单中。这种表单就是记账凭证。

记账凭证,又称"记账凭单",是由会计人员根据审核无误的原始凭证,按照经济业务的内容加以归类,并据以确定会计分录后填制的会计凭证,是登记账簿的直接依据。记账凭证的作用主要是确定会计分录,进行账簿登记,反映经济业务的发生或完成情况,监督企业经济活动,明确相关人员的责任。

4.3.2 记账凭证的种类和基本内容

1) 记账凭证的种类

记账凭证,按照是否通用,一般分为通用记账凭证和专用记账凭证。而专用记账凭证按其所反映的交易或事项是否与现金和银行存款有关,可分为收款凭证(图 4.10)、付款凭证(图 4.11)和转账凭证(图 4.12)三种。

收款凭证,是指用于记录库存现金和银行存款收款业务的记账凭证。收款凭证根据有关库存现金和银行存款收款业务的原始凭证填制,是登记库存现金日记账、银行存款日记账以及有关明细分类账和总分类账等账簿的依据,也是出纳人员收讫款项的依据。

收 款 凭 证

收字 第 3 号

借方科目：银行存款　　　　　　　2022 年 12 月 20 日　　　　　　　　　　　　附件 3 张

摘 要	贷　方		金额									记账
	总账科目	明细科目	千	百	十	万	千	百	十	元	角	分	
销售产品	主营业务收入	A 产品			3	5	0	0	0	0	0	0	
销售产品	主营业务收入	B 产品			1	5	0	0	0	0	0	0	
销售产品	应交税费	应交增值税（销项税额）				6	5	0	0	0	0	0	
合　计				5	6	5	0	0	0	0	0	0	

会计主管：　　　　　　记账：　　　　　　复核：　　　　　　制单：

图 4.10　收款凭证

付 款 凭 证

付字 第 1 号

贷方科目：银行存款　　　　　　　2022 年 12 月 05 日　　　　　　　　　　　　附件 4 张

摘 要	借　方		金额									记账
	总账科目	明细科目	千	百	十	万	千	百	十	元	角	分	
购买固定资产	固定资产	机床设备			3	0	2	0	0	0	0	0	
购买固定资产	应交税费	应交增值税（进项税额）				3	9	1	8	0	0	0	
合　计					3	4	1	1	8	0	0	0	

会计主管：　　　　　　记账：　　　　　　复核：　　　　　　制单：

图 4.11　付款凭证

转 账 凭 证

转字 第 2 号

2022 年 12 月 08 日　　　　　　　　　　　　附件 3 张

摘 要	总账科目	明细科目	借方金额									贷方金额									记账
			百	十	万	千	百	十	元	角	分	百	十	万	千	百	十	元	角	分	
购买材料	原材料	乙材料			6	2	0	0	0	0	0										
购买材料	应交税费	应交增值税（进项税额）				7	9	8	0	0	0										
购买材料	应付账款	新华工厂												6	9	9	8	0	0	0	
合　计					6	9	9	8	0	0	0			6	9	9	8	0	0	0	

会计主管：　　　　　　记账：　　　　　　复核：　　　　　　制单：

图 4.12　转账凭证

付款凭证，是指用于记录库存现金和银行存款付款业务的记账凭证。付款凭证根据有关库存现金和银行存款支付业务的原始凭证填制，是登记库存现金日记账、银行存款日记账以及有关明细分类账和总分类账等账簿的依据，也是出纳人员支付款项的依据。

转账凭证，是指用于记录不涉及库存现金和银行存款业务的记账凭证。转账凭证根据有关转账业务的原始凭证填制，是登记有关明细分类账和总分类账等账簿的依据。

一个企业采用何种凭证格式取决于企业交易规模的大小和管理的繁简程度。对于业务量较小的企业为了简化凭证类别，可以只采用通用记账凭证，即将收款、付款、转账凭证统一为一种转账凭证的格式，名称统一为"记账凭证"。

为了简化登记总分类账户的工作，还可以根据记账凭证按账户名称进行汇总，编制记账凭证汇总表或汇总记账凭证，然后据以登记总账，具体登记方法见本书8.2节。

记账凭证的分类主要是为了手工方式下分类查询的方便。在计算机会计信息系统中，最方便的是采用通用的记账凭证。

2) 记账凭证的基本内容

无论编制什么记账凭证，都必须具备以下内容：填制单位的名称；记账凭证的名称；凭证的填制日期和编号；交易或事项的内容摘要；应借、应贷账户的名称和金额，包括总分类账户、二级账户和三级等分类账户的名称和金额；所附原始凭证的张数；会计主管人员，复核、记账和填制人员的签名或盖章；收付款凭证还要有出纳人员的签名或盖章。

4.3.3 记账凭证的填制要求

1) 记账凭证填制的基本要求

记账凭证应依据上述内容、有关惯例和规定来填制，其规范性和技术性都比较强，需要认真对待。记账凭证的填制除了要做到内容完整、书写清楚和规范外，还必须符合下列要求：

第一，除结账和更正错账可以不附原始凭证外，其他记账凭证必须附原始凭证。

第二，记账凭证可以根据每一张原始凭证填制，或根据若干张同类原始凭证汇总填制，也可以根据原始凭证汇总表填制；但不得将不同内容和类别的原始凭证汇总填制在一张记账凭证上。

第三，记账凭证应连续编号。凭证应由主管该项业务的会计人员，按业务发生的顺序并按不同种类的记账凭证采用"字号编号法"连续编号，如银收字1号、现收字2号、现付字1号、银付字2号。如果一笔经济业务需要填制两张以上（含两张）记账凭证，可以采用"分数编号法"编号，如转字 $2\frac{1}{3}$ 号、转字 $2\frac{2}{3}$ 号、转字 $2\frac{3}{3}$ 号。为便于监督，反映付款业务的会计凭证不得由出纳人员编号。

第四，填制记账凭证时若发生错误，应当重新填制。已经登记入账的记账凭证在当年内发现填写错误时，可以用红字填写一张与原内容相同的记账凭证，在摘要栏注明"注销某月某日某号凭证"字样，同时再用蓝字重新填制一张正确的记账凭证，注明"订正某月某日某号凭证"字样。如果会计科目没有错误，只是金额错误，也可以将正确数字与错误数字之间的差额另编一张调整的记账凭证，调增金额用蓝字，调减金额用红字。发现以前年度记账凭证有错误的,应当用蓝字填制一张更正的记账凭证。

第五,记账凭证填制完成后,如有空行,应当自金额栏最后一笔金额数字下的空行处至合计数上的空行处划线注销。

2)收款凭证的填制要求

收款凭证左上角的"借方科目"按收款的性质填写"库存现金"或"银行存款";日期填写填制本凭证的日期;右上角填写填制收款凭证的顺序号;"摘要"填写所记录经济业务的简要说明;"贷方科目"填写与收入"库存现金"或"银行存款"相对应的会计科目;"记账"是指该凭证已登记账簿的标记,防止经济业务重记或漏记;"金额"是指该项经济业务的发生额;该凭证右边"附单据 X 张"是指该记账凭证所附原始凭证的张数;最下边分别由有关人员签章,以明确账证经管责任。

3)付款凭证的填制要求

付款凭证是根据审核无误的付款业务的原始凭证填制的。付款凭证的填制方法与收款凭证基本相同,不同的是在付款凭证的左上角应填列贷方科目,即"库存现金"或"银行存款"科目,"借方科目"栏应填写与"库存现金"或"银行存款"相对应的一级科目和明细科目。

对于涉及"库存现金"和"银行存款"之间的相互划转业务,如将现金存入银行或从银行提取现金,为了避免重复记账,一般只填制付款凭证,不再填制收款凭证。

出纳人员在办理收款或付款业务后,应在原始凭证上加盖"收讫"或"付讫"的戳记,以免重收重付。

4)转账凭证的填制要求

转账凭证通常是根据有关转账业务的原始凭证填制的。转账凭证中"总账科目"和"明细科目"栏填写应借、应贷的总账科目和明细科目,借方科目应记金额在同一行的"借方金额"栏填列,贷方科目应记金额在同一行的"贷方金额"栏填列,"借方金额"栏合计数与"贷方金额"栏合计数应相等。

4.3.4 记账凭证的审核

为了保证账簿记录的准确性,记账前必须对已编制的记账凭证由专人进行认真、严格的审核,记账凭证的审核内容主要有:

第一,按原始凭证审核的要求,对所附的原始凭证进行复核。

第二,记账凭证所附的原始凭证是否齐全,是否与所附原始凭证的内容相符,金额是否一致等。对需要单独保管的原始凭证和文件,应在凭证上加注说明。

第三,应借、应贷的账户名称和金额是否正确,账户的对应关系是否清晰。所用的账户名称、账户的核算内容是否符合会计制度的规定。

第四,记账凭证中的有关项目是否填列齐全,有关人员是否都已签字盖章等。

审核中如发现差错,应查明原因并予以重填或用划线更正法更正,在更正处由更正人员签字盖章,以示责任。只有经过审核无误的记账凭证才能作为记账的依据。

记账凭证的审核同原始凭证的审核一起组成会计确认的一个环节,都是会计数据正式记录之前必经的步骤。由于会计信息具有预测和反馈作用,因此对凭证编制的严格审查,可以理解为在复式记账系统内增强防护性控制功能的一种有效措施。

关键术语

原始凭证(original evidence)
记账凭证(accounting voucher)
收款凭证(receipt voucher)
付款凭证(payment voucher)
转账凭证(transfer voucher)

本章思考

1. 会计在编制记账凭证时,为什么必须附上原始凭证?如何将会计记账必须"有凭有据"的思想融入自己的学习、工作中?
2. 原始凭证包括哪些种类?
3. 审核原始凭证应包括哪些内容?
4. 记账凭证可以分为哪几种?填制时应注意哪些问题?
5. 审核记账凭证应包括哪些内容?
6. 为什么说会计凭证的填制和审核对于保证会计信息真实性具有重要意义?

思政园地

税警联合查处5起增值税发票虚开骗税案件

为了维护正常的经济税收秩序,各地税务、公安等部门通力合作,严厉打击虚开骗税违法犯罪行为,破获多起虚开骗税案件,法院对涉案人员依法予以判决,有效遏制了虚开骗税的猖獗势头,有力维护了法治、公平的税收营商环境。

一、大连破获"5·03"虚开增值税专用发票案。2017年12月,大连税警联合行动,成功破获"5·03"虚开增值税专用发票案。经查,犯罪团伙通过设立"空壳公司"的方式对外虚开增值税专用发票35 217份,虚开金额达38.58亿元。2020年6月,该案主犯因犯虚开增值税专用发票罪被判处无期徒刑,其余13名涉案人员分别依法判处4~15年不等的有期徒刑,并处罚金。

二、江西破获"黄金票"虚开案件。2019年4月,江西省吉安市税警协作成功打掉了一个利用"黄金票"虚开团伙,抓获犯罪嫌疑人4人,网上追逃1人,查封犯罪用的生产设备、电脑、银行卡若干。经查,该团伙伪造生产假象、拉长资金链条掩盖虚开轨迹,通过票货分离的方式,向9个省的25户企业虚开增值税专用发票2 496份,虚开金额达25.49亿元。2021年5月,该案主犯因犯虚开增值税专用发票罪被判处有期徒刑15年。

三、广西破获"7·31"虚开增值税发票案。2019年7月,广西桂林市税警协作成功打掉一个虚开发票犯罪团伙,捣毁窝点1个,抓获犯罪嫌疑人4人,查获身份证、印章、银行卡、手机、税控装置等作案工具一批。经查,犯罪团伙在没有提供真实劳务派遣服务的情况下,通过签订虚假的"劳务合同"和"劳务派遣合同",虚构劳务派遣业务,虚开增值税普通发票501份,虚开金额8 041万元。2021年1月,该案4名犯罪嫌疑人因犯虚开发票罪,分别被判处1年6个月至2年6个月不等的有期徒刑,并处罚金。

四、安徽破获废旧物资虚开增值税发票案。2019年6月,安徽省池州市税警成功破获铜陵某公司池州分公司虚开发票案。经查,该公司虚设交易环节,虚开增值税专用发票1 764份、普通发票22份,虚开金额达3.68亿元。2021年1月,该案主犯因犯虚开增值税专用发票罪和虚开发票罪被判处有期徒刑12年,并处罚金。

五、山东破获"11·28"虚开增值税专用发票案。2018年11月,山东省济南市税警协作打掉3个"暴力虚开"犯罪团伙,捣毁窝点5个,抓获犯罪嫌疑人10人,查获身份证、营业执照、印章、税控装置、U盾等作案工具。经查,犯罪团伙利用463户"空壳公司",向全国30个省(区、市)11 000多家企业虚开增值税专用发票等2万余份,虚开金额达64.4亿余元。2020年10月,该案主犯因犯虚开增值税专用发票罪被判处有期徒刑10年6个月。

资料来源:国家税务总局官网(http://www.chinatax.gov.cn/chinatax/n810219/n810724/c5168401/content.html),2021年8月26日。

法条链接1:《中华人民共和国刑法》第二编 分则 第三章 破坏社会主义市场经济秩序罪 第六节 危害税收征管罪 第二百零五条:

虚开增值税专用发票或者虚开用于骗取出口退税、抵扣税款的其他发票的,处三年以下有期徒刑或者拘役,并处二万元以上二十万元以下罚金;虚开的税款数额较大或者有其他严重情节的,处三年以上十年以下有期徒刑,并处五万元以上五十万元以下罚金;虚开的税款数额巨大或者有其他特别严重情节的,处十年以上有期徒刑或者无期徒刑,并处五万元以上五十万元以下罚金或者没收财产。

单位犯本条规定之罪的,对单位判处罚金,并对其直接负责的主管人员和其他直接责任人员,处三年以下有期徒刑或者拘役;虚开的税款数额较大或者有其他严重情节的,处三年以上十年以下有期徒刑;虚开的税款数额巨大或者有其他特别严重情节的,处十年以上有期徒刑或者无期徒刑。

虚开增值税专用发票或者虚开用于骗取出口退税、抵扣税款的其他发票,是指有为他人虚开、为自己虚开、让他人为自己虚开、介绍他人虚开行为之一的。

法条链接2:《最高人民检察院、公安部关于公安机关管辖的刑事案件立案追诉标准的规定(二)》第五十六条:"虚开增值税专用发票或者虚开用于骗取出口退税、抵扣税款的其他发票,虚开的税款数额在十万元以上或者造成国家税款损失数额在五万元以上的,应予立案追诉。"

第 5 章 会 计 账 簿

学习目标

1. 价值塑造：树立合法合规、诚实守信的价值观；理解会计账簿是纳税的基础。
2. 知识传授：了解会计账簿的概念和分类；熟悉会计账簿的启用和登记要求，总分类账和明细分类账平行登记的要点；掌握日记账、总分类账及明细分类账的登记方法，错账的更正与查找、对账和结账的方法。
3. 能力培养：培养学生分类整理、整合和核对会计信息的能力，通过理解不同账簿之间的内在联系，提高检索会计信息和更正会计差错的能力。

引入案例

2005年2月5日至2016年4月，宋某担任绍兴某酒店有限公司法定代表人，负责该酒店财务事项。其间，宋某为少缴纳税款，采用酒店部分现金收入不入酒店财务账的方式设立"小金库"，"小金库"账户内钱款用于股东工资、年终奖等酒店支出，账目涉及金额达上千万元。

2016年3月起，绍兴市地方税务局稽查局对绍兴某酒店有限公司进行税务检查。检查发现该酒店不仅存在设立"小金库"的情况，还存在2004—2012年原始记账凭证缺失171本、记账用计算机硬盘破损无法恢复等情况。该局多次要求酒店提供账本，但酒店一直未提供。后该局于2016年11月16日将该酒店有限公司涉嫌隐匿、故意销毁会计凭证、会计账簿的犯罪线索及相关证据移送公安机关，公安机关立案侦查后提交检察院审查起诉，检察院以"隐匿会计凭证、会计账簿罪"对该酒店有限公司提起公诉，以"隐匿、故意销毁会计凭证、会计账簿罪"对宋某提起公诉。

法院审理后认为，被告单位绍兴某酒店有限公司为逃避查处拒不提供依法应当保存的会计凭证、会计账簿，情节严重，其行为已构成隐匿会计凭证、会计账簿罪。被告人宋某是被告单位绍兴某酒店有限公司隐匿会计凭证、会计账簿的直接负责的主管人员，其行为亦构成隐匿会计凭证、会计账簿罪。

按照《中华人民共和国刑法》第一百六十二条之一的规定，判决被告单位绍兴某酒店有限公司犯隐匿会计凭证、会计账簿罪，判处罚金人民币十万元；被告人宋某犯隐匿会计凭证、会计账簿罪，判处有期徒刑一年，并处罚金人民币十万元。[1]

---

[1] 浙江省绍兴市柯桥区人民法院(2018)浙0603刑初753号刑事判决。

5.1 会计账簿概述

会计账簿是会计确认、计量和报告的重要手段之一,是连接会计凭证和会计报告的桥梁,其主要作用是对会计信息进行分类和汇总,为会计报告的编制做好准备工作。会计账簿的设置、启用、登记、对账、结账和错账更正都有相关规定,需要严格遵照执行。

5.1.1 会计账簿的概念

会计账簿,简称"账簿",是指由一定格式的账页组成,以经过审核的会计凭证为依据,全面、系统、连续地记录各项经济业务和会计事项的簿籍。这种簿籍是由具有专门格式、互相关联的一系列账页组成的。

企业经营过程中的所有交易和事项都需要在会计凭证上记录,然而会计凭证较为零散,不便于汇总和查找,所以需要对会计凭证上的信息进行分类整理,并将其汇总记录到相应账户中,以便于后续编制财务报表、审计、税务稽查和企业管理。账簿中的账页就是用来反映企业设立的账户的,在某一账页上标明了账户名称后,这一账页就专门用来记录该账户相关的经济业务。因此,账页是账户的载体,账簿是账页的集合,没有账簿,账户就无法存在,账簿是外观形式,账户是账簿的实质内容,将会计凭证的信息汇总记录到账簿的过程就叫作"记账"。

5.1.2 会计账簿的作用

设置和登记会计账簿是会计核算的重要环节。合理合法设置会计账簿、科学登记会计账簿对保证会计信息的质量具有重要意义。

1) 会计账簿可以全面、系统地反映会计信息

通过会计凭证的审核和填制,可以反映和控制企业各项经济业务的完成情况。然而一份会计凭证只能反映一笔或几笔经济业务,因此会计凭证所反映的信息是零散的、不连续的。会计账簿则具有不同种类,既可以反映总括的信息,又可以反映明细的信息;既可以反映序时核算的信息,又可以反映分类核算的信息。因此将会计凭证上的信息分类汇总登记到会计账簿后,可以更加全面、系统地反映资金运动的来龙去脉,为强化企业管理提供更为有效的会计信息。

2) 会计账簿可以为编制财务报告提供资料

财务报告是提供会计信息的主要手段,编制财务报告的主要资料来源于账簿。无论是资产负债表、利润表、现金流量表和所有者权益变动表,还是财务报表附注及其他相关信息,主要的数据均来源于会计账簿。因此,会计账簿设置和记录的合法性、真实性和规范性,也决定了会计信息的质量。

3) 会计账簿可以作为分析和评价企业经营情况的依据

会计账簿记录了各类账户的详细资料,反映了各项财产物资的增减变动情况以及财务成果的形成过程。因而可以据此评价企业的经营状况,发现企业经营过程中存在的问题,加强控制。

4)会计账簿可以为会计监督提供资料

会计账簿是审计和税务稽查的重要资料来源。通过对账簿记录的分析和检查,可以判断会计主体在经营过程中的合法性和合规性,发现问题,以便实施监督,确保企业经营合法合规,不断改善经营管理。

5.1.3 会计账簿的基本内容

在实际工作中,各种会计账簿用途不同,所记录的内容不同,具体格式也多种多样,但各种账簿都应具备封面、扉页和账页三项基本内容。

1)封面

封面主要用来标明账簿的名称,如总分类账、各种明细分类账、库存现金日记账、银行存款日记账等。

2)扉页

扉页主要用来列明会计账簿的使用信息,如科目索引、账簿启用和经管人员一览表等。具体格式如图5.1所示。

账簿启用表									
单位名称									单位盖章
账簿名称									
账簿编号			年 总 册 第 册						
账簿页数									
启用日期									
经管人员	负责人			主办会计			记账			
	职别	姓名	盖章	职别	姓名	盖章	职别	姓名	盖章
交接记录	职别	姓名		接管			移交			印花税票粘贴处
		|| 年	月	日	盖章	年	月	日	盖章	

图5.1 账簿扉页示意图

3)账页

账页是账簿用来记录经济业务的主要载体,包括账户的名称、日期、凭证种类和编号、经济业务摘要、金额,以及总页次和分户页次等基本内容。

5.1.4 会计账簿的种类

会计账簿种类繁多,不同类型的会计账簿其用途、形式和登记方法各不相同,以满足不同的需求。以下具体介绍会计账簿的分类(图 5.2)。

1) 按用途分类

会计账簿按照用途可分为序时账簿、分类账簿和备查账簿。

(1) 序时账簿

序时账簿,又称为"日记账",是按照经济业务发生时间的先后顺序逐日、逐笔登记的账簿。在我国各类企业、行政事业单位中,库存现金日记账和银行存款日记账是应用比较广泛的日记账。具体格式分别如图 5.3 和图 5.4 所示。

图 5.2 会计账簿的种类

库存现金日记账

第 1 页

20×2年		记账凭证		对方科目	摘要	收入	支出	结余
月	日	字	号					
12	1				月初余额			0
12	30	现收	1	其他应收款	收回差旅费	106		106
12	30				本日合计	106		106

图 5.3 库存现金日记账

银行存款日记账

第 1 页

20×2年		记账凭证		对方科目	摘要	收入	支出	结余
月	日	字	号					
12	1				月初余额			1 063 850
12	1	银收	1	短期借款	向银行借入短期借款	200 000		1 263 850
12	1				本日合计	200 000		1 263 850
12	8	银付	1	原材料	支付购货款		21 000	1 242 850
12	8	银付	1	应交税费	支付进项税额		2 600	1 240 250
12	8				本日合计		23 600	1 240 250

图 5.4 银行存款日记账

(2) 分类账簿

分类账簿,是指按照分类的会计账户设置登记的账簿。分类账簿是会计账簿的主体,也是编制财务报表的主要依据。分类账簿按其所反映内容的详细程度,可以分为总分类账簿和明细分类账簿。

总分类账簿,又称"总账",是根据总分类账户开设的,总括地反映某类经济活动。明细分类账簿,又称"明细账",是根据明细分类账户开设的,反映某一具体经济业务的明细核算资料。

(3) 备查账簿

备查账簿,又称"辅助登记簿"或"补充登记簿",是指对某些在序时账簿和分类账簿中未能记载或记载不全的经济业务进行补充登记的账簿。例如,反映商业汇票具体信息的"应收/应付票据备查簿",反映租入固定资产信息的"租入固定资产登记簿",反映发票领购、缴销和结存情况的"发票备查簿"等。备查账簿是对其他账簿记录的补充,与其他账簿之间不存在严密的依存和勾稽关系,也没有固定的格式要求,根据企业的实际需求设置即可。

2) 按账页格式分类

会计账簿按照账页格式可分为三栏式账簿、多栏式账簿和数量金额式账簿。

(1) 三栏式账簿

三栏式账簿是设有借方、贷方和余额三个金额栏目的账簿。各种日记账、总分类账以及资本、债权、债务明细账都可以采用三栏式账簿。三栏式是最常见的账页格式,具体格式如图5.5所示。

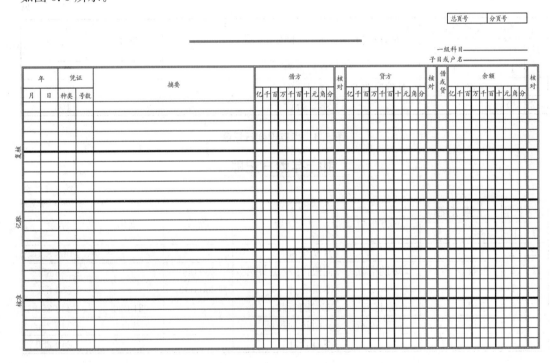

图 5.5 三栏式账簿

(2) 多栏式账簿

多栏式账簿是在账簿的两个金额栏目(借方和贷方)按需要分设若干专栏的账簿。多栏式账簿可以按"借方"和"贷方"分设专栏,也可以只设"借方"专栏或只设"贷方"专栏,具体栏数可根据需要确定。收入、成本、费用类明细账多采用多栏式账簿,具体格式如图5.6所示。

生产成本核发

公司名称： 单位：元

产品名称	规格型号	单位成本合计	物料费用		人工费用			制造费用			其他费用
			原材料	辅料	直接人工	间接人工	职工福利	能源费用	低值易耗品	长期待摊费用	
合计											

图 5.6　多栏式账簿

(3) 数量金额式账簿

数量金额式账簿是在账簿的借方、贷方和余额三个栏目内，每个栏目再分设数量、单价和金额三小栏，以反映财产物资的实物数量和价值量的账簿。原材料、库存商品等存货明细账通常采用数量金额式账簿，方便财产物资的管理。具体格式如图 5.7 所示。

3) 按外观形式分类

会计账簿按照外观形式，可以分为订本式账簿、活页式账簿和卡片式账簿。

(1) 订本式账簿

订本式账簿，简称"订本账"，是在启用前将编有顺序页码的一定数量账页装订成册的账簿。订本账的优点是能避免账页散失和防止抽换账页，从而保证账簿记录的完整性；缺点是不能准确为各账户预留账页。订本式账簿通常适用于重要的和具有统驭性的总分类账、库存现金日记账和银行存款日记账。

(2) 活页式账簿

活页式账簿，简称"活页账"，是将一定数量的账页置于活页夹内，可根据记账内容的变化随时增加或减少部分账页的账簿。活页式账簿的优点是记账时可以根据需要，随时将空白账页装入账簿，或抽取不需要的账页，便于分工记账；缺点是如若管理不善，则可能导致账页散失或被故意抽换。活页式账簿一般用于无法事先确定预留账页数量的明细分类账。

总页________ 分页________
副类________ 编号________
规格________ 名称________

材 料 明 细 账

储备定额________ 最低存量________ 最高存量________ 存数地点________ 计算单位________ 计划单位________

年		凭证		摘要	借方(进仓)			贷方(出仓)			余额		
月	日	类别	号数		数量	单价	金额（千百十万千百十元角分）	数量	单价	金额（千百十万千百十元角分）	数量	单价	金额（千百十万千百十元角分）

图 5.7 数量金额式账簿

(3) 卡片式账簿

卡片式账簿，简称“卡片账”，是将一定数量的卡片式账页存放于专设的卡片箱中，可以根据需要随时增添账页的账簿。在我国，一般只对固定资产的核算采用卡片账形式，也有少数企业在材料核算中使用材料卡片。

账簿不同分类的归纳和比较如下：总分类账簿和日记账通常采用订本式账簿、三栏式账页；明细分类账簿通常采用活页式账簿或卡片式账簿，可采用三栏式、多栏式和数量金额式账页。

5.2 会计账簿的启用和登记要求

5.2.1 会计账簿的设置要求

每一会计主体需要设置哪些账簿，应当根据其经济业务的特点和管理上的需求，依照开设的会计账户来确定。一般来说，账簿设置应当遵循下列原则。

1) 统一性

会计账簿要根据国家有关制度规定的会计科目、账簿格式、种类和基本要求设置,要能保证系统、全面地反映和监督经济活动的情况,满足经济管理的需要,为经济管理提供总括的和明细的核算资料。

2) 科学性

会计账簿的设置要能够保证组织严密、层次分明。账簿之间既要有明确的分工,又要保持内在的联系和勾稽关系,起到相互制约的作用。

3) 实用性

会计账簿要根据会计主体的规模大小、经济业务的繁简程度、会计人员数量的多少来设置。一方面,要考虑人力和物力的节约,避免重复和遗漏;另一方面,又要防止过于简化。同时,账簿的格式应当简便适用,便于登记、查找、更正错误和保管。

4) 合法性

我国《会计法》规定,各单位发生的各项经济业务事项应当在依法设置的会计账簿上统一登记、核算,不得违反规定私设会计账簿。

5.2.2 会计账簿的启用

1) 设置账簿的封面、封底

除订本式账簿不另设封面外,各种活页式账簿,均应设置与账页大小相一致的账夹、封面、封底,并在封面正中部分设置封签,用蓝黑墨水书写单位名称、账簿名称及所属会计年度。

2) 填写账簿启用及经管人员一览表

新会计账簿启用时,应首先填写印制在账簿扉页上的"账簿启用及交接表"中的启用说明部分,内容包括启用日期、账簿页数、记账人员和会计机构负责人、会计主管人员姓名,并加盖名章和单位公章。

记账人员或者会计机构负责人、会计主管人员调动工作时,应办理交接手续并填写"账簿启用及交接表",注明交接日期、接办人员或者监交人员姓名,并由交接双方人员签名或者盖章。

3) 编写账簿页码和账户目录

启用订本式账簿,应当从第一页到最后一页顺序编定页数,不得跳页、缺号。使用活页式账簿,应当按账户顺序编号,并须定期装订成册,装订后再按实际使用的账页顺序编定页码,另加目录,记明每个账户的名称和页次。

5.2.3 会计账簿的登记要求

为了保证账簿记录的正确性,必须根据审核无误的会计凭证登记会计账簿,并符合有关法律、行政法规和国家统一的会计制度的规定。会计账簿的登记要求主要包括:

1) 准确完整

登记会计账簿时,应当将会计凭证日期、编号、业务内容摘要、金额和其他有关资料逐项记入账页内,做到数字准确、摘要清楚、登记及时。账簿记录中的日期,应当填写记账凭证上的日期;以自制原始凭证(如收料单、领料单等)作为记账依据的,账簿记录中的日期应按有关自制凭证上的日期填列。

记账凭证登记完毕后,要在记账凭证上签名或盖章,并注明已经登账的符号,表示已经记账。

2) 按要求书写

为保持账簿记录的持久性,防止涂改,登记账簿必须使用蓝黑墨水或碳素墨水书写,不得使用圆珠笔(银行的复写账簿除外)或铅笔书写。

以下情况可使用红色墨水记账:

(1) 按照红字冲账的记账凭证,冲销错误记录;

(2) 在不设借贷等栏的多栏式账页中,登记减少数;

(3) 在三栏式账户的余额栏前,如未印明余额方向,在余额栏内登记负数余额;

(4) 根据国家规定可以用红字登记的其他会计记录。

除上述情况外,不得使用红色墨水登记账簿。

账簿中书写的文字和数字上面要留有适当空距,不要写满格,一般应占格高的1/2。

3) 顺序连续登记

会计账簿应当按照连续编号的页码顺序登记,不得跳行、隔页。记账时发生错误或者隔页、缺号、跳行的,应在空页、空行处用红色墨水划对角线注销,或注明"此页空白""此行空白"字样,并由记账人员和会计机构负责人在更正处签章。

4) 结出余额

凡需要结出余额的账户,结出余额后,应在"借或贷"栏内写明"借"或"贷"字样,以示余额方向。没有余额的账户,应在"借或贷"栏内写"平"字,并在余额栏内"元"位处用"0"表示。库存现金日记账和银行存款日记账必须逐日结出余额。

5) 过次承前

每一账页登记完毕时,应当结出本页发生额合计及余额,在该账页最末一行"摘要"栏注明"转次页"或"过次页",并将这一金额记入下一页第一行有关金额栏内,在该行"摘要"栏注明"承前页",以保持账簿记录的连续性,便于对账和结账。

6) 按规定的方法更正错账

账簿记录发生错误时,不得涂改、刮擦、挖补或用褪色药水更改字迹,而应当采用规定的方法更正。

5.3 会计账簿的登记方法

5.3.1 日记账的登记方法

日记账是按照经济业务发生或完成的时间先后顺序逐日逐笔进行登记的账簿,其目的是使经济业务的时间顺序能够清晰地反映在账簿记录中。在我国,大部分企业一般只设库存现金日记账和银行存款日记账。

1) 库存现金日记账的登记方法

库存现金日记账是用来核算和监督库存现金日常收、付和结存情况的序时账簿。库存现金日记账必须使用订本式账簿,其账页格式大多为三栏式,具体格式如图5.3所示。

三栏式库存现金日记账设有借方、贷方和余额三个金额栏目,一般分别将其称为收入、支出和结余三个基本栏目。三栏式库存现金日记账由出纳人员根据库存现金收款凭证、库存现金付款凭证和银行存款付款凭证,按照库存现金的收、付款业务和银行存款的付款业务发生时间的先后顺序逐日逐笔登记。

三栏式库存现金日记账的登记方法如下：

(1) 日期栏,填写记账凭证的日期,须与库存现金实际收付日期一致。

(2) 凭证栏,登记入账的收付款凭证的种类和编号,如"库存现金收款凭证"可简写为"现收","银行存款付款凭证"可简写为"银付"。凭证栏还应写明登记凭证的编号数,便于查账和核对。

(3) 对方科目栏,应填写库存现金收入的来源科目或库存现金支出的用途科目。

(4) 摘要栏,应说明登记入账的经济业务的主要内容。

(5) 金额栏,收入、支出(或借方、贷方)栏应填列库存现金的实际收付金额。每日终了,应分别计算库存现金收入和付出的合计数,按照"上日余额＋本日收入－本日支出＝本日余额"的公式,逐日结出当日的现金余额,填入结余(或余额)栏,并与现金实际数核对。如账款不符,应查明原因,记录备案。月终同样要计算库存现金收、付和结存的合计数。

2) 银行存款日记账的登记方法

银行存款日记账是用来核算和监督银行存款每日的收入、支出和结余情况的账簿。银行存款日记账应按企业在银行开立的账户和币种分别设置,每个银行账户设置一本银行存款日记账。银行存款日记账必须使用订本式账簿,其账页格式大多为三栏式,具体格式如图5.4所示。

银行存款日记账由出纳人员根据银行存款收付业务相关记账凭证,按时间先后顺序逐日逐笔登记。根据银行存款收款凭证和有关的库存现金付款凭证登记银行存款收入栏,根据银行存款付款凭证登记支出栏,并每日结出余额。银行存款日记账和库存现金日记账的登记方法基本相同,此处不再赘述。

5.3.2 总分类账的登记方法

总分类账是按照总分类账户分类登记以提供总括会计信息的账簿。总分类账必须采用订本式账簿,按照会计科目的编码顺序设置,并为每个账户预留账页。总分类账最常用的账页格式为三栏式,设有借方、贷方和余额三个金额栏目。具体格式如图5.8所示。

长期借款

第 1 页

20×2年		记账凭证		摘要	借方	贷方	借或贷	余额
月	日	字	号					
12	1			月初余额			贷	1 604 000
12	15	转	(略)	支付长期借款利息	4 000		贷	1 600 000
12	31	转	(略)	预提长期借款利息		4 000	贷	1 604 000
12	31			本月合计	4 000	4 000	贷	1 604 000

图 5.8 总分类账

在不同的账务处理程序下,总分类账的登记方法因登记的依据不同而有所不同。经济业务少的小型单位,其总分类账可根据记账凭证逐笔登记;经济业务多的大中型单位,其总分类账可根据科目汇总表或汇总记账凭证等定期汇总登记。

5.3.3 明细分类账的登记方法

明细分类账是根据有关明细分类账户设置并登记的账簿,能提供交易或事项比较详细、具体的核算资料,以弥补总账所提供核算资料的不足。明细分类账一般采用活页式或卡片式账簿。明细分类账一般根据记账凭证和相应的原始凭证登记。

根据各种明细分类账所记录经济业务的特点,明细分类账的格式主要有三栏式、多栏式和数量金额式三种,由于格式不同,登记方法也有所区别。

1) 三栏式明细账的登记方法

三栏式明细账是设有借方、贷方和余额三个金额栏目,用以分类核算各项经济业务,提供详细核算资料的账簿,其格式与三栏式总账相同。三栏式明细账适用于只进行金额核算的资本、债权、债务等明细科目的分类核算,如"实收资本""应收账款""短期借款"等。

三栏式明细账的登记方法和逐笔登记的三栏式总账登记方法基本相同。

2) 多栏式明细账的登记方法

多栏式明细账将属于同一个总账科目的各个明细科目合并在一张账页上进行登记,即在这种格式下,账页的借方或贷方金额栏内按照明细项目设置若干专栏,其格式如图5.9所示。这种格式适用于收入、费用、成本类科目的明细核算,如"主营业务收入""管理费用""制造费用"等。

管理费用

第 1 页

20×2年		记账凭证		摘要	办公费	财产保险费	工资薪酬	水电费	折旧费	差旅费	材料费	余额
月	日	字	号									
12	13	银付	(略)	购买办公用品	1 000							1 000
12	30	转	(略)	报销差旅费						4 600		5 600
12	31	转	(略)	计提工资			12 000					17 600
12	31	转	(略)	计提社保和公积金			3 600					21 200
12	31	转	(略)	计提折旧					1 750			22 950
12	31	转	(略)	支付水电费				500				23 450
12	31	转	(略)	结转利润	1 000		15 600	500	1 750	4 600		0

图 5.9 管理费用明细分类账

3) 数量金额式明细账的登记方法

数量金额式明细账适用于既要进行金额核算又要进行数量核算的账户,其借方(收入)、贷方(发出)和余额(结存)都分别设有数量、单价和金额三个专栏。原材料、库存商品等存货账户较适用该账页格式,具体格式如图5.10所示。

数量金额式账页提供了企业有关财产物资数量和金额收、发、存的详细资料,有助于加强财产物资的实物管理和使用监督,保证财产物资的安全完整。

数量金额式账页是三栏式账页的扩展,其登记方法和三栏式账页类似,但除了须根据记账凭证登记相关金额外,还需根据有关原始凭证登记数量和单价信息。

原材料

第 1 页

类别:木材　　品名及规格:木板　　计量单位:千克　　存放地点:1号仓库

20×2年		记账凭证		摘要	借方			贷方			结存		
月	日	字	号		数量	单价	金额	数量	单价	金额	数量	单价	金额
12	1			月初余额							500	200	100 000
12	8	银付	(略)	采购原材料	200	200	40 000				700	200	140 000
12	20	转	(略)	领用原材料				600	200	120 000	100	200	20 000
12	31			本月合计	200	200	40 000	600	200	120 000	100	200	20 000

图 5.10　原材料明细分类账

5.3.4　总分类账和明细分类账的平行登记

平行登记是指对所发生的每项经济业务都要以会计凭证为依据,一方面记入有关总分类账户,另一方面记入所辖明细分类账户的方法。

总分类账户与明细分类账户平行登记的要点如下:

1) 方向相同

在总分类账户及所辖的明细分类账户中登记同一项经济业务时,方向应当相同。即在总分类账户中记入借方,在其所辖的明细分类账户中也应记入借方;反之亦然。

2) 期间一致

发生的经济业务,记入总分类账户和所辖明细分类账户的具体时间可以有先后,但应在同一个会计期间记入总分类账户和所辖明细分类账户。

3) 金额相等

记入总分类账户的金额必须与记入其所辖的一个或几个明细分类账户的金额合计数相等。

以应付账款为例,总分类账和明细分类账的平行登记及核对方法如下:

【例5.1】　信诚公司20×3年2月1日"应付账款"账户期初余额为48 000元,其中甲公司为30 000元,乙公司为18 000元。本月发生如下经济业务:

(1) 2月5日,向甲公司购买材料10 000元,增值税1 300元,向乙公司购买材料40 000元,增值税5 200元,材料已经入库,货款暂未支付。

借：原材料 50 000
  应交税费——应交增值税(进项税额) 6 500
  贷：应付账款——甲公司 11 300
     ——乙公司 45 200

(2) 2月11日，以银行存款偿还前欠甲公司货款30 000元，乙公司货款18 000元。

借：应付账款——甲公司 30 000
    ——乙公司 18 000
  贷：银行存款 48 000

(3) 2月17日，向乙公司购买材料20 000元，增值税2 600元，货款暂未支付。

借：原材料 20 000
  应交税费——应交增值税(进项税额) 2 600
  贷：应付账款——乙公司 22 600

根据上述会计分录分别对"应付账款"总账及其所辖明细账进行平行登记，结果如图5.11至图5.13所示。

应付账款

第 1 页

20×3年		记账凭证		摘要	借方	贷方	借或贷	余额
月	日	字	号					
2	1			月初余额			贷	48 000
2	5	转	2	购买材料,货款未付		56 500	贷	104 500
2	11	转	8	偿还欠款	48 000		贷	56 500
2	17	转	19	购买材料,货款未付		22 600	贷	79 100
2	28			本月合计	48 000	79 100	贷	79 100

图 5.11 应付账款总分类账

应付账款

明细科目名称：甲公司 第 1 页

20×3年		记账凭证		摘要	借方	贷方	借或贷	余额
月	日	字	号					
2	1			月初余额			贷	30 000
2	5	转	2	购买材料,货款未付		11 300	贷	41 300
2	11	转	8	偿还欠款	30 000		贷	11 300
2	28			本月合计	30 000	11 300	贷	11 300

图 5.12 应付账款明细分类账(甲公司)

应付账款

明细科目名称：乙公司　　　　　　　　　　　　　　　　　　　　　　　第　页

20×3年		记账凭证		摘要	借方	贷方	借或贷	余额
月	日	字	号					
2	1			月初余额			贷	18 000
2	5	转	2	购买材料,货款未付		45 200	贷	63 200
2	11	转	8	偿还欠款	18 000		贷	45 200
2	17	转	19	购买材料,货款未付		22 600	贷	67 800
2	28			本月合计	18 000	67 800	贷	67 800

图 5.13　应付账款明细分类账(乙公司)

由于总分类账和明细分类账的平行登记要求方向相同、期间一致、金额相等,因此总分类账及其所辖明细分类账必然存在以下数量关系：

$$总分类账户期初余额 = \sum 该总分类账户所辖各明细分类账户期初余额 \quad (5.1)$$

$$总分类账户本期借方发生额 = 该总分类账户所辖明细分类账户本期借方发生额之和$$
$$(5.2)$$

$$总分类账户本期贷方发生额 = 该总分类账户所辖明细分类账户本期贷方发生额之和$$
$$(5.3)$$

$$总分类账户期末余额 = 该总分类账户所辖明细分类账户期末余额之和 \quad (5.4)$$

会计核算中,可以利用这种数量关系,对总分类账户和明细分类账户记录的完整性和正确性进行核对。

5.4　对账与结账

5.4.1　对账

1) 对账的概念

对账是对账簿记录所进行的核对,也就是核对账目。对账工作一般在记账之后结账之前开展,即在月末进行。

2) 对账的内容

对账一般分为账证核对、账账核对、账实核对。

(1) 账证核对

账证核对是指将账簿记录与会计凭证核对,核对账簿记录与原始凭证、记账凭证的时间、凭证字号、内容、金额等是否一致,记账方向是否相符,做到账证相符。

(2) 账账核对

账账核对的内容主要包括：

① 总分类账簿之间的核对。按照会计等式"资产＝负债＋所有者权益"和记账规则"有借必有贷,借贷必相等",总分类账簿各账户的期初余额、本期发生额和期末余额之间存在对应的平衡关系,各账户的期末借方余额合计和贷方余额合计也存在平衡关系。通过平衡关系,可以检查总账记录是否完整、正确。

② 总分类账簿与所辖明细分类账簿之间的核对。总分类账户的期末余额应与其所辖各明细分类账户的期末余额之和相符。

③ 总分类账簿与序时账簿之间的核对。如,库存现金总账和银行存款总账的期末余额,应与库存现金日记账和银行存款日记账的期末余额相符。

④ 明细分类账簿之间的核对。如,会计机构有关实物资产的明细账与财产物资保管部门或使用部门的明细账应定期核对,以检查余额是否相符。

(3) 账实核对

账实核对是指各项财产物资、债权债务等账面余额与实有数额之间的核对。

主要内容包括:

① 库存现金日记账账面余额与现金实际库存数逐日核对是否相符。

② 银行存款日记账账面余额与银行对账单余额定期核对是否相符。

③ 各项财产物资明细账账面余额与财产物资实有数额定期核对是否相符。

④ 有关债权债务明细账账面余额与对方单位债权债务账面记录核对是否相符。

5.4.2 结账

1) 结账的概念

结账是将账簿记录定期结算清楚的会计工作。在一定时期结束时(如月末、季末或年末),为编制会计报表,需要进行结账,具体包括月结、季结或年结。根据会计期间不同,结账工作可以在月末、季末或年末进行,但不能提前结账,也不能把本期的会计业务推迟到下期或报表编制完成之后再结账。结账的内容通常包括两方面:一是结清各种损益类账户,据以计算确定本期利润;二是结出各资产、负债和所有者权益账户的本期发生额和期末余额。

2) 结账的步骤

(1) 检查本期所发生的经济业务是否全部登记入账,是否存在重记、漏记、错记的情况。对于发现的错误,应当采用适当的方式进行更正。

(2) 在本期经济业务全部入账的基础上,根据权责发生制的要求,编制相应调整分录,合理确定应计入本期的收入和费用。

(3) 将各损益类账户余额转入"本年利润"账户,结平所有损益类账户。

(4) 计算资产、负债和所有者权益类账户的本期发生额和期末余额,并转入下期。

(5) 根据总分类账户和明细分类账户的本期发生额和期末余额,进行试算平衡。

3) 结账的方法

结账分为月结、季结和年结。结账的要点主要有:

(1) 对不需要按月结计本期发生额的账户,如各项应收、应付款明细账和各项财产物资明细账等,每次记账以后,都要随时结出余额,每月最后一笔余额是月末余额。月末结账时,只需要在最后一笔经济业务记录下面划通栏单红线,不需要再次结计余额。

(2) 库存现金、银行存款日记账和需要按月结计发生额的收入、费用等明细账,每月结账时,要在最后一笔经济业务记录下面划通栏单红线,结出本月发生额和余额,在摘要栏内注明"本月合计"字样,并在下面划通栏单红线。

(3) 对于需要结计本年累计发生额的明细账户,每月结账时,应在"本月合计"行下结出自年初起至本月末止的累计发生额,登记在月份发生额下面,在摘要栏内注明"本年累计"字样,并在下面划通栏单红线。十二月末的"本年累计"就是全年累计发生额,全年累计发生额下面划通栏双红线。

(4) 总账账户平时只需结出月末余额。年终结账时,为总括反映全年各项资金运动情况的全貌,并核对账目,要将所有总账账户结出全年发生额和年末余额,在摘要栏内注明"本年合计"字样,并在合计数下面划通栏双红线。

(5) 年度终了结账时,有余额的账户,应将其余额结转下年,转下年时不必填写记账凭证,在摘要栏注明"结转下年"字样即可;在下一会计年度新建有关账户的第一行余额栏内填写上年结转的余额,并在摘要栏注明"上年结转"字样(同样不必填写记账凭证),使年末有余额账户的余额如实地在账户中加以反映,以免混淆有余额的账户和无余额的账户。年终结账后,总账和日记账应当更换新账,明细账一般也应更换。但有些明细账,如固定资产明细账等可以连续使用,不必每年更换。

5.5 错账查找与更正

记账过程中因为种种原因,可能会使得账簿记录发生错误,包括重记、漏记、数字颠倒错位、科目记错、借贷方向记反等情形,从而影响账簿记录的正确性。因此需要使用一定方法查找差错,并采用规范的方法更正。

5.5.1 错账查找

如果发现记账错误,应及时查找,一般采用全面检查和个别检查两种方法。

1) 全面检查

在错账较多,且有些错误无法通过试算平衡发现时,一般采用全面检查法。全面检查是将一定时期的全部账目进行检查和核对。具体可分为正查法和反查法。正查法又称"顺查法",即按记账顺序,从会计凭证开始检查至试算平衡表。反查法又称"逆查法",即从试算平衡表检查至会计凭证,与记账顺序相反。

2) 个别检查

手工账下,有时记账错误是由会计人员的疏忽大意造成的,因此错账数量不多,这时就可以采用个别检查法,针对错误数字,抽查账目进行检查。个别检查法具体包括差数法、二除法和九除法。

(1) 差数法

差数法是指按照错账的差数查找错账的方法。例如,在记账过程中只登记了某个会计分录的借方,漏记了另一方,或重复记载了某数据等,就会使得试算平衡时借方合计数和贷方合计数不相等。查错时,计算出借贷双方发生额合计数的差额,通过检索含有该差额的记账凭证,从而查找并补记漏记的金额。

(2) 二除法

二除法是指以差数除以2来查找错账的方法。当会计分录中的借方或贷方的某一方出现记账方向错误,即某个会计分录中的借方金额在记账时被错记入贷方,或某个会计分录中的贷方金额被错记入借方,这时试算平衡时借贷方合计数的差额便表现为该金额的2倍,那么用该差额除以2,得出的商则为记错借贷方向的金额。根据得出的商,检索含有该商数的记账凭证,可以查找并更正记账差错。

例如,应借记"银行存款"账户15 000元,但记账时误记为贷记"银行存款"账户15 000元,此时,试算平衡时贷方合计数将会比借方合计数多30 000元。因此,将30 000除以2,得出商为15 000,可通过检索含有15 000的记账凭证,查找错账并更正。

(3) 九除法

九除法是指以差数除以9来查找差错的方法,适用于查找由于数字整体错位和邻数颠倒所导致的记账差错。具体包括以下3种情况:

① 将数字写小,即数字位数整体写小一位,错误金额是正确金额的1/10,如将3 000写成300。查找的方法是,以差数除以9后得出的商为写错的数字,商乘10即为正确的数字。如,以差数2 700除以9,商300为错误数字,乘10后得3 000为正确数字。

② 将数字写大,即数字位数整体上大一位,错误金额是正确金额的10倍,如将3 000写成30 000。查找的方法是,以差数除以9后得出的商即为正确的数字,商乘10后得到的积为错误的数字。如,以差数27 000除以9,商3 000为正确数字,乘10后得30 000为错误数字。

③ 邻数颠倒。如借方金额为45 000元,而贷方误记为54 000元,在试算平衡时,贷方发生额合计数就会比借方发生额合计数多9 000元(54 000－45 000)。以差数9 000除以9,得出商为1 000元。由此可以判断,出现颠倒的数字可能在千位、万位,且两个相邻数字的差为±1。这时,可以锁定千位和万位数字相差1的金额数字,查找差错的数据源头。

5.5.2 错账更正

账簿记录发生错误时,应当采用正确、规范的方法予以更正,不得涂改、挖补、刮擦或者用药水消除字迹,不得重新抄写。错账更正的方法一般有划线更正法、红字更正法和补充登记法三种,适用情形各不相同。

1) 划线更正法

划线更正法适用于结账前发现账簿记录有文字或数字错误,而记账凭证没有错误的情况。更正时,可在错误的文字或数字上划一条红线,在红线的上方填写正确的文字或数字,并由记账人员和会计机构负责人在更正处盖章,以明确责任。

需要注意的是,对于数字错误,在更正时不得只划销错误的个别数字,应当将全部金额划销,并保持原有数字记录清晰可辨,以便审查。例如,将"4 513"元误记为"4 573"元时,不得仅划销错误的数字"7",而应当将"4 573"整体用红线划销,再在上方写上正确的金额"4 513"。如记账凭证中的文字或数字发生错误,在尚未登账前,也可用划线更正法更正。

【例 5.2】 信诚公司 20×3 年 2 月 16 日以银行存款购买办公用品 1 300 元,假设不考虑增值税,编制记账凭证为:

借:管理费用　　　　　　　　　　　　　　　　　　　　　　　　　1 300
　　贷:银行存款　　　　　　　　　　　　　　　　　　　　　　　　　　1 300

财务人员登记"管理费用"明细账时,误将"1 300"记成"1 800"。

此时应当采用划线更正法,将"管理费用"明细账中的错误记录"1 800"整体用红线划去,再在上方写上正确的"1 300",如图 5.14 所示。

借方	管理费用	贷方
1 300		
~~1 800~~		

图 5.14　划线更正法账簿记录

2) 红字更正法

红字更正法适用于两种情形:

(1) 记账后发现记账凭证中应借、应贷会计科目有误而引起的记账错误。更正时,用红字填写一张与原记账凭证完全相同的记账凭证,在摘要栏内写明"注销某月某日某号凭证",并据以用红字登记入账,以示注销原记账凭证,然后用蓝字填写一张正确的记账凭证,并据以用蓝字登记入账。

【例 5.3】 信诚公司 20×3 年 2 月 20 日以银行存款支付广告费 5 000 元,假设不考虑增值税,原编制的记账凭证为:

借:管理费用　　　　　　　　　　　　　　　　　　　　　　　　　5 000
　　贷:银行存款　　　　　　　　　　　　　　　　　　　　　　　　　　5 000

广告费用应借记"销售费用"账户,更正时,先用红字填写一张与原记账凭证相同的记账凭证,并据以用红字登账:

借:管理费用　　　　　　　　　　　　　　　　　　　　　　　　　[5 000]
　　贷:银行存款　　　　　　　　　　　　　　　　　　　　　　　　　　[5 000]

再用蓝字填写一张正确的记账凭证,并据以用蓝字登账:

借:销售费用　　　　　　　　　　　　　　　　　　　　　　　　　5 000
　　贷:银行存款　　　　　　　　　　　　　　　　　　　　　　　　　　5 000

具体见图 5.15 所示。

借方	管理费用	贷方		借方	银行存款	贷方		借方	销售费用	贷方
5 000						5 000		5 000		
[5 000]						[5 000]				
						5 000				

图 5.15　红字更正法账簿记录(一)

（2）记账后发现记账凭证和账簿记录中应借、应贷会计科目无误,只是所记金额大于应记金额所引起的记账错误。更正时,按多记的金额用红字编制一张与原记账凭证应借、应贷科目完全相同的记账凭证,在摘要栏内写明"冲销某月某日某号记账凭证多记金额",以冲销多记的金额,并据以用红字登记入账。

【例5.4】 信诚公司20×3年2月24日以银行存款支付水电费3 500元,假设不考虑增值税,原编制的记账凭证为:

借:管理费用　　　　　　　　　　　　　　　　　　　　　　　　　3 800
　　贷:银行存款　　　　　　　　　　　　　　　　　　　　　　　　3 800

应借、应贷科目无误,但金额多记300元,更正时,用红字编制一张与原记账凭证应借、应贷科目完全相同的记账凭证,金额为300元,并据以用红字登记入账,如图5.16所示。

借:管理费用　　　　　　　　　　　　　　　　　　　　　　　　　300
　　贷:银行存款　　　　　　　　　　　　　　　　　　　　　　　　300

图5.16　红字更正法账簿记录(二)

3) 补充登记法

补充登记法适用于记账后发现记账凭证和账簿记录中应借、应贷会计科目无误,只是所记金额小于应记金额所引起的记账错误。更正时,按少记的金额用蓝字填制一张与原记账凭证应借、应贷科目完全相同的记账凭证,在摘要栏内写明"补记某月某日某号记账凭证少记金额",以补充少记的金额,并据以用蓝字登记入账。

【例5.5】 信诚公司20×3年2月24日以银行存款支付办公设备修理费5 000元,假设不考虑增值税,原编制的记账凭证为:

借:管理费用　　　　　　　　　　　　　　　　　　　　　　　　　500
　　贷:银行存款　　　　　　　　　　　　　　　　　　　　　　　　500

应借、应贷科目无误,但金额少记4 500元,更正时,用蓝字编制一张与原记账凭证应借、应贷科目完全相同的记账凭证,金额为4 500元,并据以用蓝字登记入账,如图5.17所示。

借:管理费用　　　　　　　　　　　　　　　　　　　　　　　　　4 500
　　贷:银行存款　　　　　　　　　　　　　　　　　　　　　　　　4 500

借方	管理费用	贷方	借方	银行存款	贷方
500					500
4 500					4 500

图5.17　补充登记法账簿记录

关键术语

会计账簿（accounting books）
日记账（journal）
分类账簿（ledger）
总分类账簿（general ledger）
明细分类账簿（subsidiary ledger）
结账（closing entry）

本章思考

1. 为什么要设置账簿？可否用会计凭证代替会计账簿？
2. 账簿按用途可分为哪几类？
3. 账簿按外观形式可分为哪几类？其优缺点各是什么？
4. 明细账有哪些账页格式？各适用于哪些账户？
5. 总分类账户与明细分类账户平行登记的要点有哪些？
6. 什么是对账？对账的内容主要包括哪些？
7. 结账的基本步骤是什么？
8. 错账更正有哪些方法？分别适用于什么情形？
9. 试分析企业设立"两套账""小金库"等存在哪些法律和税务风险？

思政园地

违反会计账簿规范的法律责任

1. 会计法

摘录自《中华人民共和国会计法》第六章第四十二条至第四十五条。

第六章　法律责任

第四十二条　违反本法规定，有下列行为之一的，由县级以上人民政府财政部门责令限期改正，可以对单位并处三千元以上五万元以下的罚款；对其直接负责的主管人员和其他直接责任人员，可以处二千元以上二万元以下的罚款；属于国家工作人员的，还应当由其所在单位或者有关单位依法给予行政处分：

（一）不依法设置会计账簿的；
（二）私设会计账簿的；
（三）未按照规定填制、取得原始凭证或者填制、取得的原始凭证不符合规定的；
（四）以未经审核的会计凭证为依据登记会计账簿或者登记会计账簿不符合规定的；
（五）随意变更会计处理方法的；
（六）向不同的会计资料使用者提供的财务会计报告编制依据不一致的；

(七)未按照规定使用会计记录文字或者记账本位币的;

(八)未按照规定保管会计资料,致使会计资料毁损、灭失的;

(九)未按照规定建立并实施单位内部会计监督制度或者拒绝依法实施的监督或者不如实提供有关会计资料及有关情况的;

(十)任用会计人员不符合本法规定的。

有前款所列行为之一,构成犯罪的,依法追究刑事责任。

会计人员有第一款所列行为之一,情节严重的,五年内不得从事会计工作。

有关法律对第一款所列行为的处罚另有规定的,依照有关法律的规定办理。

第四十三条 伪造、变造会计凭证、会计账簿,编制虚假财务会计报告,构成犯罪的,依法追究刑事责任。

有前款行为,尚不构成犯罪的,由县级以上人民政府财政部门予以通报,可以对单位并处五千元以上十万元以下的罚款;对其直接负责的主管人员和其他直接责任人员,可以处三千元以上五万元以下的罚款;属于国家工作人员的,还应当由其所在单位或者有关单位依法给予撤职直至开除的行政处分;其中的会计人员,五年内不得从事会计工作。

第四十四条 隐匿或者故意销毁依法应当保存的会计凭证、会计账簿、财务会计报告,构成犯罪的,依法追究刑事责任。

有前款行为,尚不构成犯罪的,由县级以上人民政府财政部门予以通报,可以对单位并处五千元以上十万元以下的罚款;对其直接负责的主管人员和其他直接责任人员,可以处三千元以上五万元以下的罚款;属于国家工作人员的,还应当由其所在单位或者有关单位依法给予撤职直至开除的行政处分;其中的会计人员,五年内不得从事会计工作。

第四十五条 授意、指使、强令会计机构、会计人员及其他人员伪造、变造会计凭证、会计账簿,编制虚假财务会计报告或者隐匿、故意销毁依法应当保存的会计凭证、会计账簿、财务会计报告,构成犯罪的,依法追究刑事责任;尚不构成犯罪的,可以处五千元以上五万元以下的罚款;属于国家工作人员的,还应当由其所在单位或者有关单位依法给予降级、撤职、开除的行政处分。

2. 刑法

根据《中华人民共和国刑法》第一百六十二条的规定,"隐匿、故意销毁会计凭证、会计账簿、财务会计报告罪"是指故意隐匿、故意销毁有法定保存义务的会计凭证和账簿、财务报告,情节严重的行为。

《中华人民共和国刑法》第一百六十二条之一规定:"隐匿或者故意销毁依法应当保存的会计凭证、会计账簿、财务会计报告,情节严重的,处五年以下有期徒刑或者拘役,并处或者单处二万元以上二十万元以下罚金。单位犯前款罪的,对单位判处罚金,并对其直接负责的主管人员和其他直接责任人员,依照前款的规定处罚。"

第6章 财产清查

学习目标

1. 价值塑造：树立严格内部控制流程的观念；坚持账款相符、账实相符、账账相符；使学生了解作为会计人员应当认真负责，切实履职。
2. 知识传授：了解财产清查的概念；熟悉财产清查的组织和内容；掌握存货盘存制度、财产清查的方法和其结果的会计处理。
3. 能力培养：培养学生检索、核对和辨别信息的能力。

引入案例

獐子岛公司2014—2020年共突发3次大规模扇贝受灾事件，公告的3次事件中，扇贝受灾原因各有不同，但对公司净利润的影响均高达几亿元。

第一次事件回顾：2014年10月14日獐子岛申请停牌，当月月末，公司发布公告声称在秋季例行存量抽测中发现存货异常，北黄海冷水团异动导致的水温异常，造成扇贝受灾，决定对存货进行核销和减值处理，并将核销与减值损失全部计入第三季度，合计影响净利润7.63亿元，最终造成2014年全年亏损。

第二次事件回顾：2018年1月31日，獐子岛的业绩预告修正报告声称，审计人员在上年年末进行存货监盘时发现存货异常，因此公司根据盘点情况预计将亏损5.3亿~7.2亿元，结果造成2017年全年亏损。2018年2月5日，其在上年年终盘点情况公告中宣称，扇贝受降水减少、养殖规模大幅度扩张、海水温度异常的影响，品质越来越差，最终诱发死亡。

第三次事件回顾：2019年11月12日獐子岛发布风险提示公告，声称由于在秋季抽测中发现底播扇贝平均亩产过低，初步判断造成重大减值风险。2020年2月29日獐子岛发布公告表示獐子岛方与年审会计师共同进行了年末存量盘点，盘点结果显示扇贝亩产过低，根据受影响海域存量情况共计核销成本、计提跌价准备2.91亿元。

獐子岛财务舞弊的手段主要是通过虚假记录生物资产存货盘点记录表的方式虚构营业外支出。獐子岛公司的存货以生物资产为主，其中占比最高的是虾夷扇贝，由于其生长在20米深的水域中，且具有流动性，因此盘点难度较大。此外，獐子岛的内部控制设计和实施存在重大缺陷，风控系统形同虚设，治理环境混乱，这些均为财务舞弊提供了较大空间。[1]

---

[1] 王杏芬,刘秋妍.消耗性生物资产信息披露及监管问题剖析：以獐子岛为例[J].财会月刊,2019(23)：84-91.

6.1 财产清查概述

6.1.1 财产清查的概念和意义

1) 财产清查的概念

财产清查是指通过对货币资金、实物资产和往来款项等财产物资进行盘点或核对,确定其实存数、查明账存数与实存数是否相符的一种专门方法。

会计核算中,通过凭证的填制和审核、过账与对账,已将财产物资的增减变动和结存情况反映在账簿系统中,然而,账簿记录的正确性并不代表财产物资实际结存的正确性,账实不符的情况时有发生。究其原因,主要包括以下几种:

(1) 实物资产在保管过程中发生的自然损耗;

(2) 实物资产由于其物理属性导致的误差;

(3) 票据传递时差导致的暂时性账实不符,如未达账项;

(4) 收发计量工具、检验器具等不准确造成的误差;

(5) 记账时遗漏登记、重复登记、错误登记或计算错误造成的差错;

(6) 由内部控制不健全、管理不善导致的财产损坏、变质或短缺;

(7) 不法分子贪污、盗窃、营私舞弊等造成的财产损失;

(8) 自然灾害或其他不可抗力导致的财产损失。

因此,必须通过财产清查这一专门的方法,确保账实相符,完善管理制度,明确经济责任,并在此基础上编制财务报表。

2) 财产清查的意义

财产清查既是会计核算的一种专门方法,又是财产物资管理的一项重要制度,其主要目的是保证账实相符。因此,企业必须有计划、有组织地进行财产清查,以保证财产物资核算的真实性和完整性。财产清查的意义包括:

(1) 保证账实相符,提高会计信息的可靠性。通过财产清查,可以发现实物记录和账面记录之间的差异,及时发现问题,查明原因和责任,采取有效措施,消除差异,以保证账实相符,从而提高会计信息的可靠性。

(2) 保障财产物资的安全性。通过财产清查,可以查明各项财产物资的保管情况,发现财产物资保管过程中的问题,如是否存在霉烂、变质、腐坏或被非法挪用、盗窃、贪污等情况,从而及时采取相关措施,保障财产物资的安全,减少企业的损失。

(3) 提高资金使用效率。通过财产清查,可以及时了解各项财产物资的结存和使用情况,以便根据实际情况做出合理的经营决策,加速资金周转,提高资金的使用效率。

(4) 提升内部控制的有效性。通过财产清查,可以发现企业内部控制制度存在的问题,如管理流程是否存在疏漏、内控制度是否得到严格执行等,以便有关部门及时查漏补缺,使内部控制制度充分发挥作用。

6.1.2 财产清查的种类

财产清查按照清查范围,分为全面清查和局部清查;按照清查的时间,分为定期清查和不定期清查;按照清查的执行系统,分为内部清查和外部清查。

1) 按清查范围

(1) 全面清查

全面清查是指对所有的财产进行全面的盘点和核对。需要进行全面清查的情况通常包含:①年终决算前;②合并、撤销或改变隶属关系前;③中外合资、国内合资前;④全面资产评估、清产核资前;⑤单位主要领导调离工作前。

(2) 局部清查

局部清查是指根据需要只对部分财产进行盘点和核对。局部清查的范围和对象,应根据业务需要和相关具体情况而定。一般而言,对于流动性较大的财产物资,如原材料、在产品、产成品等,应根据需要随时轮流盘点或重点抽查;对于贵重财产物资,应每月盘点;对于库存现金,应由出纳人员于每日终了清点核对;对于银行存款,应至少每月与银行核对一次;对于债权、债务,应至少每年与债权人、债务人分别核对一至两次。

2) 按清查时间

(1) 定期清查

定期清查是指按照预先计划安排的时间对财产进行盘点和核对。定期清查一般在年末、季末或月末进行。

(2) 不定期清查

不定期清查是指事先不规定清查日期,而是根据需要临时进行盘点和核对。不定期清查主要在以下情况下进行:

① 财产物资、库存现金等保管人员更换时,要对有关人员保管的财产物资、库存现金进行清查,以分清经济责任,办理交接手续;

② 发生自然灾害或意外损失时,要对受损失的财产物资进行清查,以查明损失情况;

③ 上级主管、财政、审计和银行等部门,对本单位进行会计检查时,应按检查的要求和范围对财产物资进行清查,以验证会计资料的可靠性;

④ 开展临时性清产核资时,要对本单位的财产物资进行清查,以便摸清企业情况。

3) 按清查执行系统

(1) 内部清查

内部清查是指由本单位内部自行组织清查工作小组所进行的财产清查工作。大多数财产清查都是内部清查。

(2) 外部清查

外部清查是指由上级主管部门、审计机关、司法机关、注册会计师等根据国家有关规定或情况需要对本单位进行的财产清查。一般来说,进行外部清查时应有本单位相关人员参加。

6.1.3 财产清查的一般程序

财产清查的一般程序为:

(1) 建立财产清查组织；

(2) 组织清查人员学习有关政策规定，掌握相关法律、法规和业务知识，以提高财产清查工作的质量；

(3) 确定清查对象、范围，明确清查任务；

(4) 制定清查方案，具体安排清查内容、时间、步骤、方法，以及必要的清查前准备，如将财产物资排列整齐，挂上标签，准备好有关计量器具、各种凭证和表格等；

(5) 清查时本着先清查数量、核对有关账簿记录等，后认定质量的原则进行；

(6) 填制盘存清单；

(7) 根据盘存清单，填制实物、往来账项清查结果报告表；

(8) 提出财产清查结果的处理意见。

6.2 存货的盘存制度

财产清查的重要环节之一是对财产物资，尤其是存货类资产的实存数量进行盘点。为使财产清查工作顺利进行，确保存货核算真实可靠，企业需要建立科学而适用的存货盘存制度。在实务工作中，存货盘存制度分为实地盘存制和永续盘存制两种。

6.2.1 实地盘存制

实地盘存制是指在期末通过盘点实物来确定存货数量，并据以计算期末存货成本和本期发出存货成本的一种存货盘存制度。采用这种方法时，平时只登记存货的购进或收入，不登记存货发出，待期末通过实物盘点确定结存数后，再根据以下公式倒推出本期存货的发出数。

$$本期发出 = 期初结存数 + 本期收入 - 期末结存数 \tag{6.1}$$

$$期末结存金额 = 期末存货实地盘存数 \times 单价 \tag{6.2}$$

实地盘存制的优点是平时不需要记录存货的发出和结存数量，工作量较小，核算工作简单。但由于存货发出数量是根据期末实地盘点数倒轧出来的，平时没有记录，那么发出数中就有可能隐含存货损耗、短缺甚者非法挪用、盗窃等情况造成的存货数量减少，因而不便于对存货进行控制和监督，影响成本计算的准确性。因此，实地盘存制只适用于一些价值低、品种杂、进出频繁的材料物资，以及数量不稳定、损耗大且难以控制的鲜活商品，其他存货一般不宜采用实地盘存制。

6.2.2 永续盘存制

永续盘存制是指通过设置存货明细账，逐笔或逐日登记存货收入数、发出数，并随时计算出结存数的一种存货盘存制度。采用这种方法，存货明细账通常按存货的品种规格设置，明细账中除了登记收、发、存数量外，还应登记单价和金额。

采用永续盘存制时，仍然需要对存货进行实地盘点，每年至少盘点一次，以保证账簿记录的准确性。

永续盘存制的优点是明细账中可以随时反映出存货的收入、发出和结存情况,这样便可以与实际盘存数进行核对,发生溢余或短缺时能够发现问题,查明原因,及时调整,并采取相应措施改善管理。同时,明细账上的结存数记录还有利于企业随时了解存货信息,并根据实际情况做出经营决策。永续盘存制的缺点是核算工作量较大,但由于其在控制和保障财产物资安全性方面的明显优势,实际工作中仍然被绝大多数企业采用。

6.2.3 发出存货的计价方法

理论上,存货的成本结转应当与其实物流转一致,即购置时的存货成本应当随着存货的耗用而结转。然而实际工作中,由于存货收发频繁,购置时间、产地、批次等均有所不同,即便是相同存货,其购置成本也往往不尽相同,且账簿记录中的采购成本与仓储管理中的库存实物也无法一一对应,很难辨认发出的存货成本究竟是多少,因此需要采用一定的计价方法确定发出存货的成本。发出存货的计价方法包括先进先出法、月末一次加权平均法、移动加权平均法和个别计价法四种。

1) 先进先出法

先进先出法是指在假设先购入的存货应当先发出的前提下对发出存货进行计价的方法。采用这种方法时,先购入的存货成本先转出,后购入的存货成本后转出,具体方法是:收入存货时,逐笔登记收入存货的数量、单价和金额;发出存货时,按照先进先出的原则逐笔登记存货的发出成本和结存金额。

【例6.1】 假设甲公司采用先进先出法计算发出存货的成本,20×3年2月A产品的期初结存和本期购销情况如表6.1所示。

表6.1 A产品期初结存和购销情况表

日期	购销情况	数量/件	单价/(元/件)	金额/元
2月1日	期初结存	300	80	24 000
2月3日	销售	250		
2月5日	购进	200	84	16 800
2月15日	销售	80		
2月17日	销售	120		
2月21日	购进	300	78	23 400
2月25日	销售	150		

采用先进先出法计算本期发出产品成本和期末结存产品成本,明细账如表6.2所示。

2月3日销售的250件产品按照期初结存单价计算其成本:250×80=20 000(元)。

2月5日进货后,甲公司可销售的A产品有两种单位成本,分别是期初结存的单位成本为80元/件的A产品50件和刚刚购进的单位成本为84元/件的A产品200件。

2月15日销售80件产品,其中50件按期初结存单位成本80元/件计价,另外30件按2月5日购进的单位成本84元/件计价,因此成本为:50×80+30×84=6 520(元)。

表6.2　A产品明细分类账(先进先出法)

品名：A产品　　　　　　　　　　　　　　　　　　　　　　　　　　　　　　　　计量单位：件

20×3年		摘要	借方			贷方			结存		
月	日		数量	单价	金额	数量	单价	金额	数量	单价	金额
2	1	期初结存							300	80	24 000
2	3	销售				250	80	20 000	50	80	4 000
2	5	购进	200	84	16 800				50 200	80 84	20 800
2	15	销售				50 30	80 84	6 520	170	84	14 280
2	17	销售				120	84	10 080	50	84	4 200
2	21	购进	300	78	23 400				50 300	84 78	27 600
2	25	销售				50 100	84 78	12 000	200	78	15 600
2	28	本月合计	500		40 200	600		48 600	200	78	15 600

2月17日销售120件，均按2月5日购进单位成本84元/件计价，因此成本为：120×84=10 080(元)。

2月21日进货后，甲公司可销售的A产品有两种单位成本，分别是2月5日购进的单位成本为84元/件的A产品50件，和刚刚购进的单位成本为78元/件的A产品300件。

2月25日销售150件，其中50件按2月5日购进的单位成本84元/件计价，另外100件按2月21日购进的单位成本78元/件计价，因此成本为：50×84+100×78=12 000(元)。

期末结余A产品200件，单位成本为78元/件，总成本为200×78=15 600(元)。

先进先出法可以随时结转存货成本，其账面价值较接近于最近市价，但这种方法较为烦琐，在存货收发业务较频繁，且存货单价不稳定时，工作量较大。该种方法下，当物价持续上涨时，期末存货成本接近市价，而存货发出成本较低，会高估当期利润和期末存货价值；当物价持续下降时，期末存货成本接近市价，而存货发出成本较高，会低估当期利润和期末存货价值。

2) 月末一次加权平均法

月末一次加权平均法是指以本月全部进货数量加上期初结余存货数量作为权数，除本月全部进货成本加上期初结余存货成本，计算出存货加权平均单位成本，以此为基础计算本月发出存货成本和期末结存存货成本的方法。计算公式如下：

$$加权平均存货单位成本 = \frac{月初结存存货成本 + \sum(本月各批进货的实际单位成本 \times 本月各批进货数量)}{月初结存存货数量 + 本月各批进货数量之和} \tag{6.3}$$

$$本月发出存货成本 = 本月发出存货数量 \times 加权平均存货单位成本 \tag{6.4}$$

月末结存存货成本＝月末结存存货数量×加权平均存货单位成本　　　　(6.5)

或

月末结存存货成本＝月初结存存货成本＋本月收入存货成本－本月发出存货成本

(6.6)

采用这种方法时,平时在明细账中只记录本月收入存货的数量、单价、金额和本月发出存货、月末结存存货的数量,待月末计算出加权平均存货单位成本后,再一次性计算本月发出存货成本和月末结存存货成本。

【例6.2】 承例6.1,假设甲公司采用月末一次加权平均法计算发出存货的成本。

采用月末一次加权平均法计算本期发出产品成本和期末结存产品成本,明细账如表6.3所示。

表6.3 A产品明细分类账(月末一次加权平均法)

品名：A产品　　　　　　　　　　　　　　　　　　　　　　　　　　　计量单位：件

20×3年		摘要	借方			贷方			结存		
月	日		数量	单价	金额	数量	单价	金额	数量	单价	金额
2	1	期初结存							300	80	24 000
2	3	销售				250			50		
2	5	购进	200	84	16 800				250		
2	15	销售				80			170		
2	17	销售				120			50		
2	21	购进	300	78	23 400				350		
2	25	销售				150			200		
2	28	本月合计	500		40 200	600	80.25	48 150	200	80.25	16 050

加权平均存货单位成本＝(24 000＋16 800＋23 400)/(300＋200＋300)＝80.25(元/件)

据此,可以算出本月A产品的发出成本和月末结存存货成本,分别为：

本月发出存货成本＝600×80.25＝48 150(元)

月末结存存货成本＝200×80.25＝16 050(元)

或

月末结存存货成本＝24 000＋40 200－48 150＝16 050(元)

采用月末一次加权平均法只在月末计算一次加权平均单价,可以简化成本计算工作,但由于平时只记录发出存货和结存存货的数量,不记录金额,因此不能随时提供存货的账面价值数据,不便于存货成本的日常管理与控制。

3) 移动加权平均法

移动加权平均法是指以每次进货的成本加上原有结存存货的成本的合计额,除以每次进货数量加上原有结存存货的合计数,据以计算加权平均单位成本,作为在下次进货前计算各次发出存货成本依据的一种方法。计算公式如下：

$$存货单位成本 = \frac{原有结存存货成本 + 本次进货成本}{原有结存存货数量 + 本次进货数量} \qquad (6.7)$$

$$本次发出存货成本 = 本次发出存货数量 \times 本次发货前存货的单位成本 \qquad (6.8)$$

$$月末结存存货成本 = 月末结存存货数量 \times 月末存货单位成本 \qquad (6.9)$$

或：

$$月末结存存货成本 = 月初结存存货成本 + 本月收入存货成本 - 本月发出存货成本$$

同(6.6)

采用移动加权平均法，每次进货后都要重新计算一次当时全部可供销售的存货的加权平均单位成本，并在下一次发出货物时采用该单价计算发出存货和结存存货的成本。

【例6.3】 承例6.1，假设甲公司采用移动加权平均法计算发出存货的成本。

采用移动加权平均法计算本期发出产品成本和期末结存产品成本，明细账如表6.4所示。

表6.4　A产品明细分类账（移动加权平均法）

品名：A产品　　　　　　　　　　　　　　　　　　　　　　　　　　　计量单位：件

20×3年		摘要	借方			贷方			结存		
月	日		数量	单价	金额	数量	单价	金额	数量	单价	金额
2	1	期初结存							300	80	24 000
2	3	销售				250	80	20 000	50	80	4 000
2	5	购进	200	84	16 800				250	83.2	20 800
2	15	销售				80	83.2	6 656	170	83.2	14 144
2	17	销售				120	83.2	9 984	50	83.2	4 160
2	21	购进	300	78	23 400				350	78.74	27 560*
2	25	销售				150	78.74	11 811	200	78.74	15 749*
2	28	本月合计	500		40 200	600		48 451	200	78.74	15 749*

注：*表示有尾数调整。

2月5日购入A产品后的平均单位成本=(4 000+16 800)/(50+200)=83.2(元/件)

2月15日及17日销售A产品按83.2元/件的单位成本计算发出存货的成本。

2月15日销售A产品成本=80×83.2=6 656(元)

2月17日销售A产品成本=120×83.2=9 984(元)

2月21日购入A产品后的平均单位成本=(4 160+23 400)/(50+300)=78.74*(元/件)

2月25日销售A产品及月末结存存货成本均按78.74元/件的单位成本计算。

2月25日销售A产品成本=150×78.74=11 811(元)

月末结存存货成本=200×78.74=15 749*(元)

或：

月末结存存货成本=24 000+40 200-48 451=15 749(元)

移动加权平均法克服了月末一次加权平均法不能随时提供存货账面价值数据的缺陷，能够使管理层及时了解存货结存情况，便于存货控制。然而，由于每一次购货后都要重新计算加权平均单价，因此该方法工作量较大，不适合存货收发较频繁的企业。

4）个别计价法

个别计价法是假设存货具体项目的实物流转与成本流转一致，按照各种存货逐一辨认各批发出存货和期末存货所属的购进批别或生产批别，分别按其购入或生产时所确定的单位成本计算各批发出存货和期末存货成本的方法。

由于成本结转和实物流转一致，因此个别计价法的成本计算最准确，但在存货数量多、收发频繁的情况下，工作量较大。因此，这种方法通常适用于不能替代使用的存货（如大型设备）、为特定项目专门购入或制造的存货、价格高昂的存货（如名贵珠宝、钟表、名画等）。

6.3 财产清查的方法

6.3.1 货币资金的清查方法

1）库存现金的清查

库存现金的清查主要采用实地盘点法。通过将库存现金盘点的实存数与库存现金日记账的账面余额相核对，确定账实是否相符。库存现金清查通常由主管会计或财务负责人和出纳人员共同清点各种纸币的张数和硬币的个数，并填制库存现金盘点报告表。

库存现金清查时，一方面应关注账实是否相符，另一方面应重视现金管理制度的执行情况，检查是否存在白条抵库、挪用舞弊等。盘点完成后，应填制库存现金盘点报告表（如表6.5所示），作为重要的原始凭证。

表6.5　库存现金盘点报告表

单位名称：　　　　　　　　　　　年　月　日　　　　　　　　　　　单位：元

实有金额	账存金额	对比结果		备注
		盘盈	盘亏	

清查小组负责人签章：　　　　　　盘点人签章：　　　　　　出纳员签章：

2）银行存款的清查

银行存款的清查主要采用和开户银行核对账目的方法，将本单位银行存款日记账记录与开户银行转来的对账单逐笔核对，查明银行存款实有数额。银行存款清查通常在月末进行。

将银行存款日记账与银行对账单进行核对时，如果二者余额相符，通常说明没有错误；如果二者余额不相符，则说明企业或银行一方或双方存在记账错误或未达账项。

（1）未达账项

未达账项是指企业与其开户银行之间，由于凭证传递时间不同，一方收到凭证并已入

账,另一方未收到凭证暂未入账的事项。未达账项一般分为以下四种情况:

① 企业已收款记账,银行未收款未记账的款项。如,企业已将收到的转账支票送存银行并入账,但银行尚未办妥转账手续暂未入账。

② 企业已付款记账,银行未付款未记账的款项。如,企业开出转账支票已入账,但收款单位尚未到银行办理转账手续,银行暂未入账。

③ 银行已收款记账,企业未收款未记账的款项。如,企业委托银行代收的款项,银行已收妥入账,但企业尚未收到收款通知暂未入账。

④ 银行已付款记账,企业未付款未记账的款项。如,企业应付银行借款利息,银行已办妥付款手续并已入账,但企业尚未收到付款通知暂未入账。

上述未达账项会导致银行存款日记账余额和银行对账单余额不符,因此,在与银行对账时应查明是否存在未达账项,如果存在未达账项,应当编制银行存款余额调节表,以确定银行存款实有数。

(2) 银行存款的清查步骤

① 根据经济业务、结算凭证的种类、号码和金额等资料逐日逐笔核对银行存款日记账和银行对账单。凡双方都有记录的,用铅笔在金额旁边画"√"。

② 找出未达账项(即银行存款日记账和银行对账单中没有画"√"的款项)。

③ 将银行存款日记账和银行对账单的月末余额及找出的未达账项填入银行存款余额调节表,并计算出调整后的余额。

④ 调整平衡的银行存款余额调节表经主管会计签章后呈报开户银行。

银行存款余额调节表的编制是以银行存款日记账和银行对账单的账面余额为基础,各自分别加上对方已收款入账己方未入账的项目,减去对方已付款入账己方未入账的项目,以计算出银行存款实有数,公式如下:

企业银行存款日记账余额+银行已收企业未收款-银行已付企业未付款
=银行对账单余额+企业已收银行未收款-企业已付银行未付款

(6.10)

【例6.4】 20×3年3月31日,信诚公司银行存款日记账余额为580 000元,银行对账单余额为583 000元。经逐笔核对,发现下列未达账项:

(1) 3月29日,信诚公司收到客户开出的24 000元转账支票,已登记入账,但银行尚未办妥收款手续,未入账。

(2) 3月29日,信诚公司开出17 000元转账支票支付采购款项,已登记入账,但持票单位尚未到银行办理转账手续,银行未入账。

(3) 3月30日,信诚公司委托银行代收某客户应收款项15 000元,银行已收妥并登记入账,但企业尚未收到收款通知,未入账。

(4) 3月31日,银行代扣水电费共5 000元,银行已登记入账,但结算凭证尚未送达信诚公司,企业未入账。

编制银行存款余额调节表,如表6.6所示:

表 6.6　银行存款余额调节表

20×3 年 3 月 31 日　　　　　　　　　　　　　　　　　　　　　　　　　　　单位：元

项目	金额	项目	金额
企业银行存款日记账余额	580 000	银行对账单余额	583 000
加：银行已收企业未收款	15 000	加：企业已收银行未收款	24 000
减：银行已付企业未付款	5 000	减：企业已付银行未付款	17 000
调节后的余额	590 000	调节后的余额	590 000

调节后的余额如果相等，通常说明企业和银行的账面记录没有错误，该调节后的余额则是企业可以动用的银行存款实有数；调节后的余额如果不等，通常说明一方或双方记账有误，需要进一步核查，待查明原因后进行更正和处理。值得注意的是，未达账项并不是记账过程中的错漏，只是由于企业和银行凭证的传递时间不同而产生的暂时性差异，随着时间的推移，这种差异自然会消失。因此，未达账项只有在收到有关凭证后才能进行账务处理，不能根据银行存款余额调节表来调整银行存款日记账的账面记录，银行存款余额调节表只是一种对账工具，不是原始凭证。

6.3.2　实物资产的清查方法

实物资产主要包括固定资产、存货等。实物资产的清查就是对实物资产的数量和质量进行清查。常用的方法包括实地盘点法和技术推算法。

1）实地盘点法

实地盘点法是指在实物存放现场，通过点数、过磅、量尺等方法确定实物资产实有数量的方法。实地盘点法适用范围较广，在多数财产物资清查中都可以采用。

2）技术推算法

技术推算法是指利用一定的技术方法推算特定物资实存数量的方法。采用这种方法时，对财产物资不是逐一清点计数，而是通过量方、计尺等技术推算财产物资的结存数量。这种方法只适用于成堆量大、价值不高、难以逐一清点的财产物资的清查，如露天堆放的煤炭、石材等。

对于财产物资的质量，应当根据不同实物的性质或特征，采用物理或化学方法来检验。

在实物清查过程中，实物保管人员和盘点人员应当同时在场。对于盘点结果，应在盘存单上如实登记，并由盘点人和实物保管人签章，明确经济责任。盘存单是盘点结果的书面证明，也是反映财产物资实存数的原始凭证，具体格式如表 6.7 所示。

表 6.7　盘存单

单位名称：　　　　　　　　　　盘点时间：　　　　　　　　　编号：
财产类别：　　　　　　　　　　存放地点：　　　　　　　　　单位：

实有数量	账存数量	对比结果		备注
		盘盈	盘亏	

清查小组负责人签章：　　　　　　盘点人签章：　　　　　　保管人签章：

为了查明实存数与账存数是否一致,确定盘盈或盘亏情况,应根据盘存单和有关账簿记录,编制实存账存对比表。实存账存对比表是用以调整账簿记录的重要原始凭证,也是分析差异产生的原因、明确经济责任的重要依据。实存账存对比表的一般格式如表6.8所示。

表6.8 实存账存对比表

单位名称:　　　　　　　　　　盘点时间:　　　　　　　　　　编号:
财产类别:　　　　　　　　　　存放地点:　　　　　　　　　　单位:

编号	类别名称	计量单位	单价	对比结果								备注
				实存		账存		盘盈		盘亏		
				数量	金额	数量	金额	数量	金额	数量	金额	

主管:　　　　　　　　　会计:　　　　　　　　　　　制表:

6.3.3 往来款项的清查方法

往来款项主要包括应收、应付款项和预收、预付款项等。由于往来款项涉及其他经济往来单位,因此往来款项的清查一般采用发函询证的方法核对,即按每一个经济往来单位填制往来款项对账单并一式两联,其中一联送交对方单位核对账目,另一联作为回单联。对方单位经过核对相符后,在回单联上加盖公章退回,表示已核对。如有数字不符,对方单位应在对账单中注明情况后退回本单位,本单位进一步查明原因,再行核对。

往来款项清查后,将清查结果编制成往来款项清查报告单(如表6.9所示),填列各项债权、债务的余额,对于有争执的款项以及无法收回的款项,应在报告单上详细列明情况,及时采取措施,避免或减少坏账损失。

表6.9 往来款项清查报告单

单位名称:　　　　　　　　　　年　月　日　　　　　　　　　　编号:
　　　　　　　　　　　　　　　　　　　　　　　　　　　　　　单位:元

明细账户名称	账面结存余额	实存		发生日期	核对不符原因分析					备注
		核对相符金额	核对不符金额		错误账项	未达账项	拒付账项	异议账项	其他	

6.4 财产清查结果的会计处理

6.4.1 财产清查结果的处理步骤

企业对财产清查的结果,应当按照会计准则、会计制度的规定进行处理,对于财产清查中发现的盘盈、盘亏等问题,应在核准金额后,按规定程序报经股东大会、董事会、经理(厂长)会议或类似机构批准后才能进行会计处理。具体步骤如下:

1) 审批前

根据清查结果报告表、盘点报告表等已查实的数据资料,填制记账凭证,记入相关账簿,使账簿记录与实际盘存数相符;同时根据管理权限,将处理建议报股东大会、董事会、经理(厂长)会议或类似机构批准。

2) 审批后

财产清查产生的损溢,企业应于期末前查明原因,并根据企业的管理权限,经股东大会、董事会、经理(厂长)会议或类似机构批准后,在期末结账前处理完毕。如果在期末结账前尚未经批准,在对外提供财务报表时,先按相关规定进行账务处理,并在附注中说明,其后若批准处理的金额与已处理金额不一致,则调整财务报表相关项目的期初数。

6.4.2　财产清查结果的账务处理

1) 设置"待处理财产损溢"账户

由于财产清查结果的处理需要分为两步,即审批前和审批后,在审批前就须根据盘点结果调整账簿记录,使得账实相符,审批后才能针对具体原因进行相应处理,因此,必须设置一个过渡性账户"待处理财产损溢"来解决审批前后的相关记录问题。

"待处理财产损溢"账户用以核算企业在财产清查过程中发生的各种财产物资的盘盈(固定资产除外)、盘亏、毁损及其处理情况。该账户属于双重性质的资产类账户,下设"待处理流动资产损溢"和"待处理非流动资产损溢"两个明细分类账户。该账户的借方登记财产物资的盘亏数、毁损数和批准转销的财产物资盘盈数;贷方登记财产物资的盘盈数和批准转销的财产物资盘亏及毁损数。财产清查的各项盘盈、盘亏和毁损应在期末结账前处理完毕,因此"待处理财产损溢"账户期末结账后没有余额。"待处理财产损溢"账户结构如图6.1所示。

借方	待处理财产损溢	贷方
财产物资的盘亏数、毁损数 批准转销的财产物资盘盈数		财产物资的盘盈数 批准转销的财产物资盘亏数、毁损数

图 6.1　"待处理财产损溢"账户的结构简图

2) 库存现金清查结果的账务处理

(1) 库存现金盘盈的账务处理

库存现金盘盈时,应及时根据库存现金盘点报告表调整库存现金账簿记录,按盘盈金额借记"库存现金"账户,贷记"待处理财产损溢——待处理流动资产损溢"账户,保证账实相符。

设法查明原因,按管理权限报批后,根据盘盈的金额借记"待处理财产损溢——待处理流动资产损溢"账户,需要支付或退还他人的金额贷记"其他应付款"账户,无法查明原因的金额贷记"营业外收入"账户。

【例6.5】 信诚公司盘点库存现金时,发现现金溢余500元。

审批前:

借:库存现金 500
　　贷:待处理财产损溢——待处理流动资产损溢 500

原因不明,经批准记入"营业外收入":

借:待处理财产损溢——待处理流动资产损溢 500
　　贷:营业外收入 500

(2) 库存现金盘亏的账务处理

库存现金盘亏时,应及时办理盘亏的确认手续,根据现金盘点报告表调整库存现金账簿记录,按盘亏金额借记"待处理财产损溢——待处理流动资产损溢"账户,贷记"库存现金"账户,保证账实相符。

设法查明原因,按管理权限报批后,对于应由责任人赔偿或保险公司赔偿的金额,借记"其他应收款"账户,贷记"待处理财产损溢——待处理流动资产损溢"账户;无法查明原因的金额,借记"管理费用"账户,贷记"待处理财产损溢——待处理流动资产损溢"账户。

【例6.6】 信诚公司盘点库存现金时,发现现金短缺3 000元。

审批前:

借:待处理财产损溢——待处理流动资产损溢 3 000
　　贷:库存现金 3 000

经查明,其中1 000元为出纳员责任,向其追还;其余2 000元无法查明原因,经批准记入"管理费用":

借:其他应收款 1 000
　　管理费用 2 000
　　贷:待处理财产损溢——待处理流动资产损溢 3 000

3) 存货清查结果的账务处理

(1) 存货盘盈的账务处理

存货盘盈时,应及时根据盘存单和实存账存对比表,调整存货账簿记录,按盘盈金额借记"原材料""库存商品"等账户,贷记"待处理财产损溢——待处理流动资产损溢"账户,保证账实相符。

设法查明原因,按管理权限报批后,冲减管理费用,即按盘盈金额借记"待处理财产损溢——待处理流动资产损溢"账户,贷记"管理费用"账户。

【例6.7】 信诚公司盘点原材料时,发现原材料溢余800元,原因待查。

审批前:

借:原材料 800
　　贷:待处理财产损溢——待处理流动资产损溢 800

经查明,原材料溢余为收发计量不准确导致,经批准冲减"管理费用":

借：待处理财产损溢——待处理流动资产损溢　　　　　　　　　　　　800
　　贷：管理费用　　　　　　　　　　　　　　　　　　　　　　　　　　800

（2）存货盘亏的账务处理

存货盘亏时，应及时根据盘存单和实存账存对比表，调整存货账簿记录，按盘亏金额借记"待处理财产损溢——待处理流动资产损溢"账户，贷记"原材料""库存商品"等账户，保证账实相符。除此之外，根据《中华人民共和国增值税暂行条例》的规定，企业发生非正常损失的购进货物以及非正常损失的在产品、产成品所耗用的购进货物或应税劳务的进项税额不得从销项税额中抵扣。因此发生非正常损失（因管理不善造成被盗、丢失、霉烂变质的损失）时，应按非正常损失的价值，贷记"应交税费——应交增值税（进项税额转出）"账户。

属于定额合理盘亏的，一般作为管理费用列支；属于一般经营性损失的，扣除残料价值以及可以收回的保险赔偿和过失人赔偿后的剩余净损失，经批准也可以作为管理费用列支；属于非正常损失的，以及属于自然灾害损失的，按扣除可以收回的保险赔偿及残料价值后的净损失，作为营业外支出处理。

【例6.8】 信诚公司盘点原材料时，发现甲材料短缺300元，原因待查。

审批前：

借：待处理财产损溢——待处理流动资产损溢　　　　　　　　　　　　300
　　贷：原材料　　　　　　　　　　　　　　　　　　　　　　　　　　300

经查明，是定额内的合理损耗，报批后记入"管理费用"账户：

借：管理费用　　　　　　　　　　　　　　　　　　　　　　　　　　300
　　贷：待处理财产损溢——待处理流动资产损溢　　　　　　　　　　　300

【例6.9】 信诚公司盘点原材料时，发现乙材料短缺10 000元，经查明，原因为管理不善导致材料被盗，被盗材料的进项税额为1 300元。

审批前：

借：待处理财产损溢——待处理流动资产损溢　　　　　　　　　　　11 300
　　贷：原材料　　　　　　　　　　　　　　　　　　　　　　　　　10 000
　　　　应交税费——应交增值税（进项税额转出）　　　　　　　　　 1 300

经审批，处理结果为：保险公司赔偿5 000元，相关责任人赔偿500元（现金已收讫），剩余损失由企业承担。

借：其他应收款　　　　　　　　　　　　　　　　　　　　　　　　5 000
　　库存现金　　　　　　　　　　　　　　　　　　　　　　　　　　 500
　　营业外支出　　　　　　　　　　　　　　　　　　　　　　　　　5 800
　　贷：待处理财产损溢——待处理流动资产损溢　　　　　　　　　　11 300

4）固定资产清查结果的账务处理

（1）固定资产盘盈的账务处理

为了限制企业利用固定资产操纵利润，现行企业会计准则规定固定资产盘盈比照会计差错进行账务处理。固定资产盘盈时，按管理权限报批后，作为前期差错处理，按固定资产重置成本作为入账价值借记"固定资产"账户,贷记"以前年度损益调整"账户。涉及增值税、所得税和盈余公积的,按相关规定处理。

(2) 固定资产盘亏的账务处理

固定资产盘亏时,按盘亏固定资产的账面价值,借记"待处理财产损溢——待处理非流动资产损溢"账户,按已计提折旧额,借记"累计折旧"账户,按其原值,贷记"固定资产"账户。

设法查明原因,按管理权限报批后,对于由过失人或保险公司赔偿的金额,借记"其他应收款"账户,无法得到赔偿的金额,借记"营业外支出"账户,按盘亏固定资产的账面价值,贷记"待处理财产损溢——待处理非流动资产损溢"账户。

【例6.10】 信诚公司在财产清查中盘亏生产设备一台,其原值为20 000元,已计提折旧4 000元。

审批前:

借:待处理财产损溢——待处理非流动资产损溢　　　　　　　　　16 000
　　累计折旧　　　　　　　　　　　　　　　　　　　　　　　　 4 000
　　贷:固定资产　　　　　　　　　　　　　　　　　　　　　　　20 000

报批后处理时:

借:营业外支出　　　　　　　　　　　　　　　　　　　　　　　16 000
　　贷:待处理财产损溢——待处理非流动资产损溢　　　　　　　 16 000

5) 往来款项清查结果的账务处理

(1) 应付款项

对于经查明确实无法支付的应付款项,按管理权限报批后,转作营业外收入,借记"应付账款"等账户,贷记"营业外收入"账户。

(2) 应收款项

对于无法收回的应收款项,按管理权限报批后,作为坏账损失冲减坏账准备。按实际发生的坏账损失,借记"坏账准备"账户,贷记"应收账款"等账户。

坏账是指企业无法收回的应收款项,通常符合以下条件之一,即可认为发生了坏账:

① 债务人依法宣告破产、关闭、解散、被撤销,或者被依法注销、吊销营业执照,其清算财产不足清偿的。

② 债务人死亡,或者依法被宣告失踪、死亡,其财产或者遗产不足清偿的。

③ 债务人逾期3年以上未清偿,且有确凿证据证明已无力清偿债务的。

④ 与债务人达成债务重组协议或法院批准破产重整计划后,无法追偿的。

⑤ 因自然灾害、战争等不可抗力导致无法收回的。

⑥ 国务院财政、税务主管部门规定的其他条件。

已确认为坏账的应收款项,并不意味着企业放弃了追索权,一旦重新收回,应及时入账。

关键术语

未达账项（deposit in transit）
银行存款余额调节表（bank reconciliation）
实地盘点（physical inventory）

本章思考

1. 什么是财产清查，有什么意义？
2. 财产清查有哪些种类？
3. 什么是实地盘存制？什么是永续盘存制？分别有什么优缺点？
4. 如何使用先进先出法计算发出存货成本？
5. 如何使用月末一次加权平均法计算发出存货成本？
6. 如何使用移动加权平均法计算发出存货成本？
7. 货币资金的清查有哪些方法？
8. 实物资产的清查有哪些方法？
9. 什么是未达账项？如何编制银行存款余额调节表？
10. 如何进行库存现金、存货盘盈的账务处理？
11. 如何进行库存现金、存货和固定资产盘亏的账务处理？
12. 如果发现"白条抵库"，你认为应该如何处理？

思政园地

獐子岛财务舞弊案件处理结果

证监会获取了獐子岛 27 条扇贝采捕船在航行过程中产生的北斗卫星定位信息，聘用了两家第三方专业机构，分析捕捞船状态，确定拖网轨迹，进而确定实际采捕面积，在此基础上按獐子岛公司的成本结转方法进行成本结转。经逐月对比采捕轨迹覆盖区域与獐子岛公司账面结转区域，二者之间看不出任何对应关系，多个月份存在有采捕轨迹的区域没有进行任何结转，进行结转的区域没有任何采捕轨迹的情形。在各月结转区域与实际采捕区域存在较大差异的情况下，年度报告真实性根本无法保证，这也证实了獐子岛公司虚增营业成本、虚增营业外支出、虚增资产减值损失进行财务舞弊的事实。

经与抽测船只秋测期间的航行定位信息对比，獐子岛公司记录完成抽测计划的 120 个调查点位中，抽测船只的航行路线未经过 60 个点位，即獐子岛公司并未在上述计划点位完成抽测工作，占披露完成抽测调查点位总数的 50%，《秋测结果公告》中相关内容存在虚假记载。

经与虾夷扇贝采捕船的航行轨迹进行比对发现，獐子岛公司盘点的 2014 贝底播区域的 70 个点位已全部实际采捕，2015 贝底播区域的 119 个点位中有 80 个点位已实际采捕。獐子岛公司核销海域中,2014年、2015年和2016年底播虾夷扇贝分别有20.85万亩、19.76万亩和3.61万亩已在以往年度采捕,致使虚增营业外支出24 782.81万元,占核销金额的42.91%;减值海域中,2015年、2016年底播虾夷扇贝分别有6.38万亩、0.13万亩已在以往年度采捕,致使虚增资产减值损失1 110.52万元,占减值金额的18.29%。獐子岛公司发布的《年终盘点公告》和《核销公告》存在虚假记载。

证监会认定,獐子岛2016年虚增利润1.3亿元,占当期披露利润总额的158%;2017年虚减利润2.8亿元,占当期披露利润总额的39%。对此,证监会依法对獐子岛及相关人员涉嫌违反证券法律法规案做出行政处罚和市场禁入决定,对獐子岛公司给予警告,并处以60万元罚款;对15名责任人员处以3万元至30万元不等罚款;对4名主要责任人采取5年至终身市场禁入。獐子岛上述行为涉嫌构成违规披露、不披露重要信息罪。根据《行政执法机关移送涉嫌犯罪案件的规定》(国务院令第310号),证监会决定将獐子岛及相关人员涉嫌证券犯罪案件依法移送公安机关追究刑事责任。

资料来源:

[1]《中国证监会行政处罚决定书》〔2020〕29号
    (http://www.csrc.gov.cn/csrc/c101928/c1042334/content.shtml)
[2]《中国证监会市场禁入决定书》〔2020〕9号
    (http://www.csrc.gov.cn/csrc/c101927/c1042025/content.shtml)
[3]《证监会依法向公安机关移送獐子岛及相关人员涉嫌证券犯罪案件》
    (http://www.csrc.gov.cn/csrc/c100028/c1000707/content.shtml)

第7章 财务报告

学习目标

1. 价值塑造：树立合法合规、客观公正的价值观；理解财务报告所具备的社会属性和经济后果；培养学生作为会计人员的责任感，诚实履行信息披露义务。

2. 知识传授：熟悉财务报告体系；熟悉资产负债表、利润表、现金流量表和所有者权益变动表的格式和作用；掌握资产负债表和利润表的编制方法；了解财务报表附注的主要内容。

3. 能力培养：培养学生编制报表、解读报表的能力；学生通过了解和分析财务报表之间的勾稽关系，培养检索信息和逻辑分析的能力。

引入案例

《企业会计准则第30号——财务报表列报》修订对财务报表提供者的影响

随着国际会计准则理事会(IASB)和美国财务会计准则委员会(FASB)联合对财务报表列报的一系列改革，以及我国会计准则持续与国际会计准则的趋同，2014年，我国财政部发布了新修订的《企业会计准则第30号——财务报表列报》，并自2014年7月1日开始执行。

新修订的《企业会计准则第30号——财务报表列报》对财务报表提供者有以下影响：

(1) 增强企业管理层的风险意识。随着企业在生产经营中面临的不确定性越来越多，能否持续经营的不确定性也越来越大。新修订的列报准则要求企业管理层对企业年度持续经营能力进行评价，将促使企业管理层不断关注宏观政策风险、市场风险以及企业自身风险，这在一定程度上会增强企业的风险意识，提高企业的风险应对能力。

(2) 增强企业管理层对会计信息的责任意识。在附注中对财务报告的批准报出者、批准报出日的披露，企业会计准则的合规性声明以及对于终止经营的声明，有助于提高和强化会计信息在企业管理层心目中的地位，对于加强信息披露、界定会计责任以及提高信息质量具有积极作用。

(3) 减少职业判断，提高会计信息的可靠性。新修订的财务报表列报准则，对其适用范围、具体报表编制基础的选择、重要性判断的标准、按营业周期对资产负债流动性分类、综合收益和其他综合收益的界定和列报等内容，都非常详细和明确地进行了规定，减少了会计人员的职业判断，更易于普通会计人员进行理解和操作。此外，对于附注披露不能纠正不恰当的确认和计量的规定，也使得会计人员不能随意改变会计政策，减少了会计利润操纵的空间。

(4) 会计人员信息披露的任务加重。新修订的财务报表列报准则提高了附注的重要性，扩展了附注披露的内容，且不仅年度报表、中期报表、个别报表以及合并报表都要进行附注披露，会计人员附注披露任务将会加重。此外，综合收益和其他综合收益信息的披露，也将增加会计人员的信息披露任务。

（5）在提供会计信息时要立足于使用者需求。列报准则的此次修订，无论是附注披露的基本要求、附注中企业基本情况说明披露的顺序，还是重要性定义的修订和具体判断，都更加明显地体现了决策有用的财务目标。因此，无论企业管理者还是普通会计人员，在提供会计信息时，都要严格遵循以信息使用者需求为导向的原则。[①]

7.1 财务报告概述

财务报告是会计工作的最终产品，综合反映了企业的财务状况、经营成果和现金流量，信息含量高，能够支持投资者、债权人、经营管理者、政府机构、社会公众等利益相关者的决策。因此，报表的编制和列报需遵循企业会计准则的要求，保证报表信息的真实性、准确性、完整性和及时性等。

7.1.1 财务报告的概念

1) 财务报告

财务报告，是指企业对外提供能够反映企业某一特定日期的财务状况和某一会计期间的经营成果、现金流量等会计信息的文件。

2) 财务报告体系

财务报告包括财务报表和其他应当在财务报告中披露的相关信息和资料。财务报表是财务报告的主体和核心内容，其他应当在财务报告中披露的相关信息和资料是对财务报表的补充和说明，共同构成财务报告体系。

3) 财务报表

财务报表，又称"财务会计报表"，是指对企业财务状况、经营成果和现金流量的结构性表述。一套完整的财务报表至少应当包括"四表一注"，即资产负债表、利润表、现金流量表、所有者权益变动表和附注，并且这些组成部分在列报上具有同等的重要性，企业不得强调某张报表或某些报表（或附注）较其他报表（或附注）更为重要。

资产负债表反映企业在某一特定日期的财务状况；利润表反映企业在一定会计期间的经营成果；现金流量表反映企业在一定会计期间现金及现金等价物流入和流出的情况；所有者权益变动表反映构成所有者权益各组成部分当期增减变动的情况；附注是对在资产负债表、利润表、现金流量表和所有者权益变动表等报表中列示项目的文字描述或明细资料，以及对未能在这些报表中列示项目的说明等。

4) 财务报表列报

财务报表列报，是指交易和事项在报表中的列示和在附注中的披露。其中，"列示"通常反映资产负债表、利润表、现金流量表和所有者权益变动表等报表中的信息；"披露"通常主要反映附注中的信息。

---

① 冯海虹.财务报表列报准则的新变化及其影响分析[J].会计之友，2015(17)：23-25.

7.1.2 财务报告的分类

1) 按编报时间分

财务报告按编报时间,可分为年报和中期报告。年度财务报告,简称"年报",是指以会计年度为基础编制的财务报告;中期财务报告,简称"中期报告",是指以中期为基础编制的财务报告。中期财务报告分为月度报告(简称"月报")、季度报告(简称"季报")和半年度报告(简称"半年报")。中期财务报告至少应当包括资产负债表、利润表、现金流量表和附注,企业可根据需要自行决定是否编制中期所有者权益变动表。其中资产负债表、利润表和现金流量表应当是完整报表,其格式和内容应当与年度财务报表一致,附注披露可适当简化。

2) 按编制主体分

财务报表按编制主体,可分为个别财务报表和合并财务报表。个别财务报表是指反映母公司所属子公司财务状况、经营成果和现金流量的财务报表。合并财务报表是指反映母公司和其全部子公司形成的企业集团整体财务状况、经营成果和现金流量的财务报表。

7.1.3 财务报告的编制要求

1) 依据各项会计准则确认和计量的结果编制财务报表

企业应当根据实际发生的交易和事项,遵循企业会计准则的规定进行确认和计量,并在此基础上编制财务报表。除此之外,如果按照各项会计准则规定披露的信息不足以让报表使用者了解特定交易或事项对企业财务状况、经营成果和现金流量的影响时,企业还应当披露其他必要信息。

2) 列报基础

企业应当以持续经营为基础编制财务报表。在编制财务报表的过程中,企业管理层应当全面评估企业的持续经营能力,利用其所有可获得的信息,评估涵盖的期间应包括企业自资产负债表日起至少 12 个月。评估需要考虑的因素包括宏观政策风险、市场经营风险、企业目前或长期的盈利能力、偿债能力、财务弹性以及企业管理层改变经营政策的意向等。评价结果表明对持续经营能力产生重大怀疑的,企业应当在附注中披露导致对持续经营能力产生重大怀疑的影响因素以及企业拟采取的改善措施。

3) 权责发生制

除现金流量表按照收付实现制编制外,企业应当按照权责发生制编制其他财务报表。在采用权责发生制会计的情况下,当项目符合会计要素的定义和确认标准时,企业就应当确认相应的资产、负债、所有者权益、收入和费用,并在财务报表中加以反映。

4) 列报的一致性

财务报表项目的列报应当在各个会计期间保持一致,不得随意变更。这一要求不仅只针对财务报表中的项目名称,还包括财务报表项目的分类、排列顺序等方面。

下列情况,企业可以变更财务报表项目的列报:

(1) 会计准则要求改变财务报表项目的列报;

(2) 企业经营业务的性质发生重大变化或对企业经营影响较大的交易或事项发生后,

变更财务报表项目的列报能够提供更可靠、更相关的会计信息。

企业变更财务报表项目列报的,应当提供列报的比较信息。

5) 依据重要性原则单独或汇总列报项目

依据重要性原则来判断项目在财务报表中是单独列报还是汇总列报。总体原则是,如果某项目单个看不具有重要性,则可将其与其他项目汇总列报;反之,如具有重要性,则应当单独列报。

性质或功能不同的项目,一般应当在财务报表中单独列报,但是不具有重要性的项目可以汇总列报;性质或功能类似的项目,一般可以汇总列报,但是具有重要性的类别应该单独列报;项目单独列报的原则不仅适用于报表,还适用于附注;企业会计准则规定单独列报的项目,企业应当单独列报。

6) 财务报表项目金额间的相互抵销

财务报表项目应当以总额列报,资产和负债、收入和费用、直接计入当期利润的利得和损失项目的金额不能相互抵销,即不得以净额列报,企业会计准则另有规定的除外。例如,企业欠客户的应付款不得与其他客户欠本企业的应收款相抵销,否则就掩盖了交易的实质。

7) 比较信息的列报

企业在列报当期财务报表时,至少应当提供所有列报项目上一个可比会计期间的比较数据,以及与理解当期财务报表相关的说明,目的是向报表使用者提供对比数据,提高会计信息的可比性。列报比较信息这一要求适用于财务报表的所有组成部分,包括四张报表和附注。

8) 财务报表表首的列报要求

财务报表通常与其他信息(如企业年度报告等)一起公布,企业应当将按照企业会计准则编制的财务报告与一起公布的同一文件中的其他信息相区分。

企业在财务报表的显著位置(通常是表首部分)应当至少披露下列基本信息:

(1) 编报企业的名称。

(2) 对资产负债表而言,应当披露资产负债表日;对利润表、现金流量表、所有者权益变动表而言,应当披露报表涵盖的会计期间。

(3) 货币名称和单位。按照我国企业会计准则的规定,企业应当以人民币作为记账本位币列报,并表明金额单位,如人民币元、人民币万元等。

(4) 财务报表是合并财务报表的,应当予以标明。

9) 报告期间

企业至少应当按年编制财务报表。根据《中华人民共和国会计法》的规定,会计年度自公历1月1日起至12月31日止。因此,企业在编制年度财务报表时,可能存在年度财务报表涵盖的期间短于一年的情况(如年度中间新设立的企业),这种情况下,企业应当披露年度财务报表的实际涵盖期间及其短于一年的原因。

在沪深交易所上市的公司的财务报表需按照第一季度、半年、第三季度和年度进行披露。

7.2 资产负债表

7.2.1 资产负债表概述

1) 资产负债表的概念和作用

资产负债表是反映企业在某一特定日期的财务状况的会计报表,即反映了某一特定日期关于企业资产、负债、所有者权益及其相互关系的信息。资产负债表所列报的是时点数据,因此也称为"静态报表"。

资产负债表的作用包括:

(1) 反映企业资产总额及其结构信息,表明企业所拥有或控制的资源及其分布情况。

(2) 反映企业负债总额及其结构信息,表明企业未来需用多少资产或劳务偿债以及偿债的时间。

(3) 反映企业所有者权益总额及其结构状况,据以判断资本保值、增值情况。

(4) 有助于报表使用者了解企业财务状况,借以分析企业的资本结构,评价其偿债能力,为制定经济决策提供依据。

2) 资产负债表的结构和格式

资产负债表遵循了"资产=负债+所有者权益"这一会计恒等式,把企业在特定日期所拥有的经济资源和与之相对应的企业所承担的债务及偿债以后属于所有者的权益充分反映出来。因此,资产负债表按照资产、负债和所有者权益三大类分类列报,且资产总计和负债与所有者权益之和的总计金额相等。

资产负债表主要由表首、表体两部分组成。表首部分应列明报表名称、编制单位名称、资产负债表日、报表编号和计量单位;表体部分列示表明企业财务状况的各个项目。资产负债表的格式分为账户式和报告式两种。账户式资产负债表是左右结构,左边列示资产各项目,右边列示负债与所有者权益各项目;报告式资产负债表是上下结构,先列示资产各项目,再列示负债各项目,最后列示所有者权益各项目。

我国企业会计准则规定,资产负债表采用账户式格式。资产和负债按照流动性分别分为流动资产和非流动资产、流动负债和非流动负债来列示。所谓流动性,是指资产的变现或耗用时间长短及负债的偿还时间长短。

资产项目按流动性强弱顺序排列,流动性较强的资产,如"货币资金""应收账款"等排在前面,流动性较弱的资产,如"长期股权投资""固定资产"等排在后面。负债项目按偿还期限长短排列,偿还期限较短的负债,如"短期借款""应付账款"等排在前面,偿还期限较长的负债,如"长期借款""应付债券"等排在后面。所有者权益排在负债后面,原因是负债具有优先偿还的要求权,而企业清算之前不需要偿还所有者权益项目。所有者权益项目按照永久性递减的顺序排列,按实收资本(或股本)、资本公积、其他综合收益、盈余公积、未分配利润等项目分项列示。

资产负债表具体格式如表 7.1 所示。

表 7.1 资产负债表

会企 01 表

编制单位： 　　　　　　　　　年　月　日　　　　　　　　　单位：元

资产	期末余额	期初余额	负债和所有者权益（或股东权益）	期末余额	期初余额
流动资产：			流动负债：		
货币资金			短期借款		
交易性金融资产			交易性金融负债		
衍生金融资产*			衍生金融负债*		
应收票据			应付票据		
应收账款			应付账款		
应收款项融资*			预收账款		
预付款项			合同负债*		
其他应收款			应付职工薪酬		
存货			应交税费		
合同资产*			其他应付款		
持有待售资产*			持有待售负债*		
一年内到期的非流动资产*			一年内到期的非流动负债		
其他流动资产*			其他流动负债		
流动资产合计			流动负债合计		
非流动资产：			非流动负债：		
债权投资*			长期借款		
其他债权投资*			应付债券*		
长期应收款*			其中：优先股*		
长期股权投资*			永续债*		
其他权益工具投资*			租赁负债*		
其他非流动金融资产*			长期应付款*		
投资性房地产*			预计负债*		
固定资产			递延收益*		
在建工程			递延所得税负债*		
生产性生物资产*			其他非流动负债*		
油气资产*			非流动负债合计		

续表

资产	期末余额	期初余额	负债和所有者权益（或股东权益）	期末余额	期初余额
使用权资产*			负债合计		
无形资产			所有者权益（或股东权益）：		
开发支出*			实收资本（或股本）		
商誉*			其他权益工具*		
长期待摊费用*			其中：优先股*		
递延所得税资产*			永续债*		
其他非流动资产*			资本公积		
非流动资产合计			减：库存股*		
			其他综合收益		
			专项储备*		
			盈余公积		
			未分配利润		
			所有者权益（或股东权益）合计		
资产总计			负债和所有者权益（或股东权益）总计		

注：标*项目超出本书教学范围，不要求掌握。

7.2.2 资产负债表的编制

1) "期初余额"填列方法

资产负债表"期初余额"栏各项数字通常根据上年年末资产负债表的"期末余额"栏内数字填列。如果上年度资产负债表规定的各个项目的名称和内容与本年度不相一致，应按照本年度的规定对上年年末资产负债表各项目的名称和数字进行调整，填入"上年年末余额"栏内。

2) "期末余额"填列方法

企业应当根据资产、负债和所有者权益类科目的期末余额填列资产负债表"期末余额"栏。一般方法有如下几种：

(1) 根据总账科目的余额直接填列。如，"短期借款""实收资本"等项目，直接根据相关科目的期末余额填列。

(2) 根据几个总账科目的余额加总计算填列。如，"货币资金"项目，需根据"库存现金""银行存款"和"其他货币资金"三个总账科目余额的合计数填列。

(3) 根据明细账科目的余额计算填列。如，"应付账款"项目，需要根据"应付账款"和

"预付账款"两个科目所属的相关明细科目的期末贷方余额计算填列。

（4）根据总账科目和明细账科目余额分析计算填列。如，"长期借款"项目，需要根据"长期借款"总账科目余额扣除"长期借款"科目所属的明细科目中将在一年内到期的长期借款后的金额计算填列。

（5）根据有关科目余额减去其备抵科目余额后的净额填列。如，"固定资产"项目，应当根据"固定资产"科目的期末余额，减去"累计折旧""固定资产减值准备"等备抵科目的期末余额填列。

（6）综合运用上述填列方法分析填列。如，"存货"项目，需要根据"原材料""库存商品""生产成本"等存货类科目期末余额合计，减去"存货跌价准备"科目期末余额后的净额填列。

3）资产负债表各项目具体填列方法

（1）"货币资金"项目，反映企业库存现金、银行存款、其他货币资金（外埠存款、银行汇票存款、银行本票存款、信用卡存款、信用证保证金存款）等合计数。本项目根据"库存现金""银行存款"和"其他货币资金"科目期末余额的合计数填列。

（2）"交易性金融资产"项目，反映资产负债表日企业分类为以公允价值计量且其变动计入当期损益的金融资产，以及企业持有的指定为以公允价值计量且其变动计入当期损益的金融资产的期末账面价值。该项目应根据"交易性金融资产"科目的相关明细科目余额分析填列。自资产负债表日起超过一年到期且预期持有超过一年的以公允价值计量且其变动计入当期损益的非流动金融资产的期末账面价值，在"其他非流动金融资产"项目反映。

（3）"应收票据"项目，反映资产负债表日以摊余成本计量的，企业因销售商品、提供服务等收到的商业汇票，包括银行承兑汇票和商业承兑汇票。该项目应根据"应收票据"科目的期末余额，减去"坏账准备"科目中相关坏账准备期末余额后的金额分析填列。

（4）"应收账款"项目，反映资产负债表日以摊余成本计量的，企业因销售商品、提供服务等经营活动应收取的款项。该项目应根据"应收账款"科目期末余额，减去"坏账准备"科目中相关坏账准备期末余额后的金额分析填列。

（5）"预付账款"项目，反映企业按照购货合同规定预付给供应单位的款项等。该项目应根据"预付账款"和"应付账款"科目所属明细科目的期末借方余额合计数，减去"坏账准备"科目中相关坏账准备期末余额后的金额分析填列。如"预付账款"科目所示明细科目期末为贷方余额的，应在资产负债表"应付账款"项目内填列。

（6）"其他应收款"项目，反映企业除应收票据、应收账款、预付账款等经营活动以外的其他各种应收、暂付的款项。本项目应根据"应收利息""应收股利""其他应收款"科目的期末余额合计数，减去"坏账准备"科目中相关坏账准备期末余额后的金额填列。

（7）"存货"项目，反映企业期末在库、在途和在加工中的各种存货的账面价值。存货包括各种材料、商品、在产品、半成本、包装物、低值易耗品、发出商品等。本项目应根据"原材料""库存商品""生产成本"等科目的期末余额合计数，减去"存货跌价准备"等科目期末余额后的净额填列。

（8）"固定资产"项目，反映资产负债表日企业固定资产的期末账面价值和企业尚未清理完毕的固定资产清理净损益。本项目应根据"固定资产"科目的期末余额,减去"累计折旧"和"固定资产减值准备"科目的期末余额后的金额,以及"固定资产清理"科目的期末余额填列。

（9）"在建工程"项目,反映资产负债表日企业尚未达到预定可使用状态的在建工程的期末账面价值和企业为在建工程准备的各种物资的期末账面价值。本项目应根据"在建工程"科目的期末余额减去"在建工程减值准备"科目的期末余额后的金额,以及"工程物资"科目的期末余额减去"工程物资减值准备"科目的期末余额后的金额填列。

（10）"无形资产"项目,反映企业持有的专利权、非专利技术、商标权、著作权、土地使用权等无形资产的成本减去累计摊销和减值准备后的净值。本项目应根据"无形资产"科目的期末余额,减去"累计摊销"和"无形资产减值准备"科目期末余额后的金额填列。

（11）"短期借款"项目,反映企业向银行或其他金融机构等借入的期限在一年以内（含一年）的各种借款。本项目应根据"短期借款"科目的期末余额填列。

（12）"应付票据"项目,反映资产负债表日以摊余成本计量的,企业因购买材料、商品和接受服务等开出、承兑的商业汇票,包括银行承兑汇票和商业承兑汇票。本项目应根据"应付票据"科目的期末余额填列。

（13）"应付账款"项目,反映资产负债表日以摊余成本计量的,企业因购买材料、商品和接受服务等经营活动应支付的款项。本项目应根据"应付账款"和"预付账款"科目所属的相关明细科目的期末贷方余额合计数填列。

（14）"预收账款"项目,反映企业按照合同规定预收的款项。本项目应根据"预收账款"和"应收账款"科目所属各明细科目的期末贷方余额合计数填列。如"预收账款"科目所属明细科目期末为借方余额,应在资产负债表"应收账款"项目内填列。

（15）"应付职工薪酬"项目,反映企业为获取职工提供的服务或解除劳动关系而给予的各种形式的报酬或补偿。本项目应根据"应付职工薪酬"科目所属各明细科目的期末贷方余额分析填列。

（16）"应交税费"项目,反映企业按照税法规定计算应缴纳的各种税费,包括增值税、消费税、城市维护建设税、教育费附加、企业所得税、资源税、土地增值税、房产税、城镇土地使用税、车船税、环境保护税等。企业代扣代缴的个人所得税,也通过本项目列示。企业所缴纳的税金不需要预计应交数的,如印花税、耕地占用税等,不在该项目列示。本项目应根据"应交税费"科目的期末贷方余额填列。其中部分明细科目期末借方余额应在资产负债表中"其他流动资产"或"其他非流动资产"项目列示,部分明细科目期末贷方余额应在资产负债表中"其他流动负债"或"其他非流动负债"项目列示,因超出本书教学范围,此处不一一列举说明。

（17）"其他应付款"项目,反映企业除应付票据、应付账款、预收账款、应付职工薪酬、应交税费等经营活动以外的其他各项应付、暂收的款项。本项目应根据"应付利息""应付股利""其他应付款"科目的期末余额合计数填列。

（18）"一年内到期的非流动负债"项目,反映企业非流动负债中将于资产负债表日后一年内到期部分的金额,如将于一年内偿还的长期借款。本项目应根据有关科目的期末余额分析填列。

(19)"长期借款"项目,反映企业向银行或其他金融机构借入的期限在一年以上(不含一年)的各项借款。本项目应根据"长期借款"科目的期末余额,扣除"长期借款"科目所属的明细科目中将在资产负债表日起一年内到期的长期借款后的金额计算填列。

(20)"实收资本(或股本)"项目,反映企业各投资者实际投入的资本(或股本)总额。本项目应根据"实收资本(或股本)"科目的期末余额填列。

(21)"资本公积"项目,反映企业收到投资者出资超出其在注册资本或股本中所占的份额以及直接计入所有者权益的利得和损失等。本项目应根据"资本公积"科目的期末余额填列。

(22)"其他综合收益"项目,反映企业其他综合收益的期末余额。本项目应根据"其他综合收益"科目的期末余额填列。

(23)"盈余公积"项目,反映企业盈余公积的期末余额。本项目应根据"盈余公积"科目的期末余额填列。

(24)"未分配利润"项目,反映企业尚未分配的利润。本项目应根据"本年利润"科目和"利润分配"科目的余额计算填列。未弥补的亏损以"一"号填列。

【例7.1】 20×2年12月31日,某公司"库存现金"科目余额为2 000元,"银行存款"科目余额为230 000元,"其他货币资金"科目余额为10 000元。那么,20×2年12月31日,该公司资产负债表中"货币资金"项目"期末余额"栏的列报金额为:2 000+230 000+10 000=242 000(元)。

【例7.2】 20×2年12月31日,某公司"固定资产"科目借方余额为370 000元,"累计折旧"科目贷方余额为24 000元。那么,20×2年12月31日,该公司资产负债表中"固定资产"项目"期末余额"栏的列报金额为:370 000-24 000=346 000(元)。

【例7.3】 20×2年12月31日,某公司"应收账款""应付账款""预收账款""预付账款"相关明细科目期末余额如下:"应收账款——A公司"借方期末余额36 000元,"应收账款——B公司"贷方期末余额21 000元,"应收账款——C公司"借方期末余额50 000元,"应付账款——D公司"贷方期末余额40 000元,"应付账款——E公司"借方期末余额3 000元,"预收账款——F公司"借方期末余额8 000元,"预收账款——G公司"贷方期末余额15 000元,"预付账款——H公司"借方期末余额18 000元,"预付账款——I公司"贷方期末余额6 000元。那么,20×2年12月31日,该公司资产负债表中"应收账款"项目"期末余额"栏的列报金额为:36 000+50 000+8 000=94 000(元);"应付账款"项目"期末余额"栏的列报金额为:40 000+6 000=46 000(元);"预收账款"项目"期末余额"栏的列报金额为:21 000+15 000=36 000(元);"预付账款"项目"期末余额"栏的列报金额为:3 000+18 000=21 000(元)。

【例7.4】 20×2年12月31日,某公司"长期借款"科目余额为5 500 000元,其中500 000元将于20×3年6月30日偿还。那么,20×2年12月31日,该公司资产负债表中"长期借款"项目"期末余额"栏的列报金额为:5 500 000-500 000=5 000 000(元)。将于一年内偿还的500 000元应列入"一年内到期的非流动负债"项目"期末余额"栏。

【例7.5】 承例3.1至例3.50,信诚公司编制的20×2年12月31日的资产负债表如表7.2所示。

表 7.2 资产负债表

编制单位：信诚公司　　　　　20×2 年 12 月 31 日　　　　　　　　　　会企 01 表　单位：元

资产	期末余额	负债和所有者权益（或股东权益）	期末余额
流动资产：		流动负债：	
货币资金	2 532 601	短期借款	200 000
应收票据	0	应付账款	0
应收账款	566 000	预收账款	0
预付账款	0	应付职工薪酬	0
其他应收款	8 720	应交税费	241 173.45
存货	106 952	其他应付款	50 500
流动资产合计	3 214 273	流动负债合计	491 673.45
非流动资产：		非流动负债：	
固定资产	4 510 520	长期借款	1 604 000
在建工程	8 000	非流动负债合计	1 604 000
无形资产	870 000	负债合计	2 095 673.45
非流动资产合计	5 388 520	所有者权益(或股东权益)：	
		实收资本	6 000 000
		资本公积	50 000
		盈余公积	50 711.96
		未分配利润	406 407.59
		所有者权益合计	6 507 119.55
资产总计	8 602 793	负债和所有者权益（或股东权益）总计	8 602 793

7.3 利润表

7.3.1 利润表概述

1) 利润表的概念和作用

利润表，又称"损益表"，是反映企业在一定会计期间的经营成果的报表。它是在会计凭证、会计账簿等会计资料的基础上进一步确认企业一定会计期间经营成果的结构性表述，综合反映企业利润的实现过程、来源和构成情况。利润表所列数据是期间数，因此是"动态报表"。

利润表的作用包括：

(1) 反映构成企业营业利润的各项要素内容，如营业收入、营业成本和各项期间费用等,有助于分析各项收入和成本费用对利润的贡献大小。

(2) 反映构成企业利润总额的要素内容,如营业利润、营业外收入和营业外支出等,有助于判断企业利润质量及其风险,评价企业管理效率。

(3) 反映构成企业净利润的要素内容,有助于评价企业的盈利能力,预测企业净利润的持续性。

(4) 反映企业资本的保值增值情况,有助于分析判断企业受托责任的履行情况。

(5) 与资产负债表信息结合,可以反映企业运用资源的能力和效率,有助于分析判断企业资金周转情况和盈利能力,判断和预测企业未来的盈利增长和发展趋势,从而作出正确的经济决策。

2) 利润表的结构和格式

利润表由表首和表体两部分组成。表首部分应列明报表名称、编制单位名称、编制日期、报表编号和计量单位。表体部分是利润表的主体,其格式分为单步式和多步式两种。单步式利润表是将当期所有收入列在一起,将所有费用列在一起,然后将两者相减直接得出当期净利润,没有中间过程的利润表格式。多步式利润表是通过对当期的收入、费用、支出项目按性质加以归类,按利润形成的主要环节列示中间性利润指标,分步计算当期净利润的利润表格式。我国企业的利润表采用多步式格式,以便报表使用者理解企业经营成果形成的过程和不同来源,分析利润质量,提高会计信息的决策有用性。

利润表遵循"收入－费用＝利润"这一会计等式,依照利润的形成过程,以各具体项目的性质和功能作为分类标准,依次将某一会计期间的收入、费用和利润的具体项目予以适当的排列编制而成。具体内容包括:

(1) 反映营业利润

营业利润是指企业一定会计期间通过日常营业活动所实现的利润额。

企业经营业务所实现的收入以"营业收入"列示,为取得营业收入所发生的实际成本以"营业成本"列示,为赚取收入而发生的费用以及应由经营活动承担的税金及附加,按功能分为"管理费用""销售费用""财务费用""研发费用"和"税金及附加"列示。

企业对外投资取得的收益(或损失)以"投资收益"列示,交易性金融资产等公允价值变动形成的应计入当期损益的利得(或损失)以"公允价值变动收益"列示。

由于经营性资产(如存货、固定资产等)的账面价值高于市价或可收回金额而计提的资产减值损失、计提各项金融资产信用减值准备所确认的信用减值损失,作为营业利润的减少项以"资产减值损失""信用减值损失"列示。

此外,企业处置非流动资产产生的处置利得或损失、非货币性资产交换换出非流动资产产生的利得或损失以"资产处置损益"列示;企业接受政府补助在"其他收益"中列示。

(2) 反映利润总额

企业利润总额等于营业利润加上营业外收入,减去营业外支出。营业外收入指企业发生的与其日常活动无直接关系的各项利得,营业外支出指企业发生的与其日常活动无直接关系的各项损失。值得注意的是,营业外收入与营业外支出之间无相关关系。

(3) 反映净利润

净利润是指企业缴纳所得税后的利润。为提示风险,净利润之下又分为持续经营净利润和终止经营净利润。

(4) 反映其他综合收益的税后利润、综合收益总额和每股收益

其他综合收益，是指企业根据会计准则规定未在当期损益中确认的各项利得和损失。为和净利润口径保持一致，其他综合收益需要按照税后利润列示。

综合收益，是指企业在某一期间除与所有者以其所有者身份进行的交易之外的其他交易或事项所引起的所有者权益变动。综合收益总额反映净利润和其他综合收益的税后净额的合计数。

每股收益是评价企业业绩的相对指标，分为基本每股收益和稀释每股收益，反映普通股或潜在普通股已公开交易的企业，以及正处在公开发行普通股或潜在普通股过程中的企业的每股收益信息。

利润表具体格式如表 7.3 所示。

表 7.3 利润表

会企 02 表

编制单位：　　　　　　　　　　　年　月　　　　　　　　　　　单位：元

项　目	本期金额	上期金额
一、营业收入		
减：营业成本		
税金及附加		
销售费用		
管理费用		
研发费用*		
财务费用		
其中：利息费用		
利息收入		
加：其他收益*		
投资收益（损失以"－"号填列）		
其中：对联营企业和合营企业的投资收益*		
以摊余成本计量的金融资产终止确认收益（损失以"－"号填列）*		
净敞口套期收益（损失以"－"号填列）*		
公允价值变动收益（损失以"－"号填列）*		
信用减值损失（损失以"－"号填列）*		
资产减值损失（损失以"－"号填列）*		
资产处置损益（损失以"－"号填列）*		
二、营业利润（亏损以"－"号填列）		
加：营业外收入		

续表

项　　目	本期金额	上期金额
减：营业外支出		
三、利润总额(亏损总额以"－"号填列)		
减：所得税费用		
四、净利润(净亏损以"－"号填列)		
(一)持续经营净利润(净亏损以"－"号填列)*		
(二)终止经营净利润(净亏损以"－"号填列)*		
五、其他综合收益的税后净额*		
(一)不能重分类进损益的其他综合收益		
1. 重新计量设定收益计划变动额		
2. 权益法下不能转损益的其他综合收益		
3. 其他权益工具投资公允价值变动		
4. 企业自身信用风险公允价值变动		
……		
(二)将重分类进损益的其他综合收益		
1. 权益法下可转损益的其他综合收益		
2. 其他债权投资公允价值变动		
3. 金融资产重分类计入其他综合收益的金额		
4. 其他债权投资信用减值准备		
5. 现金流量套期储备		
6. 外币财务报表折算差额		
……		
六、综合收益总额*		
七、每股收益*：		
(一)基本每股收益		
(二)稀释每股收益		

注：标*项目超出本书教学范围，不要求掌握。

7.3.2 利润表的编制

1) "上期金额"填列方法

企业应当根据上年同期利润表"本期金额"栏内所列数字填列本年度利润表的"上期金额"栏。如果企业上年该期利润表规定的项目名称和内容与本期不一致，应当对上年该期利润表相关项目的名称和金额按照本期的规定进行调整，填入"上期金额"栏。

2)"本期金额"填列方法

利润表"本期金额"栏的填列方法，一般应根据损益类科目和所有者权益类有关科目的发生额填列。

(1)"营业收入"项目，反映企业经营主要业务和其他业务所确认的收入总额。本项目应根据"主营业务收入"和"其他业务收入"科目的发生额分析填列。

(2)"营业成本"项目，反映企业经营主要业务和其他业务所发生的成本总额。本项目应根据"主营业务成本"和"其他业务成本"科目的发生额分析填列。

(3)"税金及附加"项目，反映企业经营业务应负担的消费税、城市维护建设税、资源税、教育费附加、房产税、车船税、土地使用税、车船税、印花税等相关税费。本项目应根据"税金及附加"科目的发生额分析填列。

(4)"销售费用"项目，反映企业在销售商品过程中发生的包装费、广告费等费用和为销售本企业商品而专设的销售机构的职工薪酬、业务费等经营费用。本项目应根据"销售费用"科目的发生额分析填列。

(5)"管理费用"项目，反映企业为组织和管理生产经营发生的管理费用。本项目应根据"管理费用"科目的发生额分析填列。

(6)"财务费用"项目，反映企业为筹集生产经营所需资金等而发生的应予以费用化的利息支出。本项目应根据"财务费用"科目的相关明细科目发生额分析填列。其中："利息费用"项目，反映企业为筹集生产经营所需资金等而发生的应予以费用化的利息支出，本项目应根据"财务费用"科目相关明细科目的发生额分析填列；"利息收入"项目，反映企业应冲减财务费用的利息收入，本项目应根据"财务费用"科目相关明细科目的发生额分析填列。

(7)"投资收益"项目，反映企业以各种方式对外投资所取得的收益。本项目应根据"投资收益"科目的发生额分析填列。如为投资损失，本项目以"一"号填列。

(8)"营业利润"项目，反映企业实现的营业利润。如为亏损，本项目以"一"号填列。

(9)"营业外收入"项目，反映企业发生的除营业利润以外的收益，主要包括非流动资产毁损报废收益、与企业日常活动无关的政府补助、盘盈利得、捐赠利得（企业接受股东或股东的子公司直接或间接的捐赠，经济实质属于股东对企业的资本性投入的除外）等。本项目应根据"营业外收入"科目的发生额分析填列。

(10)"营业外支出"项目，反映企业发生的除营业利润以外的支出，主要包括公益性捐赠支出、非常损失、盘亏损失、非流动资产毁损报废损失等。本项目应根据"营业外支出"科目的发生额分析填列。

(11)"利润总额"项目，反映企业实现的利润。如为亏损，本项目以"一"号填列。

(12)"所得税费用"项目，反映企业应从当期利润总额中扣除的所得税费用。本项目应根据"所得税费用"科目的发生额分析填列。

(13)"净利润"项目，反映企业实现的净利润。如为亏损，本项目以"一"号填列。

【例7.6】 某公司20×2年度"主营业务收入"科目发生额合计3 420万元，"其他业务收入"科目发生额合计132万元。那么，该公司20×2年度利润表中"营业收入"项目"本期金额"栏的列报金额为：3 420+132=3 552(万元)。

【例7.7】 某公司20×2年度"主营业务成本"科目发生额合计2 160万元,"其他业务成本"科目发生额合计85万元。那么,该公司20×2年度利润表中"营业成本"项目"本期金额"栏的列报金额为:2 160+85=2 245(万元)。

【例7.8】 承例3.1至例3.50,信诚公司编制的20×2年度利润表如表7.4所示。

表7.4 利润表

会企02表

编制单位:信诚公司　　　　　　　　　20×2年　　　　　　　　　　　单位:元

项　　目	本期金额
一、营业收入	1 220 000
减:营业成本	451 748
税金及附加	67 728.6
销售费用	5 000
管理费用	29 450
财务费用	5 000
二、营业利润(亏损以"－"号填列)	661 073.4
加:营业外收入	30 000
减:营业外支出	14 914
三、利润总额(亏损总额以"－"号填列)	676 159.4
减:所得税费用	169 039.85
四、净利润(净亏损以"－"号填列)	507 119.55

7.4 现金流量表

7.4.1 现金流量表的概念和作用

1) 现金流量表的概念

现金流量表,是指反映企业在一定会计期间现金和现金等价物流入和流出的报表。它是以资产负债和利润表等会计核算资料为依据,按照收付实现制会计基础要求对现金流量的结构性表述,揭示企业在一定会计期间获取现金及现金等价物的能力。

现金流量表的编制基础是现金及现金等价物。现金,是指企业库存现金以及可以随时用于支付的存款,不能随时用于支付的存款不属于现金。现金等价物,是指企业持有的期限短、流动性强、易于转化为已知金额现金、价值变动风险很小的投资。期限短,一般是指从购买日起三个月内到期。现金等价物通常包括三个月内到期的债券投资等。企业应当根据具体情况,确定现金等价物的范围,一经确定不得随意变更。

现金流量表中的现金流量,是指现金及现金等价物的流入和流出。

2) 现金流量表的作用

(1) 现金流量表提供了现金流入和流出的信息,弥补了基于权责发生制编制的资产负债表和利润表的固有缺陷,有助于评价企业的支付能力、偿债能力和周转能力,为决策提供依据。

(2) 现金流量表连接了资产负债表和利润表,揭示了企业财务状况和经营成果之间的关系,有助于分析企业收益质量及影响现金净流量的因素,进而预测企业未来现金流量。

(3) 现金流量表以收付实现制为基础编制,对现金的确认和计量在不同企业间基本一致,提高了会计信息的可比性,降低了企业盈余管理程度,有利于会计报表使用者提高决策的质量和效率。

7.4.2 现金流量表的内容

现金流量表根据公式"现金流入量－现金流出量＝现金净流量"编制。现金流量包括现金流入量、现金流出量、现金净流量。根据企业业务活动的性质和现金流量的功能,主要现金流量可以分为三类:经营活动产生的现金流量、投资活动产生的现金流量和筹资活动产生的现金流量。每一项又分为流入量、流出量和净流量三部分分项列示。

1) 经营活动产生的现金流量

经营活动产生的现金流量,是指与销售商品、提供劳务有关的活动产生的现金流量,包括企业投资活动和筹资活动以外的所有交易和事项产生的现金流量。如销售商品收到现金、购买商品支付现金、经营性租赁、制造产品、广告宣传、缴纳税款等。经营活动产生的现金流量分为经营活动产生的现金流入量、经营活动产生的现金流出量以及经营活动产生的现金净流量。

2) 投资活动产生的现金流量

投资活动产生的现金流量,是指与非流动资产的取得或处置有关的活动产生的现金流量,包括企业长期资产的购建和不包括在现金等价物范围内的投资及处置活动产生的现金流量。如购买股票或债券支付现金、销售长期投资收回现金、购建或处置固定资产和无形资产等。投资活动产生的现金流量分为投资活动产生的现金流入量、投资活动产生的现金流出量以及投资活动产生的现金净流量。

3) 筹资活动产生的现金流量

筹资活动产生的现金流量,是指涉及企业财务规模的更改或财务结构组成变化的活动,也就是指导致企业资本及债务规模和构成发生变动的活动产生的现金流量。如向银行借入款项收到现金、归还银行借款支付现金、吸收投资、发行股票、分配利润等。筹资活动产生的现金流量分为筹资活动产生的现金流入量、筹资活动产生的现金流出量以及筹资活动产生的现金净流量。

7.4.3 现金流量表的格式

现金流量表分为表首和正表两部分。表首部分应列明报表名称、编制单位名称、编制日期、报表编号和计量单位。正表反映现金流量表的各项目内容。正表分为六项,分别为:经营活动产生的现金流量、投资活动产生的现金流量、筹资活动产生的现金流量、汇率变动对现金及现金等价物的影响、现金及现金等价物净增加额、期末现金及现金等价物余额。

现金流量表具体格式如表 7.5 所示。

表 7.5 现金流量表

会企 03 表

编制单位：　　　　　　　　　　　　年　月　　　　　　　　　　　　单位：元

项　目	本期金额	上期金额
一、经营活动产生的现金流量：		
销售商品、提供劳务收到的现金		
收到的税费返还		
收到其他与经营活动有关的现金		
经营活动现金流入小计		
购买商品、接受劳务支付的现金		
支付给职工以及为职工支付的现金		
支付的各项税费		
支付其他与经营活动有关的现金		
经营活动现金流出小计		
经营活动产生的现金流量净额		
二、投资活动产生的现金流量：		
收回投资收到的现金		
取得投资收益收到的现金		
处置固定资产、无形资产和其他长期资产收回的现金净额		
处置子公司及其他营业单位收到的现金净额		
收到其他与投资活动有关的现金		
投资活动现金流入小计		
购建固定资产、无形资产和其他长期资产支付的现金		
投资支付的现金		
取得子公司及其他营业单位支付的现金净额		
支付其他与投资活动有关的现金		
投资活动现金流出小计		
投资活动产生的现金流量净额		
三、筹资活动产生的现金流量：		
吸收投资收到的现金		
取得借款收到的现金		
收到其他与筹资活动有关的现金		

续表

项目	本期金额	上期金额
筹资活动现金流入小计		
偿还债务支付的现金		
分配股利、利润或偿付利息支付的现金		
支付其他与筹资活动有关的现金		
筹资活动现金流出小计		
筹资活动产生的现金流量净额		
四、汇率变动对现金及现金等价物的影响		
五、现金及现金等价物净增加额		
加：期初现金及现金等价物余额		
六、期末现金及现金等价物余额		

7.5 所有者权益变动表

7.5.1 所有者权益变动表的概念和作用

所有者权益变动表，是指反映构成所有者权益各组成部分当期增减变动情况的报表。它是对资产负债表的补充及对所有者权益增减变动情况的进一步说明。

所有者权益变动表应当全面反映一定时期所有者权益变动的情况，不仅包括所有者权益总量的增减变动，还包括所有者权益增减变动的重要结构性信息，有助于报表使用者理解所有者权益增减变动的根源。

7.5.2 所有者权益变动表的结构和格式

所有者权益变动表至少应当单独列示反映下列信息：综合收益总额；会计政策变更和差错更正的累积影响金额；所有者投入资本和向所有者分配利润等；提取的盈余公积；实收资本、其他权益工具、资本公积、其他综合收益、专项储备、盈余公积、未分配利润的期初和期末余额及其调节情况。

企业应当以矩阵的形式列示所有者权益变动表：一方面，列示导致所有者权益变动的交易或事项，按所有者权益变动的来源对一定时期所有者权益变动情况进行全面反映。另一方面，按照所有者权益各组成部分（包括实收资本、资本公积、其他综合收益、盈余公积、未分配利润、库存股等）及其总额列示相关交易或事项对所有者权益的影响。

企业需要提供比较所有者权益变动表，所有者权益变动表就各个项目再分为"本年金额"和"上年金额"两栏分别填列。

所有者权益变动表具体格式如表7.6所示。

表7.6 所有者权益变动表

编制单位： _____年度　　　　　　　　　　　　　　　　　　　　　　　　　　　会企04表
单位：元

项目	本年金额									上年金额								
	实收资本（或股本）	其他权益工具			资本公积	减：库存股	其他综合收益	专项储备	盈余公积	未分配利润	所有者权益合计	实收资本（或股本）	其他权益工具			资本公积	减：库存股	其他综合收益	专项储备	盈余公积	未分配利润	所有者权益合计
		优先股	永续债	其他									优先股	永续债	其他							
一、上年末余额																						
加：会计政策变更																						
前期差错更正																						
其他																						
二、本年年初余额																						
三、本年增减变动金额（减少以"—"号填列）																						
（一）综合收益总额																						
（二）所有者投入和减少资本																						
1. 所有者投入的普通股																						
2. 其他权益工具持有者投入资本																						
3. 股份支付计入所有者权益的金额																						
4. 其他																						

续表

项目	本年金额									上年金额								
	实收资本(或股本)	其他权益工具		资本公积	减:库存股	其他综合收益	专项储备	盈余公积	未分配利润	所有者权益合计	实收资本(或股本)	其他权益工具		资本公积	减:库存股	其他综合收益	专项储备	盈余公积	未分配利润	所有者权益合计
		优先股	永续债									优先股	永续债							
(三)利润分配																				
1. 提取盈余公积																				
2. 对所有者(或股东)的分配																				
3. 其他																				
(四)所有者权益内部结转																				
1. 资本公积转增资本(或股本)																				
2. 盈余公积转增资本(或股本)																				
3. 盈余公积弥补亏损																				
4. 设定受益计划变动额结转留存收益																				
5. 其他综合收益结转留存收益																				
6. 其他																				
四、本年年末余额																				

7.6 财务报表附注

7.6.1 财务报表附注的概念和作用

财务报表附注是对在资产负债表、利润表、现金流量表和所有者权益变动表等报表中列示项目的文字描述或明细资料,以及对未能在这些报表中列示项目的说明等。

财务报表附注的编制和披露,是对资产负债表、利润表、现金流量表和所有者权益变动表列示项目的文字描述或明细资料,通过与资产负债表、利润表、现金流量表和所有者权益变动表项目的相互参照,报表使用者可以更准确地把握其含义,全面了解企业的财务状况、经营成果、现金流量和所有者权益情况。

7.6.2 财务报表附注的主要内容

根据企业会计准则的规定,企业应当按照如下顺序编制披露附注的主要内容:

1) 企业的基本情况

(1) 企业的注册地、组织形式和总部地址。

(2) 企业的业务性质和主要经营活动。

(3) 母公司以及集团最终母公司的名称。

(4) 财务报告的批准报出者和批准报出日。

(5) 营业期限有限的企业,还应当披露有关其营业期限的信息。

2) 财务报表的编制基础

企业应当根据企业会计准则的规定判断企业是否持续经营,并披露财务报表是否以持续经营为基础编制。

3) 遵循企业会计准则的声明

企业应当声明编制的财务报表符合企业会计准则的要求,真实、完整地反映了企业的财务状况、经营成果和现金流量等有关信息,以此明确企业编制财务报表所依据的制度基础。

4) 重要会计政策和会计估计

(1) 重要会计政策的说明。企业应当披露采用的重要会计政策,并结合企业的具体实际披露其重要会计政策的确定依据和财务报表项目的计量基础。

(2) 重要会计估计的说明。企业应当披露重要会计估计,并结合企业的具体实际披露其会计估计所采用的关键假设和不确定因素。

5) 会计政策和会计估计变更以及差错更正的说明

企业应当按照《企业会计准则第 28 号——会计政策、会计估计变更和差错更正》的规定,披露会计政策和会计估计变更以及差错更正的情况。

6) 报表重要项目的说明

企业应当按照资产负债表、利润表、现金流量表、所有者权益变动表及其项目列示的顺序,采用文字和数字描述相结合的方式披露报表重要项目的说明。

7) 或有和承诺事项、资产负债表日后非调整事项、关联方关系及其交易等需要说明的事项
8) 有助于财务报表使用者评价企业管理资本的目标、政策及程序的信息

关键术语

财务报告(financial report)
财务报表(financial statement)
资产负债表(balance sheet,B/S)
利润表(income statement; profit and loss statement,P&L)
现金流量表(cash flow statement)
所有者权益变动表(statement of changes in owners equity)
报表附注(notes of financial statements)
流动资产(current assets)
非流动资产(non-current assets)
流动负债(current liabilities)
非流动负债(non-current liabilities)

本章思考

1. 什么是财务报告?它由哪些内容构成?
2. 资产负债表的作用是什么?
3. 资产负债表的编制依据是什么?简述资产负债表的结构和格式。
4. 资产负债表"期末余额"的填列方法有哪些?试举例说明。
5. 利润表的作用是什么?
6. 利润表的编制依据是什么?简述利润表的结构和格式。
7. 简述利润表项目的填列方法,试举例说明。
8. 什么是现金流量表?简述现金流量表的内容和格式。
9. 什么是所有者权益变动表?简述所有者权益变动表的内容和格式。
10. 什么是财务报表附注?企业为什么要编制财务报表附注?它的主要内容是什么?

思政园地

提升上市公司财务报告内部控制有效性的重点领域

针对当前多发的上市公司财务造假和相关内部控制缺陷,提升上市公司财务报告内部控制有效性,主要目标是评估和应对为迎合市场预期或特定监管要求、谋取以财务业绩为

基础的私人报酬最大化、骗取外部资金、侵占资产、违规担保、内幕交易、操纵市场等动机，对财务报告信息作出虚假记载、误导性陈述或者重大遗漏的风险，特别是防范上市公司董事、监事、高级管理层和实际控制人等"关键少数"的舞弊风险。主要包括以下重点领域：资金资产活动相关舞弊和错报的风险与控制、收入相关舞弊和错报的风险与控制、成本费用相关舞弊和错报的风险与控制、投资活动相关舞弊和错报的风险与控制、关联交易相关舞弊和错报的风险与控制、重要风险业务和重大风险事件相关的风险与控制、财务报告编制相关的风险与控制。其中，财务报告编制相关的风险与控制要求做到：

1. 加强财务报告流程相关风险评估与控制。一是关注会计政策和会计估计选择与变更、合并报表范围确定、重大会计事项处理、交易确认时点、合并抵销、披露事项等财务报告编制和审批流程，评估财务报告错报风险所对应控制措施的有效性。二是关注财务报告在收入和成本确认、关联交易、担保、并购重组、期后重大会计调整、持续经营等方面可能存在漏报、错报、侵占上市公司利益等风险的评估和控制的有效性。

2. 加强对与财务报告编制相关的信息系统风险评估与控制。一是实施有效的信息系统总体控制，确保信息系统操作的可追溯性。二是实施有效的信息系统应用控制，包括对重要业务系统建立有效的访问权限管理、禁止不相容岗位用户账号的交叉操作以及建立实施不同信息系统之间的接口配置、系统配置、校验等其他重要的应用控制。

3. 重点关注"关键少数"舞弊导致的财务报告重大错报风险，并建立有效的反舞弊机制。一是实施有效措施，确保上市公司与其控股股东、实际控制人及其关联方不违反法律法规和公司章程干涉上市公司的运作。二是形成有效机制，确保股东（大）会、董事会、监事会、管理层在决策、执行和监督等方面的分工和制衡，完善公司治理。三是明确董事会、管理层与相关部门在反舞弊工作中的职责权限，建立舞弊线索的发现、举报、调查、处理、报告和纠正程序，确保举报、投诉渠道通畅。

资料来源：摘选自《财政部 证监会关于进一步提升上市公司财务报告内部控制有效性的通知》（财会〔2022〕8号）。

第8章 账务处理程序

学习目标

1. **价值塑造**：树立合法合规、客观公正的价值观；把握会计信息化发展的动态方向，适应信息化管理的需要。

2. **知识传授**：了解账务处理程序的概念及种类；熟悉各类账务处理程序的特点及适用性；掌握不同类型企业设置账务处理程序的基本知识和操作技能；明晰信息化背景下账务处理流程的新特点。

3. **能力培养**：培养学生设置账务处理程序的动手能力；学生通过对比，把握不同账务处理程序之间的区别与联系，培养逻辑分析能力。

引入案例

案例一：为科学规划、全面指导"十四五"时期会计信息化工作，根据《会计改革与发展"十四五"规划纲要》（财会〔2021〕27号）的总体部署，财政部制定了《会计信息化发展规划（2021—2025年）》（以下简称《规划》）。《规划》要求，加快建立会计数据标准体系，推动会计数据治理能力建设。统筹规划、制定和实施覆盖会计信息系统输入、处理和输出等环节的会计数据标准，为会计数字化转型奠定基础。《规划》还明确，制定会计信息化工作规范和软件功能规范，进一步完善配套制度机制。深入推动单位业财融合和会计职能拓展，加快推进单位会计工作数字化转型。

案例二：成立于2010年的蓝生公司原本是一家从事汽车零部件生产的小型企业。经过10多年的发展，公司规模不断扩大，涉猎领域也从单纯的零部件生产扩展到汽车组装、生产，成长为中大型企业。这也给公司的会计工作带来了挑战。通过调查反馈，会计人员普遍反映工作负荷加大，经常加班加点仍完成不了会计工作。为此，公司新招聘了会计人员，但问题仍没有得到改善。经了解，蓝生公司的会计核算一直使用手工记账，会计核算流程是根据原始凭证填制记账凭证，根据记账凭证登记日记账、明细账，并逐笔登记总账。

思考：请结合上述案例资料，为蓝生公司的会计工作提出建议。

资料来源：案例一节选自《会计信息化发展规划（2021—2025年）》（财会〔2021〕36号）；案例二改编自殷慧敏的《基础会计》（第2版）章节案例，该书由机械工业出版社出版。

8.1 账务处理程序概述

8.1.1 账务处理程序的概念

前几章中我们介绍了会计凭证、会计账簿以及财务报表的内容,会计凭证、账簿、报表三者之间相互联系、相互影响、相互配合,决定着会计核算信息的真实性、完整性和及时性。凭证、账簿、报表三者之间的关系也是会计循环的具体体现。会计凭证的内容是会计账簿的登记依据,会计账簿的种类、格式又决定着会计凭证的种类和格式;会计账簿的信息是财务报表编制的主要依据,财务报表的内容对账簿的种类、格式和记录的内容又有制约作用。

账务处理程序,又称"会计核算组织程序"或"会计核算形式",是指一个企业将会计凭证、会计账簿与财务报表有机结合的方法、流程,包括会计凭证与账簿组织和记账程序。会计凭证与账簿组织是指会计凭证与会计账簿的种类、格式和各种凭证账簿之间的对应关系;记账程序是指运用一定的记账方法,从填制审核原始凭证到填制审核记账凭证,从登记日记账、明细分类账和总分类账到编制财务报表整个过程的具体工作步骤和方法。

8.1.2 账务处理程序的种类

目前我国会计核算工作中比较常见的账务处理程序有三种:记账凭证账务处理程序、科目汇总表账务处理程序和汇总记账凭证账务处理程序。

1) 记账凭证账务处理程序

记账凭证账务处理程序是指对发生的经济业务,先根据原始凭证或汇总原始凭证填制记账凭证,再直接根据记账凭证登记总分类账的一种账务处理程序。

2) 科目汇总表账务处理程序

科目汇总表账务处理程序又称"记账凭证汇总表账务处理程序",是指根据记账凭证定期编制科目汇总表,再根据科目汇总表登记总分类账的一种账务处理程序。

3) 汇总记账凭证账务处理程序

汇总记账凭证账务处理程序是指先根据原始凭证或汇总原始凭证填制记账凭证,定期根据记账凭证分类编制汇总收款凭证、汇总付款凭证和汇总转账凭证,再根据汇总记账凭证登记总分类账的一种账务处理程序。

上述三种账务处理程序既有相同之处,也有区别。主要区别为登记总分类账的依据和方法不同。相同之处则主要表现为三种账务处理程序所反映出的记账模式是一致的,都是会计循环的具体体现,如图 8.1 所示。

从图 8.1 中我们可以看出,三种财务处理程序都是根据原始凭证编制记账凭证,根据记账凭证中的收款凭证和付款凭证登记库存现金日记账和银行存款日记账,根据原始凭证和记账凭证登记有关的明细分类账,定期将日记账和明细分类账同总分类账进行核对,定期

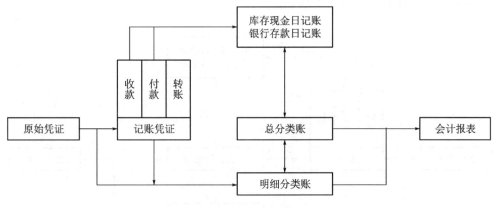

图 8.1　财务处理程序

根据总分类账和明细分类账编制财务会计报表。

8.1.3　财务处理程序的选择

每一个企业应根据自身的经营性质、业务规模的实际情况，选择适当的财务处理程序。在会计核算的实践中，一个企业只能选择一种账务处理程序，科学设计、合理组织会计凭证、账簿、财务报表及其传递程序，保证会计信息的真实、明晰、及时，简化与均衡会计核算工作，提高会计核算效率，充分发挥会计监督的作用。

企业在选择适用的账务处理程序时应遵循如下的原则，做到"三个匹配"：(1)从自身实际出发，要综合考虑企业规模、业务量的大小等因素，做到账务处理程序与业务性质相匹配；(2)保证会计核算信息的真实性、完整性和及时性，正确、及时、全面地反映企业的财务状况、经营成果和现金流量，做到账务处理程序与管理需求相匹配；(3)在保证会计信息质量的前提下，尽量简化不必要的核算程序，节约会计核算工作的人力、物力和财力，做到账务处理程序与成本效益相匹配。

选择一个合理的账务处理程序对企业具有重要意义，为企业提供高质量会计信息奠定坚实基础。一方面，合理的账务处理程序有利于规范会计工作流程，保证会计记录的真实性与完整性，提高会计信息核算的严密性，增强会计信息的可靠性。另一方面，合理的账务处理程序减少了不必要的会计核算环节，有利于提高会计核算效率，保证会计信息的及时性。

8.2　主要账务处理程序

8.2.1　记账凭证账务处理程序

1) 记账凭证账务处理程序的概念

记账凭证账务处理程序是根据原始凭证编制记账凭证，并直接根据各种记账凭证逐笔登记总分类账的一种会计核算形式。它是最基本的一种账务处理程序，也是其他账务处理程序的基础。其基本程序如图8.2所示。

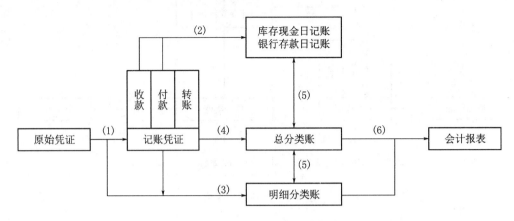

图 8.2　记账凭证账务处理程序

程序说明：

（1）审核原始凭证，根据审核后的原始凭证编制记账凭证。记账凭证可以采用通用格式，也可以采用专用格式，区分为收款凭证、付款凭证和转账凭证三类。

（2）根据收款凭证、付款凭证的内容逐日、逐笔地登记库存现金日记账和银行存款日记账。库存现金日记账和银行存款日记账的账簿结构一般是借、贷、余三栏式。

（3）根据原始凭证和记账凭证的内容登记各明细分类账。明细分类账的账簿格式有三栏式、多栏式、数量金额式等，具体格式根据各单位的实际情况及管理的要求确定，如登记原材料等账户通常采用数量金额式。

（4）根据记账凭证的内容逐笔登记总分类账。总分类账的账簿格式通常是借、贷、余三栏式。

（5）月末，将库存现金日记账、银行存款日记账和明细分类账的余额与总分类账的有关账户余额进行核对，保证账账相符。

（6）月末，根据核对无误后的总分类账和明细分类账的数据，编制会计报表。

2) 记账凭证账务处理程序的特点和优点

记账凭证账务处理程序的特点是直接根据记账凭证逐笔登记总分类账。从这一特点可以看出，记账凭证账务处理程序是最简单、最基本的账务处理程序，其他的账务处理程序是在此基础之上根据业务特性逐渐发展而来的。

记账凭证账务处理程序的主要优点是账务处理程序环节少、简单易懂、接受率高，总分类账能够比较系统全面地反映企业经济业务，有利于企业管理者加强对经济业务的把握和分析。

3) 记账凭证账务处理程序的适用范围和核算要求

随着企业规模的不断扩大，经济业务逐渐繁复，记账凭证账务处理程序的弊端也逐渐显现：以记账凭证逐笔登记总分类账的工作量很大，不便于会计工作的开展。因此，记账凭证账务处理程序一般只适用于规模较小、经济业务量较少、记账凭证不多的企业。

在记账凭证账务处理程序下，记账凭证可采用通用格式，也可同时采用专用格式（收款凭证、付款凭证和转账凭证);账簿一般设置库存现金日记账、银行存款日记账、总分类账和明细分类账,其中库存现金日记账、银行存款日记账和总分类账一般采用借、贷、余三栏式账页,明细分类账可根据管理的需要,采用三栏式、多栏式或数量金额式账页。

4) 记账凭证账务处理程序案例解析

【例8.1】 沿用本书第3章例3.1~例3.50中20×2年12月相关经济业务,根据会计分录逐笔登记总分类账,如表8.1~表8.38所示。

表8.1 银行存款账户

20×2年		凭证		摘要	借方	贷方	方向	余额
月	日	字	号					
12	1			期初余额			借方	1 603 850
12	1	收	(略)	借入短期借款	400 000		借方	2 003 850
12	8	付		支付材料采购款		23 600	借方	1 980 250
12	9	付		支付运费		3 924	借方	1 976 326
12	13	付		支付购买办公用品款		1 130	借方	1 975 196
12	15	付		支付借款利息		8 500	借方	1 966 696
12	15	付		支付前欠货款		69 980	借方	1 896 716
12	20	收		收到销售款	565 000		借方	2 461 716
12	23	付		代垫运杂费		1 000	借方	2 460 716
12	23	收		预收货款	50 000		借方	3 010 716
12	25	收		收到投资款	500 000		借方	2 960 716
12	25	收		收到销售款	176 000		借方	3 186 716
12	25	收		收到销售材料款	13 560		借方	3 200 276
12	26	付		预支职工差旅费		5 000	借方	3 195 276
12	26	付		支付产品广告费		5 300	借方	3 189 976
12	26	收		收到赔款	30 000		借方	3 219 976
12	28	付		支付罚款		14 914	借方	3 205 062
12	30	收		收回报销余款	106		借方	3 205 168
12	31	付		发放工资社保等		390 000	借方	2 815 168
12	31	付		支付水电费		2 195	借方	2 812 973
12	31	付		支付车间保险费		1 272	借方	2 811 701
12	31			本期发生额及余额	1 734 666	526 815	借方	2 811 701

表 8.2 应收账款账户

20×2年		凭证		摘要	借方	贷方	方向	余额
月	日	字	号					
12	1			期初余额			借方	0
12	23	转	(略)	赊销商品	566 000		借方	566 000
12				本期发生额及余额	566 000		借方	566 000

表 8.3 其他应收款账户

20×2年		凭证		摘要	借方	贷方	方向	余额
月	日	字	号					
12	1	转	(略)	出租闲置仓库	8 720		借方	8 720
12	26	付		预支职工差旅费	5 000		借方	13 720
12	30	转		职工报销差旅费		5 000	借方	8 720
12	31			本期发生额及余额	13 720	5 000	借方	8 720

表 8.4 原材料账户

20×2年		凭证		摘要	借方	贷方	方向	余额
月	日	字	号					
12	1			期初余额			借方	0
12	8	付	(略)	购入甲材料	21 000		借方	21 000
12	8	付		购入乙材料	62 000		借方	83 000
12	13	转		甲材料入库	31 200		借方	114 200
12	13	转		丙材料入库	42 400			156 600
12	15	转		生产领用甲材料		52 200	借方	104 400
12	15	转		生产领用乙材料		62 000		42 400
12	15	转		生产领用丙材料		33 920	借方	8 480
12	25	转		结转销售丙材料成本		8 480	平	0
12	31			本期发生额及余额	156 600	156 600	平	0

表 8.5 库存商品账户

20×2年		凭证		摘要	借方	贷方	方向	余额
月	日	字	号					
12	1			期初余额			借方	0
12	18	转	(略)	产成品验收入库	550 220		借方	550 220
12	31	转		结转销售成本		443 268	借方	106 952
12	31			本期发生额及余额	550 220	443 268	借方	106 952

表8.6 固定资产账户

20×2年		凭证		摘要	借方	贷方	方向	余额
月	日	字	号					
12	1			期初余额			借方	4 537 270
12	31			本期发生额及余额			借方	4 537 270

表8.7 无形资产账户

20×2年		凭证		摘要	借方	贷方	方向	余额
月	日	字	号					
12	1			期初余额			借方	870 000
12	31			本期发生额及余额			借方	870 000

表8.8 累计折旧账户

20×2年		凭证		摘要	借方	贷方	方向	余额
月	日	字	号					
12	1			期初余额			贷方	0
12	31	转	(略)	计提折旧		26 750	贷方	26 750
12	31			本期发生额及余额		26 750	贷方	26 750

表8.9 在途物资账户

20×2年		凭证		摘要	借方	贷方	方向	余额
月	日	字	号					
12	1			期初余额			借方	0
12	9	转	(略)	购入甲、丙材料	70 000		借方	70 000
12	9	付		分摊购买材料运费	3 600		借方	73 600
12	13	转		材料入库		73 600	平	0
12	31			本期发生额及余额	73 600	73 600	平	0

表8.10 在建工程账户

20×2年		凭证		摘要	借方	贷方	方向	余额
月	日	字	号					
12	1			期初余额			借方	0
12	15	转	(略)	支付借款利息	4 000		借方	4 000
12	31	转		预提长期借款利息	4 000		借方	8 000
12	31			本期发生额及余额	8 000		借方	8 000

表8.11 应付账款账户

20×2年		凭证		摘要	借方	贷方	方向	余额
月	日	字	号					
12	1			期初余额			贷方	0
12	8	转	(略)	购入乙材料		69 980	贷方	69 980
12	15	付		支付前欠货款	69 980		贷方	0
12	31			本期发生额及余额	69 980	69 980	平	0

表8.12 应付票据账户

20×2年		凭证		摘要	借方	贷方	方向	余额
月	日	字	号					
12	1			期初余额			贷方	0
12	9	转	(略)	购入甲、丙材料		79 100	贷方	79 100
12	31			本期发生额及余额		79 100	贷方	79 100

表8.13 应付利息账户

20×2年		凭证		摘要	借方	贷方	方向	余额
月	日	字	号					
12	1			期初余额			贷方	0
12	31	转	(略)	预提短期借款利息		500	贷方	500
12	31			本期发生额及余额		500	贷方	500

表8.14 应付股利账户

20×2年		凭证		摘要	借方	贷方	方向	余额
月	日	字	号					
12	1			期初余额			贷方	0
12	31	转	(略)	分配普通股股利		50 000	贷方	50 000
12	31			本期发生额及余额		50 000	贷方	50 000

表8.15 应付职工薪酬账户

20×2年		凭证		摘要	借方	贷方	方向	余额
月	日	字	号					
12	1			期初余额			贷方	0
12	31	转	(略)	结算员工工资		300 000	贷方	300 000
12	31	转		代扣代缴社保、公积金、个税	60 000		贷方	240 000
12	31	转		计提社保、公积金		90 000	贷方	3 300 000
12	31	付		发放工资并缴社保等	330 000		平	0
12	31			本期发生额及余额	390 000	390 000	平	0

表8.16 短期借款账户

20×2年		凭证		摘要	借方	贷方	方向	余额
月	日	字	号					
12	1			期初余额			贷方	0
12	1	收	（略）	借入短期借款		400 000	贷方	400 000
12	31			本期发生额及余额		400 000	贷方	400 000

表8.17 长期借款账户

20×2年		凭证		摘要	借方	贷方	方向	余额
月	日	字	号					
12	1			期初余额			贷方	1 604 000
12	15	付	（略）	支付借款利息	4 000		贷方	1 600 000
12	31	转		预提长期借款利息		4 000	贷方	1 604 000
12	31			本期发生额及余额	4 000	4 000	贷方	1 604 000

表8.18 应交税费账户

20×2年		凭证		摘要	借方	贷方	方向	余额
月	日	字	号					
12	1			期初余额			借方	132 880
12	1	转	（略）	出租闲置仓库		720	借方	132 160
12	8	付		购入甲材料	2 600		借方	134 760
12	8	转		购入乙材料	7 980		借方	142 740
12	9	转		购入甲、丙材料	9 100		借方	151 840
12	9	付		支付购入材料运费	324		借方	152 164
12	13	付		购买办公用品	130		借方	152 294
12	20	收		销售产品		65 000	借方	87 294
12	23	转		销售产品		65 000	借方	22 294
12	25	转		发出A产品	26 000		贷方	3 706
12	25	收		销售材料		1 560	贷方	5 266
12	26	付		支付产品广告费	300		贷方	4 966
12	30	转		报销差旅费	294		贷方	4 672
12	31	付		支付企业水电费	195		贷方	4 477
12	31	付		支付车间保险费	72		贷方	4 405
12	31	转		代扣代缴个人所得税		9 000	贷方	13 405
12	31	付		缴纳个人所得税	9 000		贷方	4 405
12	31	转		应交消费税		60 000	贷方	64 405
12	31	转		应交城建税及附加		7 728.6	贷方	72 133.6
12	31	转		应交所得税		169 039.85	贷方	241 173.45
12				本期发生额及余额	29 995	404 048.45	贷方	241 173.45

表8.19 其他应付款账户

20×2年		凭证		摘要	借方	贷方	方向	余额
月	日	字	号					
12	1			期初余额			贷方	0
12	31	付	(略)	代扣代缴工资、社保等		51 000	贷方	51 000
12	31	付		发放社保、公积金	51 000		平	90 000
12	31			本期发生额及余额	51 000	51 000	平	0

表8.20 预收账款账户

20×2年		凭证		摘要	借方	贷方	方向	余额
月	日	字	号					
12	1			期初余额			贷方	0
12	23	收	(略)	收到预收款		50 000	贷方	50 000
12	25	转		核销预收款	50 000		平	0
12	31			本期发生额及余额	50 000	50 000	贷方	0

表8.21 实收资本账户

20×2年		凭证		摘要	借方	贷方	方向	余额
月	日	字	号					
12	1			期初余额			贷方	5 550 000
12	25	转	(略)	收到投资款		450 000	贷方	6 000 000
12	31			本期发生额及余额		450 000	贷方	6 000 000

表8.22 资本公积账户

20×2年		凭证		摘要	借方	贷方	方向	余额
月	日	字	号					
12	1			期初余额			贷方	0
12	25	转	(略)	收到投资款		50 000	贷方	50 000
12	31			本期发生额及余额		50 000	贷方	50 000

表8.23 盈余公积账户

20×2年		凭证		摘要	借方	贷方	方向	余额
月	日	字	号					
12	1			期初余额			贷方	0
12	31	转	(略)	计提盈余公积		50 711.96	贷方	50 711.96
12	31			本期发生额及余额		50 711.96	贷方	50 711.96

表 8.24　本年利润账户

20×2年		凭证		摘要	借方	贷方	方向	余额
月	日	字	号					
12	31			期初余额			借方	10 000
12	31	转	（略）	结转当期费用	563 840.6		借方	573 840.6
12	31	转		结转当期收入		1 250 000	贷方	676 159.4
12	31	转		结转所得税费用	169 039.85		贷方	507 119.55
12	31	转		结转本期净利润	507 119.55		平	0
12	31			本期发生额及余额	1 240 000	1 250 000	平	0

表 8.25　利润分配账户

20×2年		凭证		摘要	借方	贷方	方向	余额
月	日	字	号					
12	1			期初余额			贷方	0
12	31	转	（略）	结转净利润		507 119.55	贷方	507 119.55
12	31	转		计提盈余公积	50 711.96		贷方	456 407.59
12	31	转		分配普通股股利	50 000		贷方	406 407.60
12	31	转		本期发生额及余额	100 711.96	507 119.55	贷方	406 407.60

表 8.26　生产成本账户

20×2年		凭证		摘要	借方	贷方	方向	余额
月	日	字	号					
12	1			期初余额			借方	0
12	15	转	（略）	生产领用	142 820		借方	142 820
12	18	转		结转生产成本		550 220	贷方	407 400
12	31	转		计算生产工人本月工资	280 000		贷方	127 400
12	31	转		计算本月社保、公积金	84 000		贷方	43 400
12	31	转		结转制造费用	43 400		平	0
12	31			本期发生额及余额	550 220	550 220	平	0

表8.27 制造费用账户

20×2年		凭证		摘要	借方	贷方	方向	余额
月	日	字	号					
12	15	转	(略)	车间一般耗用	5 300		借方	5 300
12	31	转		计算本月工资	8 000		借方	13 300
12	31	转		计算本月社保、公积金	2 400		借方	15 700
12	31	转		计提折旧	25 000		借方	40 700
12	31	转		车间耗用水电费	1 500		借方	42 200
12	31	转		支付车间保险费	1 200		借方	43 400
12	31	转		结转制造费用		43 400	平	0
12	31			本期发生额及余额	43 400	43 400	平	0

表8.28 主营业务收入账户

20×2年		凭证		摘要	借方	贷方	方向	余额
月	日	字	号					
12	20	收	(略)	销售产品		500 000	贷方	500 000
12	23	转		销售产品		500 000	贷方	1 000 000
12	25	转		销售产品		200 000	贷方	1 200 000
12	31	转		结转销售收入	1 200 000		平	0
12	31			本期发生额及余额	1 200 000	1 200 000	平	0

表8.29 其他业务收入账户

20×2年		凭证		摘要	借方	贷方	方向	余额
月	日	字	号					
12	1	转	(略)	出租闲置仓库		8 000	贷方	8 000
12	25	转		销售材料		12 000	贷方	20 000
12	31	转		结转销售收入	20 000		平	0
12	31			本期发生额及余额	20 000	20 000	平	0

表8.30 营业外收入账户

20×2年		凭证		摘要	借方	贷方	方向	余额
月	日	字	号					
12	26	收	(略)	收到赔款收入		30 000	贷方	30 000
12	31	转		结转收入	30 000		平	0
12	31			本期发生额及余额	30 000	30 000	平	0

表8.31 主营业务成本账户

20×2年		凭证		摘要	借方	贷方	方向	余额
月	日	字	号					
12	31	转	(略)	结转已售商品成本	443 268		借方	443 268
12	31	转		结转销售成本、费用		443 268	平	0
12	31			本期发生额及余额	443 268	443 268	平	0

表 8.32　其他业务成本账户

20×2年		凭证		摘要	借方	贷方	方向	余额
月	日	字	号					
12	25	转	（略）	结转已售材料成本	8 480		借方	8 480
12	31	转		结转销售成本、费用		8 480	平	0
12	31			本期发生额及余额	8 480	8 480	平	0

表 8.33　营业外支出账户

20×2年		凭证		摘要	借方	贷方	方向	余额
月	日	字	号					
12	28	付	（略）	罚款支出	14 914		借方	14 914
12	31	转		结转费用		14 914	平	0
12	31			本期发生额及余额	14 914	14 914	平	0

表 8.34　销售费用账户

20×2年		凭证		摘要	借方	贷方	方向	余额
月	日	字	号					
12	26	付	（略）	支付广告费	5 000		借方	5 000
12	31	转		结转销售成本、费用		5 000	平	0
12	31			本期发生额及余额	5 000	5 000	平	0

表 8.35　管理费用账户

20×2年		凭证		摘要	借方	贷方	方向	余额
月	日	字	号					
12	13	付	（略）	购买办公用品	1 000		借方	1 000
12	30	转		报销差旅费	4 600		借方	5 600
12	31	转		结算员工工资	12 000		借方	17 600
12	31	转		计提社保、公积金	3 600		借方	21 200
12	31	转		计提折旧	1 750		借方	22 950
12	31	付		支付企业水电费	500		借方	23 450
12	31	转		结转管理费用		23 450	平	0
12	31			本期发生额及余额	23 450	23 450	平	0

表 8.36　财务费用账户

20×2年		凭证		摘要	借方	贷方	方向	余额
月	日	字	号					
12	15	付	（略）	支付借款利息	500		借方	500
12	31	转		预提借款利息	500		借方	1 000
12	31	转		结转费用		1 000	平	0
12	31			本期发生额及余额	1 000	1 000	平	0

表8.37 税金及附加账户

20×2年		凭证		摘要	借方	贷方	方向	余额
月	日	字	号					
12	31	转	(略)	计算应交消费税	60 000		借方	60 000
12	31	转		计算应交城建税及附加	7 728.6		借方	67 728.6
12	31	转		结转费用		67 728.6	平	0
12	31			本期发生额及余额	67 728.6	67 728.6	平	0

表8.38 所得税费用账户

20×2年		凭证		摘要	借方	贷方	方向	余额
月	日	字	号					
12	31	转	(略)	计算应交所得税	169 039.85		借方	169 039.85
12	31	转		结转所得税费用		169 039.85	平	0
12	31			本期发生额及余额	169 039.85	169 039.85	平	0

月末,将库存现金日记账、银行存款日记账余额及各种明细分类账的余额合计数分别与相应的总分类账余额进行核对,并编制总分类账户本期发生额及余额试算平衡表。根据核对后的总分类账和明细分类账的记录编制资产负债表、利润表。

8.2.2 科目汇总表账务处理程序

1) 科目汇总表账务处理程序的概念

科目汇总表账务处理程序,又称为"记账凭证汇总表账务处理程序",是将一定期间内所有记账凭证汇总编制成科目汇总表,再根据科目汇总表登记总分类账的一种核算组织程序。其基本程序如图8.3所示:

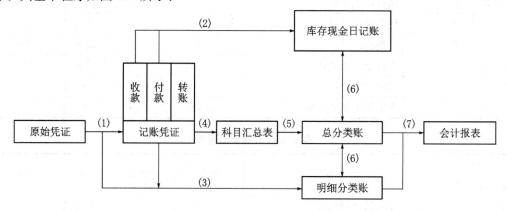

图8.3 科目汇总表账务处理程序

程序说明:

(1) 审核原始凭证,根据审核后的原始凭证编制记账凭证。记账凭证可以采用通用格式,也可以采用专用格式,区分为收款凭证、付款凭证和转账凭证三类。

(2) 根据收款凭证、付款凭证的内容登记库存现金日记账和银行存款日记账。库存现金日记账和银行存款日记账的账簿格式通常为借、贷、余三栏式。

(3) 根据原始凭证和记账凭证的内容登记各明细分类账。明细分类账的账簿格式有三栏式、多栏式、数量金额式等,具体格式根据各单位的实际情况及管理的要求确定,如登记原材料等账户通常采用数量金额式。

(4) 根据记账凭证定期汇总编制科目汇总表。注意,实务中通常以5天、10天、15天或1个月为一个周期汇总编制一次。科目汇总表的格式如表8.39和表8.40所示。

(5) 根据科目汇总表的内容登记总分类账。总分类账的账簿格式一般为借、贷、余三栏式。总分类账的登记日期通常依据科目汇总表的编制时间。

(6) 月末,将库存现金日记账、银行存款日记账和各明细分类账的余额与总分类账的有关账户余额进行核对。

(7) 月末,根据核对无误的总分类账和明细分类账的数据,编制会计报表。

2) 科目汇总表账务处理程序的特点和优点

在科目汇总表账务处理程序中,需要会计人员先根据记账凭证汇总编制科目汇总表,然后再根据科目汇总表登记总分类账,这是科目汇总表账务处理程序的显著特点。

与记账凭证账务处理程序相比,会计人员只需要根据汇总好的科目汇总表登记总分类账就可以了,这样就大大减少了登记总分类账的工作量。此外,在编制科目汇总表的过程中,可对每个科目的本期发生额合计数进行初步的试算平衡,会计人员能够及时发现记账过程中的错误,提高财务工作的准确性。但需要说明的是,科目汇总表的编制并不能反映各个科目之间的勾稽关系,通过科目汇总表无法看出具体的经济业务,因此不便于对经济业务进行分析和检查。

3) 科目汇总表账务处理程序的适用范围和核算要求

科目汇总表账务处理程序一般适用于规模较大、经济业务量较多的单位。在实务操作中,大部分规模较大的企业会选择科目汇总表账务处理程序。

科目汇总表的编制通常遵循如下步骤:首先,编制工作底稿。在工作底稿上设置记录本期经济业务的各个账户的"T"字账户,根据记账凭证逐笔登记各个账户的本期发生额,并结出每一账户"借""贷"方发生额合计数。其次,根据工作底稿编制科目汇总表,实务中为方便总分类账的登记,会计人员一般根据总分类账上的会计科目顺序来编制科目汇总表。再次,将当期全部记账凭证按照每一相同会计科目的借方和贷方进行归类,汇总每个会计科目的借方本期发生额和贷方本期发生额,即将每个会计科目本期借方发生额和本期贷方发生额填写在科目汇总表的相关栏内,加总借方、贷方发生额合计数。最后,比对借贷方合计数,如果借方发生额合计数与贷方发生额合计数相等,说明记账凭证和科目汇总表编制基本正确,可以根据科目汇总表登记总分类账。

需要说明的是,企业可根据业务量的情况来确定科目汇总表汇总的频率。业务量较少的企业可以按月汇总,业务量较多的企业则可以按1天、10天或者15天汇总。下面展示按月、按10天汇总的科目汇总表的一般格式,如表8.39、表8.40所示。

表8.39 科目汇总表(按月汇总)

年　月　　　　　　　　　　　　　　　　　　　　　　　　　　　第　号
单位：元

会计科目	本期发生额	
	借方	贷方
合计		

会计主管：　　　　　　记账：　　　　　　审核：　　　　　　编制：

表8.40 科目汇总表(按10天汇总)

年　月　　　　　　　　　　　　　　　　　　　　　　　　　　　第　号
单位：元

会计科目	1—10日		11—20日		21—30日		合计	
	借方	贷方	借方	贷方	借方	贷方	借方	贷方
合计								

会计主管：　　　　　　记账：　　　　　　审核：　　　　　　编制：

4) 科目汇总表账务处理程序案例解析

【例8.2】　沿用本书第3章例3.1～例3.50相关经济业务，编制科目汇总表，具体如表8.41所示。

表8.41 科目汇总表

20×2年12月1—31日　　　　　　　　　　　　　　　　　　　　　第1号
单位：元

会计科目	本期发生额	
	借方	贷方
银行存款	1 734 666	526 815
应收账款	566 000	
其他应收款	13 720	5 000
在途物资	73 600	73 600
原材料	156 600	156 600
库存商品	550 220	443 268
累计折旧		26 750
在建工程	8 000	
生产成本	550 220	550 220

续表

会计科目	本期发生额	
	借方	贷方
制造费用	43 400	43 400
应付账款	69 980	69 980
应付票据		79 100
应付利息		500
应付股利		50 000
预收账款	50 000	50 000
应付职工薪酬	390 000	390 000
应交税费	29 995	404 048.45
其他应付款	51 000	51 000
短期借款		400 000
长期借款	4 000	4 000
实收资本		450 000
资本公积		50 000
盈余公积		50 711.96
本年利润	1 240 000	1 250 000
利润分配	100 711.96	507 119.55
主营业务收入	1 200 000	1 200 000
其他业务收入	20 000	20 000
营业外收入	30 000	30 000
主营业务成本	443 268	443 268
其他业务成本	8 480	8 480
营业外支出	14 914	14 914
税金及附加	67 728.6	67 728.6
财务费用	1 000	1 000
销售费用	5 000	5 000
管理费用	23 450	23 450
所得税费用	169 039.85	169 039.85
合计	7 614 993.41	7 614 993.41

根据科目汇总表登记总账时,限于篇幅,只展示部分总账的登记情况,具体如表8.42~表8.44所示。

表 8.42 库存现金账户汇总表

20×2年		凭证		摘要	借方	贷方	方向	余额
月	日	字	号					
12	1			期初余额			借	0
12	31	科汇	1	1—31日发生额	106		借	106
12	31			本期发生额及余额	106		借	106

表 8.43 银行存款账户汇总表

20×2年		凭证		摘要	借方	贷方	方向	余额
月	日	字	号					
12	1			期初余额			借	1 603 850
12	31	科汇	1	1—31日发生额	1 734 560	526 815	借	2 811 595
12	31			本期发生额及余额	1 734 560	526 815	借	2 811 595

表 8.44 应收账款账户汇总表

20×2年		凭证		摘要	借方	贷方	方向	余额
月	日	字	号					
12	1			期初余额			借	0
12	31	科汇	1	1—31日发生额	566 000		借	566 000
12	31			本期发生额及余额	566 000		借	566 000

8.2.3 汇总记账凭证账务处理程序

1) 汇总记账凭证账务处理程序的概念

汇总记账凭证账务处理程序是对发生的经济业务根据原始凭证编制记账凭证,再定期将所有记账凭证编制成汇总记账凭证,根据汇总记账凭证登记总分类账的账务处理程序。其基本程序如图8.4所示:

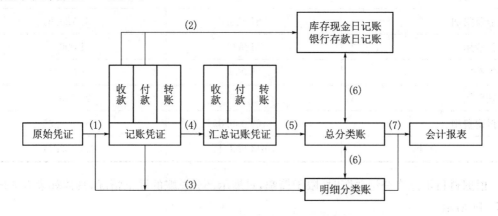

图 8.4 汇总记账凭证账务处理程序

程序说明：

(1) 审核原始凭证，根据审核后的原始凭证编制记账凭证。记账凭证可以采用通用格式，也可以采用专用格式，区分为收款凭证、付款凭证和转账凭证三类。

(2) 根据收款凭证、付款凭证的内容逐日、逐笔地登记库存现金日记账和银行存款日记账。库存现金日记账和银行存款日记账的账簿结构一般是借、贷、余三栏式。

(3) 根据原始凭证和记账凭证的内容登记各明细分类账。明细分类账的账簿格式有三栏式、多栏式、数量金额式等，具体格式根据各单位的实际情况及管理的要求确定，如登记原材料等账簿通常采用数量金额式。

(4) 根据各种记账凭证编制汇总记账凭证。汇总记账凭证一般分为汇总收款凭证、汇总付款凭证和汇总转账凭证三类。其格式见表 8.45～表 8.47。

(5) 根据各种汇总记账凭证登记总分类账。总分类账的账簿格式一般采用借、贷、余三栏式。

(6) 月末，将库存现金日记账、银行存款日记账、各明细分类账的余额与有关总分类账的余额进行核对。

(7) 月末，根据核对无误的总分类账和明细分类账的数据，编制会计报表。

2) 汇总记账凭证账务处理程序的特点和优缺点

在汇总记账凭证账务处理程序下，会计人员需要定期将各种记账凭证按收、付、转专用记账凭证的要求分别编制对应的汇总记账凭证，然后再根据各汇总记账凭证登记总分类账，这是汇总记账凭证账务处理程序的主要特点。

在汇总记账凭证账务处理程序下，总分类账是根据归类形成的汇总记账凭证在月末一次登记入账的，这样可以在很大程度上减轻登记总账的工作量，提高会计核算工作的效率，为及时、准确地编制会计报表奠定了基础。此外，汇总记账凭证是按照科目对应关系分类汇总后编制的，这样的做法可以较为清楚地反映账户之间的对应关系，便于管理者了解经济业务，进一步对财务信息进行分析、检查。

此外，汇总记账凭证账务处理程序也具有一定的局限性。汇总记账凭证是根据会计账户的借方或者贷方编制的，并没有按照经济业务的性质进行分类汇总，不便于财务工作的分工。并且，在企业业务量比较大的时候，大量的记账凭证也会加大汇总记账凭证编制的工作量。

3) 汇总记账凭证账务处理程序的适用范围和核算要求

汇总记账凭证账务处理程序适用于规模较大、经济业务较多的单位。这种账务处理程序的关键是汇总记账凭证的编制。汇总记账凭证是对一段时间内同类专用记账凭证进行定期汇总而编制的记账凭证。汇总记账凭证根据所汇总的专用记账凭证不同，可以分为三种：汇总收款凭证、汇总付款凭证和汇总转账凭证。汇总记账凭证账务的具体核算方法如下：

(1) 汇总收款凭证的编制方法

汇总收款凭证是指按库存现金、银行存款的借方分别设置，并按其对应的贷方科目进行归类，定期汇总，在汇总收款凭证中填列计算出的每一个贷方科目发生额的合计数。一般每隔 5 天或 10 天汇总一次，每月编制一次。月末时，结算出汇总收款凭证中各贷方科目的合计数，并据此登记总分类账。汇总收款凭证汇总了一定时期内与库存现金和银行存款账户相关的收款业务，其格式如表 8.45 所示。

表 8.45　汇总收款凭证

借方科目：　　　　　　　　　　　　　　年　月　　　　　　　　　　　　　　汇收第　号

贷方科目	金额			总账页数		
	1—10 日 收款凭证 第　号至第　号	11—20 日 收款凭证 第　号至第　号	21—30 日 收款凭证 第　号至第　号	合计	借方	贷方
合计						

（2）汇总付款凭证的编制方法

汇总付款凭证是指按库存现金、银行存款的贷方分别设置，并按其对应的借方科目进行归类，定期汇总，在汇总付款凭证中填列计算出的每一个借方科目发生额的合计数。一般每隔 5 天或 10 天汇总一次，每月编制汇总。月末时，结算出汇总付款凭证中各借方科目的合计数，并据此登记总分类账。对于库存现金和银行存款之间相互划转的业务，按汇总付款凭证处理。汇总付款凭证汇总了一定时期内库存现金和银行存款的付款业务，其格式如下表 8.46 所示：

表 8.46　汇总付款凭证

贷方科目：　　　　　　　　　　　　　　年　月　　　　　　　　　　　　　　汇付第　号

借方科目	金额			总账页数		
	1—10 日 付款凭证 第　号至第　号	11—20 日 付款凭证 第　号至第　号	21—30 日 付款凭证 第　号至第　号	合计	借方	贷方
合计						

（3）汇总转账凭证的编制方法

汇总转账凭证是指按每一贷方科目分别设置，并按其对应的借方科目进行归类，定期汇总，在汇总转账凭证中填列计算出的每一借方科目发生额合计数。一般每隔 5 天或 10 天汇总一次，每月编制一次。月末时，结算出汇总转账凭证中各借方科目的合计数，并据此登记总分类账。为了便于编制汇总转账凭证，所有转账凭证只能按一借一贷或多借一贷来填制，而不能填制一借多贷的转账凭证。汇总转账凭证汇总了一定时期内的转账业务，其格式如表 8.47 所示。

表 8.47　汇总转账凭证

贷方科目：　　　　　　　　　　　　　　年　月　　　　　　　　　　　　　　汇转第　号

借方科目	金额			总账页数		
	1—10 日 转账凭证 第　号至第　号	11—20 日 转账凭证 第　号至第　号	21—30 日 转账凭证 第　号至第　号	合计	借方	贷方
合计						

根据汇总记账凭证登记总分类账的方法是：月末，根据汇总收款凭证的合计数，登记在"库存现金""银行存款"等总分类账户的借方，以及有关账户的贷方；根据汇总付款凭证的合计数，登记在"库存现金""银行存款"等总分类账户的贷方，以及有关账户的借方；根据汇总转账凭证的合计数，记入有关总分类账户的借方和贷方。

4）汇总记账凭证账务处理程序案例解析

【例8.3】 沿用本书第3章例3.1～例3.50相关经济业务，根据12月发生的经济业务编制的记账凭证间隔10天汇总填制一次，限于篇幅，本例中汇总凭证只展示部分对应科目，具体见表8.48～表8.50。

表8.48　汇总收款凭证

借方科目：银行存款　　　　　　　　　20×2年12月　　　　　　　　　　　汇收第1号

贷方科目	金额				总账页数	
	1—10日收款凭证 第　号至第　号	11—20日收款凭证 第　号至第　号	21—30日收款凭证 第　号至第　号	合计	借方	贷方
短期借款	400 000			400 000		
实收资本			450 000	450 000		
资本公积——资本溢价			50 000	50 000		
主营业务收入		500 000		500 000		
……	……	……	……	……		
合计	……	……	……	……		

表8.49　汇总付款凭证

贷方科目：银行存款　　　　　　　　　20×2年12月　　　　　　　　　　　汇付第1号

借方科目	金额				总账页数	
	1—10日付款凭证 第　号至第　号	11—20日付款凭证 第　号至第　号	21—30日付款凭证 第　号至第　号	合计	借方	贷方
财务费用		500		500		
长期借款——利息		4 000		4 000		
在建工程		4 000		4 000		
原材料——甲材料	21 000			21 000		
……	……	……	……	……		
合计	……	……	……	……		

表 8.50　汇总转账凭证

贷方科目：在途物资　　　　　　　　　20×2 年 12 月　　　　　　　　　汇转第 1 号

借方科目	金额				总账页数	
	1—10 日 转账凭证 第　号至第　号	11—20 日 转账凭证 第　号至第　号	21—30 日 转账凭证 第　号至第　号	合计	借方	贷方
原材料		73 600		73 600		
合计		73 600		73 600		

8.3　信息化背景下的账务处理程序

8.3.1　会计信息化的相关概念

会计信息化是会计与信息技术的结合，指企业利用计算机、网络通信等现代信息技术手段开展会计核算，并利用上述技术手段将会计核算与其他经营管理活动有机结合的过程。会计信息化是信息社会对企业财务信息管理提出的一个新要求，是企业会计顺应信息化浪潮所做出的必要举措，有助于增强企业的竞争力，提高会计管理决策能力和企业管理水平。

实现会计信息化离不开会计软件的使用。会计软件是指企业使用的、专门用于会计核算和财务管理的计算机软件、软件系统或者其功能模块。目前会计软件主要有用友、金蝶、浪潮、微软等。会计软件主要可以实现以下功能：(1)为会计核算和财务管理直接采集数据。(2)生成会计凭证、账簿、报表等会计资料。(3)对会计资料进行转换、输出、分析、利用。

企业资源计划(ERP)由美国加特纳集团(Gartner Group)于 1990 年提出，是一种主要面向制造行业进行物资资源、资金资源和信息资源集成一体化管理的企业信息管理系统。ERP 是一个以管理会计为核心，可以提供跨地区、跨部门，甚至跨公司整合实时信息的企业管理软件。通过软件将物资资源管理(物流)、人力资源管理(人流)、财务资源管理(财流)、信息资源管理(信息流)紧密集成，实现资源优化和共享。它跳出了传统企业边界，从供应链范围去优化企业的资源，是基于网络经济时代的新一代信息系统，它主要用于改善企业业务流程以提高企业核心竞争力。

企业实现信息化管理是一个循序渐进的过程。企业应首先实现会计核算的信息化，并结合自身情况，逐步实现资金管理、资产管理、预算控制、成本管理等财务管理的信息化。随后，企业应当结合自身情况，逐步实现财务分析、全面预算管理、风险控制、绩效考核等决策支持信息化。分公司和子公司数量多、分布广的大型企业以及企业集团应当探索利用信息技术促进会计工作的集中，逐步建立财务共享服务中心。

8.3.2　会计信息化对账务处理程序的影响

1) 传统的会计流程

传统的会计核算方法主要是指设置会计科目及账户、复式记账、填制和审核凭证、登记账簿、成本核算、财产清查和编制财务会计报告等相关核算方法。应用这些相互联系的会计核算方法提供会计核算信息,便形成了传统的会计业务流程(图 8.5),也是会计循环的具体体现。

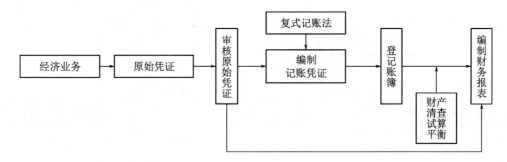

图 8.5　传统会计核算流程

在传统的会计核算流程中,始终体现着"原始凭证—记账凭证—会计账簿—会计报表"这一条主线,这样的核算流程也再次体现了会计循环。整个核算流程起点是发生经济业务,会计部门接受、审核原始凭证,分析凭证所反映出的经济业务的内容,并根据会计制度、会计准则、企业的核算原则开设账户、编制记账凭证、登记账簿和编制财务报表。此外,会计人员需要在这一核算流程中进行多次审核、验证,形成平行登记、试算平衡、财产清查等方法,以保证账账、账证、账表相符,从而实现会计信息的真实性和准确性。

但是,传统会计业务流程也存在着缺陷。主要体现在:(1)信息采集不充分。在传统会计流程中,会计部门通常只采集符合会计定义的数据,往往会忽略管理信息。(2)数据高度汇总。原始凭证的信息需要经过过滤、汇总后形成记账凭证、账簿和报表,报表数据具有高度汇总性,很难直接反映经营活动。(3)会计信息按照会计科目加工、汇总生成账簿并编制四张财务报表,限制了相关决策者从多层次、多视角探究和分析企业的财务状况、经营成果等。(4)数据采集具有一定的滞后性。会计数据的采集是在经济业务发生之后,会计数据的加工、财务报告的生成必须经过若干后台加工后才能提交到使用者手中,使其不能得到所需的实时信息。

2) ERP 环境下会计业务流程

根据会计信息系统论的观点,会计业务流程可以抽象为三类主要活动或子流程,具体为:

(1) 数据采集流程。主要是从经济业务流程中采集数据,为加工流程服务。

(2) 数据加工与存储流程。根据反映经济活动的原始凭证编制、审核记账凭证,然后对其进行分类、计算、传递,并形成各类账簿。

(3) 报告信息流程。以记账凭证、账簿为依据,编制内部报表和外部报表,并提交给投资人、债权人、管理者等利益相关者的过程。

会计核算的信息化促使会计工作由单纯对数字的计量与记录转变为对经济信息的深度综合分析,带来了传统会计核算流程向信息化新流程的转变,使得过去在会计工作中不能实现的理想化的工作方法成为现实。与传统的会计业务流程相比,ERP 环境下的会计业务流程表现为集成性和实时性,具体如图 8.6 所示。

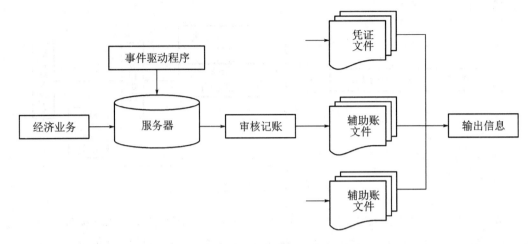

图 8.6　ERP 环境下的会计业务流程

ERP 环境下的会计业务流程分为会计数据的采集、会计数据的处理、会计信息的输出三部分。

(1) 会计数据的采集

业务事项一经发生,其业务事件数据便由各业务部门的管理信息子系统加以收集,并按一定编码将业务事件数据通过企业的网络传递到系统后台业务事件数据库中保存,系统采集企业中的全部业务活动的全部数据,包括财务信息和非财务信息。会计部门需要对数据进行加工时,直接从后台业务事件数据库中调用数据进行加工。

(2) 会计数据的处理

与传统会计业务流程对会计数据的处理不同,ERP 环境中会计凭证不是都由会计人员填制的,大部分会计凭证是由系统自动生成的。当一项经济业务发生时,由相关部门人员在 ERP 系统各业务模块录入业务信息,该信息将自动存储在业务事件数据库中。企业执行业务事件的同时,实时触发多个事件驱动程序,将业务事件信息传递到财务模块中,通过执行业务规则和信息处理规则,实时生成集成信息。在总账模块自动生成会计凭证,使物流、资金流、信息流同步生成。

会计期末系统将进销存模块、固定资产核算模块、工资核算模块中与成本核算相关的数据通过总账模块,自动转入成本核算模块,进行实时的成本核算后将结果转回总账模块。最终由总账模块自动生成会计报表。

(3) 会计信息的输出

由于 ERP 系统是事件驱动的,事件驱动会计业务流程包括加工模型库和报告生成器。当信息使用者想从系统中获取信息时,由信息使用者提出要求、发出指令,系统的报告生成器根据用户的选择,启动相应的信息处理程序模块,调用模型库中适合的会计处理程序,对业务数据库中的信息进行加工处理,生成用户需要的信息,并将处理结果实时反馈给信息使用者[①]。

3) 会计信息化对会计核算的影响

（1）原始凭证形式的电子化和收集的集成化

信息技术的发展使信息系统朝着无纸化、自动化、集成化的方向发展。

信息技术给会计带来的一个明显的变化就是会计与业务的协同集成。系统借助数据库技术和网络技术，使整个企业成为一个有机的内部网系统。会计与业务的协同集成包括与企业内部部门的协同、与供应链的协同、与社会相关部门的协同。现代信息化带来无纸化数据环境，与企业供、产、销、存有关的合同、提单、保险单、发票等书面记录被相应的电子记录所代替。

ERP 系统的集成功能解决了信息孤立的问题。而会计信息系统与企业其他信息子系统的集成也无法脱离原始凭证的电子化。

（2）记账凭证生成的智能化

随着计算机的智能化，数据库的引进以及原始凭证电子化的实现，记账凭证自动生成成为一种趋势。原始凭证的电子化和收集的集成化、记账凭证生成的智能化不仅提高了会计人员的工作效率，更能使会计部门与业务部门有效地集成，大大提高了会计信息的及时性、完整性。

（3）财务报告体系的互动化

传统财务会计提供的会计报表是以历史成本为基础编制的通用的、标准的会计报表。这种报表依据通用会计准则编制，能够满足外部使用者的共同需求，但没有或者很少考虑信息使用者的个性需要。在信息化背景下，网络交互技术、数据库技术的发展和逐步完善为信息使用者参与会计信息生成过程提供了技术保证，同时也满足了信息使用者对个性化会计信息的需求。会计信息提供的定期性、定量化应该被多样化、个性化所代替。

关键术语

记账凭证账务处理程序（bookkeeping procedure using underlying vouchers）
科目汇总表账务处理程序（bookkeeping procedure using categorized accounts summary）
汇总记账凭证账务处理程序（bookkeeping procedure using summary voucher）

本章思考

1. 什么是账务处理程序？常见的账务处理程序有哪些？
2. 记账凭证账务处理程序有什么特征？适用情况是什么？
3. 科目汇总表账务处理程序有什么特征？适用情况是什么？
4. 汇总记账凭证账务处理程序有什么特征？适用情况是什么？

---

① 丁星鹏. 现代信息化条件下会计核算方法的变革研究[D]. 大连：东北财经大学，2011.

5. 信息化对会计账务处理程序的影响有哪些？
6. 我国会计信息化的发展历程是怎样的？从中可以得到哪些启示？

思政园地

我国会计信息化发展历程

（一）第一阶段（1979—1988年）：缓慢探索，渐入正轨

改革开放之初，我国开始尝试推行会计电算化。1979年，财政部和第一机械工业部为中国第一家会计电算化试点单位——长春第一汽车制造厂提供了560万元的财政支持，长春第一汽车制造厂借此从民主德国进口一台EC-1040计算机以实行电算化会计。彼时，计算机只作为工资会计的辅助工具。1981年，长春第一汽车制造厂和中国人民大学联合主办"财务、会计、成本应用电子计算机专题研讨会"，会议中将计算机技术在会计工作中的应用正式命名为"会计电算化"，这是我国首次确立"会计电算化"的概念。1982年，国务院主导成立计算机和集成电路领导小组，重点推广计算机的应用，北京、上海、广州等发达地区的公司先后开展试点工作。自1984年以来，中国人民大学组织研究生先后为北京、石家庄的部分企业开发会计应用软件，帮助企业进行账务处理、报表编制、会计核算等工作。1984年，财政部财政科学研究所首次招收会计电算化研究生，中国会计电算化高等教育迈出新步伐。1987年，财政部颁布《关于国营企业推广应用电子计算机工作中的若干财务问题的规定》，从提倡发展基金和严格管理成本支出两方面促进会计电算化的发展。1987年11月，中国会计学会正式成立会计电算化研究小组，其理论研究引起业内人士的广泛重视，中国会计电算化高等教育在缓慢摸索中渐入正轨。1988年6月，由财政部财政科学研究所主办的全国首届会计电算化学术研讨会在河北承德召开，会议提出了会计电算化应加强通用化、商业化，这为会计电算化的发展指明了方向。同年8月，中国会计学会举办学术研讨会，对会计软件的实际运用提出了合理化建议。在起步之初，各界人士都在积极探索会计软件的商业化发展道路，为会计电算化的快速发展提供了理念、制度和人员上的准备。在会计电算化应用起步的同时，会计电算化教育和科研也取得了一定进展。

（二）第二阶段（1989—1998年）：重点关注，快速发展

1989年，为交流会计电算化的管理工作经验，促进会计电算化的进一步升级，财政部召开了会计电算化管理专题讨论会，讨论并修订了《会计核算软件管理的几项规定（试行）》。该规定明确了政府会计电算化的重要性，决定在各级财政部门推行会计电算化的试点工作，会计电算化逐渐代替传统手工记账。自此，会计电算化开启了实践应用的新纪元。

随着国内会计电算化的推行，我国会计软件市场日益扩大。众多国际大型会计软件开发公司纷纷进驻我国进行市场开发与拓展。一些本土会计软件开发公司如用友、金算盘、金蝶等纷纷成立，促进了会计软件在我国企业核算中的应用与推广，进而推动了我国会计电算化的发展。财政部颁布的《会计电算化知识培训管理办法（试行）》则进一步促进了会计电算化社会教育的发展。截至1998年底，我国约有两万名会计人员接受过正规会计电算化的培训，为财务软件的实践应用提供了重要的人员支撑。在社会教育取得一定成效的同时，高等教育也取得重大突破。

(三)第三阶段(1999—2008年):厚积薄发,稳步提高

1999年,会计软件市场管理暨会计信息化理论专家座谈会召开,会上探讨了会计软件的市场情况,交流了企业会计电算化的管理经验,并明确指出会计信息化将成为21世纪会计电算化的发展方向。在此之后,我国一系列软件开发企业以及会计软件的发展也印证了这一预想。

2003年,上交所和深交所陆续开展可扩展商业报告语言(XBRL)应用试点,XBRL研究逐步成为社会热点。2004年,中国会计学会成功举办"第三届全国会计信息化年会暨杨纪琬教授创建会计电算化高等教育二十周年纪念会"。大会研究了如何完善会计信息化教学体系,并讨论了开展会计信息化实践应用的具体路径。2005年,财政部先后颁布《会计从业资格管理办法》《初级会计电算化考试大纲》,明确了会计信息化的地位和从业人员所需达到的具体要求。2006年,中国XBRL研讨会在北京召开,明确XBRL研究在今后一段时间将作为主要研究方向,为会计信息化提供统一标准。2008年,我国会计信息化委员会暨XBRL中国地区组织成立大会在北京召开,中央各部门共同发力,从制度、准则和人才储备方面为会计信息化标准体系的建立提供了支持与保障。

(四)第四阶段(2009年至今):与时俱进,全面推进

2009年,财政部颁布《关于全面推进我国会计信息化工作的指导意见》,从意义、主要任务和措施要求三个方面阐述全面推进会计信息化工作的具体内容。会计信息化的施行是以计算机软件的良好应用为基础,因此在实践中,会计人员不仅需要精通会计专业知识,具备会计专业胜任能力,同时也需熟练掌握会计软件系统,以此来保障会计信息化工作的顺利开展,更好地发挥信息化工作的优越性。当前,会计工作与计算机系统间的联系更为紧密,各行业各领域都将会计软件作为处理会计工作的主要工具,会计软件的应用领域日益宽广。

科学技术的发展将人类带入"大智移云"时代。会计信息化建设逐渐从局域网网络进行管理的财务会计软件,向互联网综合利用阶段进发。但是现阶段的会计信息化更多是进行日常会计核算和财务报表编制等基本会计工作,缺少对"大智移云"的有效利用及政企之间、企业之间的信息交互。2017年,德勤会计师事务所推出财务机器人,提供了财务自动化流程解决方案,这标志着会计工作正式由"信息化"向"智能化"转变。

2021年12月,财政部印发了《会计信息化发展规划(2021—2025年)》,科学规划了"十四五"时期会计信息化工作,指导企事业单位、其他组织应用会计数据标准,推进会计数字化转型,支撑会计职能拓展,推动会计信息化工作向更高水平迈进。

第 9 章 会计工作组织与管理

学习目标

1. 价值塑造：培养学生成为懂法、守法的合格会计人才；培养学生爱岗敬业、诚实守信的品质，具备高度社会责任感；引导学生养成重要文件归档管理的习惯，做到有案可稽。

2. 知识传授：了解正确组织会计工作的意义，理解会计工作组织的含义、内容及组织会计工作的基本要求；理解会计机构的设置及组织形式；熟悉会计岗位分工要求及会计岗位责任制；熟悉会计人员的职责和工作权限；熟悉会计职业的发展；熟悉财经法律法规和国家统一会计制度；熟悉会计档案的归档、保管、借阅、销毁等程序。

3. 能力培养：培养学生凭证、账簿等归档管理的能力。

引入案例

2020年9月24日，证监会发文称，经查明，康得新复合材料集团股份有限公司（以下简称"康得新"）存在以下违法事实：(1)2015年至2018年年度报告存在虚假记载；(2)未及时披露及未在年度报告中披露为控股股东提供关联担保的情况；(3)未在年度报告中如实披露募集资金使用情况。根据2005年《中华人民共和国证券法》的有关规定，证监会做出如下处罚决定：(1)对康得新复合材料集团股份有限公司责令改正，给予警告，并处以60万元罚款；(2)对康得新实际控制人钟某给予警告，并处以90万元罚款；对财务总监王某给予警告，并处以30万元罚款；对徐某、张某等其他高管人员处以3万～20万元不等的罚款。2021年4月6日，深圳证券交易所正式做出康得新退市的决定。5月31日，康得新被正式摘牌，由钟某率领康得新造假这一出大戏正式落下帷幕。康得新从一个千亿市值的民族工业企业，到后来陷入无尽诉讼，背后的原因引发人们诸多思考。

企业各种会计信息造假行为，无论动机、方式如何，都与会计工作组织、会计人员岗位职责的履行、对会计法规的遵循等密切相关。因此，正确组织会计工作、强化会计人员的法治观念与道德修养，对于提高会计信息质量，更好地发挥会计核算与监督职能具有重要意义。

资料来源：根据《中国证监会行政处罚决定书》（〔2020〕71号）相关内容改编。

9.1 会计工作组织概述

会计工作的组织是实现会计目标、完成会计工作任务、发挥会计工作作用的重要保证。正确、高效地组织会计工作，就是要求企业设置合理的会计机构并明确岗位职责，配备适当的会计人员并规划其职业发展,建立和执行各项会计制度,以达到和加强经营管理的要求。

9.1.1 会计工作组织的含义及内容

会计工作是指运用一套会计专门方法,对会计事项进行处理的活动。会计是通过会计工作对各个单位日常活动实施管理的,所以会计是经济管理的重要组成部分,具有管理职能。会计管理是指会计机构和会计人员按照一定的目标为满足国家宏观调控、企业所有权人以及企业管理层的需要,对企业的资金运动过程及结果进行控制、计划、决策、考核和分析等的总称。会计管理职能作用的发挥离不开会计工作组织的存在及其正常运行。

所谓会计工作组织,就是根据会计工作的特点,设置会计机构,配备会计人员,制定与执行会计规范以及保管会计档案,保证会计工作有序、有效、合理地进行。从广义上讲,凡是与组织会计工作有关的一切事务都属于会计工作组织的内容;从狭义上说,会计工作组织的内容主要包括会计工作管理体制、会计机构设置、会计人员配备、会计规范的制定与执行以及会计档案管理等。

9.1.2 正确组织会计工作的意义

科学、有效地执行会计工作,对于实现会计目标、完成会计任务、发挥会计作用具有重要意义。具体来说,包括:

1) 有利于保证会计工作质量,提高会计工作效率

会计工作所反映的经济活动是错综复杂的,对于这些错综复杂的经济活动进行连续、系统的核算,需要经过会计凭证、会计账簿和会计报表等一系列确认、计量、记录、分类、汇总、分析、检查的手续和处理程序。在各种手续及处理程序之间又存在着密切的联系,任何一个环节出现脱节或差错,都可能影响整个核算工作及其结果的正确性与及时性,严重的甚至造成决策失误。因此,为了保证会计工作按照既定手续和处理程序有条不紊地进行,以确保会计工作质量,提高会计工作效率,就必须正确、科学地组织会计工作。

2) 有利于加强企业单位内部经济责任制

经济责任制是各企业单位实行内部经济管理的重要手段,而会计作为经济管理的重要组成部分,在贯彻落实内部经济责任制中发挥着重要作用。内部经济责任制中的业绩考评、预测和决策等方面的工作,都需要会计工作所提供的信息,都离不开会计工作的配合和支持。因此,科学地组织会计工作可以促进企业单位内部及有关部门有效地利用资金,提高管理水平和经济效益。

3) 有利于确保会计工作与其他经济管理工作的协调性

会计工作是一项综合性很强的经济管理工作,企业发生的各项经济活动,都需要通过会计工作加以反映和监督。会计工作与其他经济管理工作有着十分密切的联系,它们在加强科学管理、提高经济效益的共同目标下,相互补充、相互促进、相互影响。会计工作既与宏观的国家财政、税收、金融工作有着密切的联系,又同各单位内部的计划、统计等工作密切相关。这就要求会计工作不仅严格服从国家财政税收管理,加强与金融工作的密切合作,还要与各单位的计划和统计工作保持口径一致,相互协调,共同完成经济管理的各项任务。总之,正确的组织会计工作既有利于企业单位经济活动的顺利进行,也有利于整个国民经济的正常发展。

4) 有利于充分发挥会计监督作用

会计工作是一项政策性很强的工作,可以发挥会计监督的作用,认真贯彻国家有关方针、政策、法令和制度,揭露并制止一切违法乱纪行为也是会计工作的重要任务。因此,正确、科学地组织会计工作,对于贯彻执行国家的方针、政策、法令和制度,维护财经纪律,建立良好的社会经济秩序具有十分重要的意义。

9.1.3 组织会计工作的基本要求

组织会计工作的基本要求,是指通过组织会计工作,提高会计工作质量和效率应遵循的基本规律,它是组织会计工作的基本保证。其基本要求如下:

1) 统一性要求

会计提供的各项数据资料,既是企业单位遵循国家方针、政策,执行计划和预算的结果,又是国家制定方针、政策,编制计划和预算的重要依据之一。为了充分发挥会计的重要作用,国家对会计工作的重要方面都做了统一的规定。遵循国家的统一规定,是各个企业单位组织会计工作的首要原则。会计工作组织要贯彻执行国家各种法规、制度,如《会计法》《总会计师条例》《企业会计准则》《会计档案管理办法》和《企业会计信息化工作规范》等。

2) 适应性要求

组织会计工作既要遵循国家统一要求,又要考虑企业的实际情况。由于不同行业、不同规模、不同经营方式的企业,其经济业务内容和数量各不相同,因此,企业单位在设置会计机构、配备会计人员、建立会计制度时,必须结合本单位的特点做出具体安排,以适应其经营管理的需要。

3) 效益性要求

在组织会计工作时,应在保证会计工作质量的前提下,尽量节约会计工作的时间和费用。所有会计凭证、账簿、报表的设计,各种会计处理手续和程序的规定,会计机构的设置和会计人员的配备等,均要考虑成本效益原则,以最少的人力、物力、财力消耗取得最好的工作效果。

4) 内部控制及经济责任制要求

组织会计工作时要遵循内部控制的原则,在保证整个单位经济责任制得到贯彻执行的前提下,建立和完善会计工作自身的责任制,在现金出纳、财产物资进出以及各种费用的开支等方面形成彼此牵制的机制,防止工作中出现失误和弊端。对会计工作进行合理分工,不同岗位上的会计人员各司其职,使得会计处理手续和会计工作程序达到规范化、条理化。

9.2 会计机构与岗位设置

会计机构是直接从事和组织领导会计工作的职能部门。建立和健全各单位的会计机构是保证会计工作正常进行、充分发挥会计管理作用的重要条件。

9.2.1 会计机构的设置

基层企业单位的会计机构,通常把处理财务和会计工作的机构合并为一个部门,称为会计(财务)处、科、股、组等。各单位的会计机构,在行政领导人的领导下开展会计工作。在设置总会计师的单位,其会计机构由总会计师直接领导,负责组织和监督本企业及下属各级财务会计工作,制定本单位的财务会计制度,处理本单位的财务收支,并对本单位的经济活动进行核算汇总,编制本单位的会计报表,同时接受上级主管部门的指导和监督。

在实务操作中,每个企业单位都要设置合理的会计机构,建立健全会计工作岗位责任制,对每一项会计工作都应定人定岗,由专人负责。对会计工作的管理分工,还必须满足内部牵制制度的要求,建立稽核制度,有利于防止和发现工作中的差错、失误和弊端。除上述情况外,我国有关法规还规定:不具备单独设置会计机构条件的单位,应在有关机构中配备专职会计人员,并指定会计主管人员;没有设置会计机构和配备专职会计人员的单位,应当委托经批准设立从事会计代理记账业务的中介机构,如会计师事务所或者持有代理记账许可证的其他代理记账机构进行代理记账。

知识链接 9-1

代理记账机构可以接受委托办理哪些业务呢?

根据《代理记账管理办法》第十一条的规定,代理记账机构可以接受委托办理下列业务:

(1) 根据委托人提供的原始凭证和其他相关资料,按照国家统一的会计制度的规定进行会计核算,包括审核原始凭证、填制记账凭证、登记会计账簿、编制财务会计报告等;

(2) 对外提供财务会计报告;

(3) 向税务机关提供税务资料;

(4) 委托人委托的其他会计业务。

9.2.2 会计机构的组织形式

会计机构的组织形式根据企业的具体情况不同分为集中核算和非集中核算两种。

1) 集中核算组织

所谓集中核算,是指企业经济业务的总分类核算、明细核算、会计报表编制和各有关项目的分析考核等会计工作,集中在厂级会计部门进行。其他职能部门、车间、仓库的会计组织和会计人员,只负责登记原始记录和填制原始凭证,经初步整理后,为厂级会计部门进一步核算提供资料。实行集中核算组织形式可以减少核算层次,精简会计人员。

2) 非集中核算组织

非集中核算又称"分散核算",是指其他职能部门、车间、仓库的会计组织或会计人员在厂部会计部门的指导和监督下,分别进行与其业务有关的凭证整理、明细分类核算、有关会计报表的编制,特别是适应企业内部单位日常管理需要的内部报表的编制和分析。但总分类核算、全厂性会计报表的编制和分析仍由厂级会计部门集中进行。实行非集中核算组织形式,有利于各业务部门和车间及时地利用核算资料进行日常的分析和考核,因地制宜地解决生产经营上的问题。

一个单位是实行集中核算组织形式还是非集中核算组织形式,主要取决于自身经营管理的需要。集中核算与非集中核算是相对的,在一个单位内部,对各个业务部门可以根据管理的要求,分别采用集中核算和非集中核算。集中核算和非集中核算的具体内容和方法可以有所不同。但是,无论采用哪种组织形式,各单位对外的货币性资产收付、物资购销和债权债务的结算都应由会计部门集中统一办理。

9.2.3 会计岗位设置

会计工作的岗位,就是财务会计机构的内部按照会计工作的内容和会计人员的配备情况进行管理分工,使每项工作都有专人负责,每位会计人员都能明确自己的职责。

1) 会计岗位分工要求

各单位的会计机构,一般需要按照会计工作内容的繁简和会计人员的多寡进行合理分工,并建立会计工作岗位责任制,定人员、定岗位,明确分工、各司其职。岗位责任制的建立既有利于会计人员钻研分管的业务,使会计工作程序化、规范化,又有利于落实责任,提高工作效率和工作质量。

具体来说,会计岗位的设置应符合以下要求:

(1) 会计工作岗位应与本单位业务活动的规模、特点和管理要求相适应。因此,会计岗位可以一人一岗、一人多岗或者一岗多人。

(2) 会计岗位设置应符合内部牵制制度的要求。内部牵制制度(钱账分管制度)是指凡涉及款项和财务收付、结算及登记的任何一项工作,必须由两人或两人以上分工办理,以起到相互制约作用的一种工作制度,是内部控制制度的重要组成部分。其中要求:出纳不得兼管稽核,会计档案保管,收入、费用、债权债务账目的登记工作(而不是所有记账工作);出纳以外的人员不得经管现金、有价证券、票据。

(3) 对会计人员的工作岗位要有计划地进行轮岗。这样,一方面可以使会计人员全面熟悉本单位内部的各项核算工作,不断提高业务素质,增强综合工作能力;另一方面还可以促使各岗位会计人员相互配合、协调工作,发挥团队作用。

2) 会计工作岗位责任制

会计工作岗位责任制,也叫"会计人员岗位责任制",是指在会计机构内部按照会计工作的内容和会计人员的配备情况,将会计机构的工作划分为若干个岗位,并按岗位规定职责进行考核的责任制度。其基本目标在于规范单位会计行为,保证会计资料真实、完整;堵塞漏洞、消除隐患,防止并及时发现、纠正错误及舞弊行为,保护单位资产的安全性、完整性;明确职责权限,形成相互制衡机制;确保国家有关法律法规和单位内部规章制度的贯彻落实。

财政部《会计基础工作规范》(2019年修订)第八十六条要求各单位要建立会计人员岗位责任制度。会计人员岗位一般可分为会计主管、出纳、采购和付款、销售和收款、往来核算、工资核算、存货核算、固定资产核算、成本核算、对外投资、资金管理、总账报表、稽核、档案管理等,其岗位职责具体如下:

(1) 会计主管的岗位职责

会计主管是企业会计工作的组织者和领导者。会计主管的职责主要包括：领导本单位的财务会计工作；组织制定和贯彻适应本单位经济核算需要的各项财务会计制度；组织编制本单位财务成本计划、银行借款计划等并组织实施；会同有关部门做好资金核定工作；积极组织全面经济核算，参加生产经营会议，参与经营决策；参与经济合同、协议及其他经济文件的拟定与审查；负责向本单位领导和职工代表大会报告财务状况和经营成果，审查对外提供的会计资料；负责会计人员的考核与管理，参与研究会计人员的任用和调配等。

(2) 出纳的岗位职责

出纳是财会部门的一个重要组成部分，是企业对货币资金收付、保管与核算工作的总称。出纳的岗位职责包括：按照国家关于现金管理和银行结算制度的规定，办理现金收付和银行结算业务；严格遵守现金开支范围，非现金结算范围不得用现金收付，遵守库存现金限额制度，超限额的现金按规定及时存入银行；根据会计制度的规定在办理现金和银行存款收付款业务时，严格审核有关原始凭证，然后据以编制收、付款凭证，根据编制的收、付款凭证逐笔按顺序登记库存现金日记账和银行存款日记账，结出余额；掌握银行存款余额，不准签发空头支票，不准出租出借银行账户给其他单位或个人办理结算；保证库存现金和各种有价证券的安全和完整无缺，现金、有价证券如发生短缺，属于出纳人员责任的要由出纳人员赔偿；保管有关印章、空白收据和空白支票，交由出纳保管的出纳印章要严格按照规定用途使用。

(3) 采购和付款的岗位职责

采购的岗位职责是：审查材料采购用款计划，控制材料采购成本，分析采购计划执行情况；审核材料采购凭证，分别按材料采购地点、类别、品种、规格、保管地点、供货单位、采购成本等进行登记，对已经入库未付款的，月终应估计入账。

付款的岗位职责是：登记应付账款明细账，按规定对账，及时办理结算手续。

(4) 销售和收款的岗位职责

销售的岗位职责是：审查销售产品的有关凭证，检查销售合同和价格政策的履行情况，根据销售凭证，正确计算销售收入、销售成本、销售毛利，登记有关明细账。

收款的岗位职责是：及时登记应收账款明细账，按规定对账、催收欠款；对发出商品及时结算。进行账实核对，保证账账、账实相符。

(5) 工资核算的岗位职责

工资核算的岗位职责是：计算工资和奖金；审核发放工资和奖金；负责工资分配核算，编制工资分配表；计算并计提工会经费等。

(6) 存货核算的岗位职责

存货核算的岗位职责是：负责各种存货的明细核算，正确计价、定期对账，保证账账、账实相符；检查各种存货计划实施情况；按规定进行清查盘点，编制存货盘点表，查明存货盘盈、盘亏的原因。

(7) 固定资产核算的岗位职责

固定资产核算的岗位职责是：建立固定资产监控与核算办法，制定固定资产目录；负责固定资产的明细核算，定期对账，编制固定资产增减明细表；计提固定资产折旧；定期检查固定资产,处理盘亏盘盈,分析固定资产使用效果,促进提高使用效益。

(8) 成本核算的岗位职责

成本核算的岗位职责是:制定成本核算方法,编制成本费用计划;正确估计和分配成本费用,计算产品成本;登记成本费用明细账,编制成本费用表,进行成本分析。

(9) 对外投资的岗位职责

对外投资的岗位职责是:负责企业对外投资的核算,设置长、短期投资总账;按照投资种类进行明细核算,计算投资收益,分析投资效果和投资风险;及时提供投资信息。

(10) 资金管理的岗位职责

资金管理的岗位职责是:拟定资金管理制度和方法;制订和编制资金计划;组织资金核算,编制资金报表;组织资金供应,考核分析资金使用效果。

(11) 总账报表的岗位职责

总账报表的岗位职责是:编制汇总记账凭证,登记总账;编制会计报表和明细报表;综合分析财务状况和经营成果;编制财务情况说明书和专题分析报告。

(12) 稽核的岗位职责

稽核的岗位职责是:审查财务计划和成本计划执行情况;审查各项财务收支;审核会计报表;抽查现金和财务清查盘点结果,揭示所存在的问题;其他稽核事项。

9.3 会计人员与职业发展

会计人员是决定会计工作质量的关键。明确会计人员的职责和权限,是充分发挥会计人员积极性的有效举措。会计部门应配备适当的会计人员,提高会计人员的道德素质和业务水平,深入贯彻实施《会计法》,保障会计人员的职权和职业发展,为会计人员更好地发挥会计职能作用创造条件。

9.3.1 会计人员的职责

会计人员的主要职责,概括起来就是认真贯彻执行和维护国家财经制度和财经纪律,积极参与经营管理,提高经济效益,及时提供真实可靠的会计信息。根据《会计法》等的相关规定,会计人员的主要职责包括以下五个方面:

1) 进行会计核算

会计人员应按照会计制度的规定,切实做好记账、算账、报账等会计核算工作,必须根据实际发生的经济业务事项认真填制和审核原始凭证,编制记账凭证,登记账簿,正确计算各项收入、支出、成本、费用、财务成果,按期结算、核对账目、进行财产清查、编制财务会计报告,保证账证相符、账账相符、账实相符,手续完备、数字真实。

2) 实行会计监督

通过会计工作,对本单位的各项经济业务和会计手续的合法性、合理性进行监督。对不真实、不合法的会计事项,会计人员应拒绝办理或者按照职权予以纠正;明确重大经济业务事项,如重大的对外投资、资产处置、资金调度等决策和执行的相互监督、相互制约程序;明确财产清查的范围、期限和组织程序;明确对会计资料定期进行内部审计的办法和程序;

对账簿记录与实物、款项不符的问题,应按有关规定进行处理或及时向本单位领导人报告。此外,各单位必须按照法律和国家有关规定,接受财政、审计、税务机关的监督,如实提供会计凭证、会计账簿、财务会计报告和其他会计资料以及有关情况,不得拒绝、隐匿、谎报。

3) 拟订本单位办理会计事务的具体办法

根据国家法规、财政经济方针政策和上级有关规定以及本单位的具体情况,拟订本单位办理会计事务的具体办法,如会计人员岗位责任制度、内部稽核制度、内部牵制制度、财产清查制度和成本计算方法等。

4) 编制预算和考核预算执行情况

财务会计部门应负责制订财务计划、预算。财会人员应根据会计资料结合统计核算、财务核算等有关资料,考核分析财务计划、预算的执行情况,检查成本、费用升降和盈亏形成的原因,总结经验,揭露问题,并提出改进的建议和措施,促使有关部门改善经营管理。此外,财会人员还应参与拟订本单位的其他经济计划和业务计划,应依据所掌握的系统、翔实的会计数据资料为加强经济核算提供重要依据,在经济管理的各个方面发挥其应有的作用。

5) 办理其他会计事项

其他会计事项是指上述各项尚未包括的其他会计业务,如协助企业其他管理部门做好企业管理的基础工作,搞好企业管理人员的财会知识培训等。

9.3.2 会计人员的工作权限

为了保障会计人员顺利地履行职责,《会计法》及其他相关法规赋予了会计人员必要的工作权限,具体包括以下三个方面:

(1) 有权要求本单位有关部门、人员认真执行国家批准的计划、预算,遵守国家财政纪律和财务会计制度,如有违反,会计人员有权拒绝付款、拒绝报销和拒绝执行,并向本单位主要领导报告,对于弄虚作假、营私舞弊、欺骗上级等违法乱纪行为,会计人员必须坚持拒绝执行,并向本单位主要领导或上级机关、财政部门报告。

(2) 有权参与编制本单位计划,制定定额、签订经济合同,参加有关的生产、经营管理会议,对于单位主要领导和有关部门对会计人员提出的有关财务开支和经济效果方面的问题和意见要认真考虑,合理的意见要加以采纳。

(3) 有权监督、检查本单位有关部门的财务收支、资金使用和财物保管、收发、计量、检验等情况。

会计人员在正常工作过程中的权限受法律保护,《会计法》第四十六条规定:单位负责人对依法履行职责、抵制违反本法规定行为的会计人员以降职、撤职、调离工作岗位、解聘或者开除等方式实行打击报复,构成犯罪的,依法追究刑事责任;尚不构成犯罪的,由其所在单位或者有关单位依法给予行政处分。对受打击报复的会计人员,应当恢复其名誉和原有职务、级别。

9.3.3 会计职业发展

2007年12月31日,《国务院办公厅关于清理规范各类职业资格相关活动的通知》(国办发〔2007〕73号)要求清理规范职业资格的设置。职业资格必须在职业分类的基础上统一规划、规范设置。对涉及公共安全、人身健康、人民生命财产安全等特定职业(工种),国家依据有关法律、行政法规或国务院决定设置行政许可类职业资格;对社会通用性强、专业性强、技能要求高的职业(工种),根据经济社会发展需要,由国务院人事、劳动保障部门会同国务院有关主管部门制定职业标准,建立能力水平评价制度(非行政许可类职业资格);对重复交叉设置的职业资格,逐步进行归并。目前,对会计相关职业资格而言,注册会计师考试属于专业技术人员职业资格考试,会计专业技术资格考试、注册税务师考试、注册资产评估师考试属于职业水平评价类职业资格考试。

1) 会计专业技术资格获取

《会计专业技术资格考试暂行规定》把会计专业技术资格分为初级资格(专业职务名称为"会计员""助理会计师")、中级资格(专业职务名称为"会计师",与工程师、讲师、助理研究员等相当)和高级资格(专业职务名称为"高级会计师",与高级工程师、副教授、副研究员相当,俗称"'副高'级")。此外,部分省、自治区进行了教授级高级会计师(与教授级高级工程师、教授、研究员相当,俗称"'正高'级")资格评审的试点。

会计专业技术初级、中级资格实行全国统考的办法。目前,会计专业技术初级资格考试科目为初级会计实务、经济法基础2个科目;中级资格考试科目为中级会计实务、财务管理、经济法3个科目。会计专业技术高级资格实行考试与评审结合的评价制度,也就是说,申请人必须考试合格,且通过高级会计师资格评审,方可获得高级会计师资格。

报名参加会计专业技术资格考试的人员,应具备下列基本条件:坚持原则,具备良好的职业道德品质;认真执行《中华人民共和国会计法》和国家统一的会计制度,以及有关财经法律、法规、规章制度,无严重违反财经纪律的行为;履行岗位职责,热爱本职工作。报名参加初级资格考试的人员,还必须具备教育部门认可的高中毕业以上学历。报名参加中级资格考试的人员,还必须具备下列条件之一:取得大学专科学历,从事会计工作满五年;取得大学本科学历,从事会计工作满四年;取得双学士学位或研究生班毕业,从事会计工作满两年;取得硕士学位,从事会计工作满一年;取得博士学位。财政部会计资格评价中心负责全国会计专业技术资格考试组织实施和会计人才评价工作,具体包括命制试题、组织编写考试用书等职能。考生可以通过财政部会计资格评价中心官方网站"全国会计资格评价网"的链接进入各省级财政厅(局)的会计考试管理网站进行网上报名。

由上述职称考试报考条件可知,全日制普通高等教育在读大学生只能报考初级会计职称考试,但可以利用在校期间的空余时间系统学习会计系列课程,为更高级别职称考试及未来就业做好充分准备。

2) 注册会计师职业资格获取

《中华人民共和国注册会计师法》规定,注册会计师是依法取得注册会计师证书并接受委托从事审计和会计咨询、会计服务业务的执业人员。通俗地讲,注册会计师并不直接从事会计工作,而是为企业单位的会计工作提供咨询、鉴证,其工作机构主要是会计师事务所。参加注册会计师全国统一考试成绩合格,并从事审计业务工作两年以上的,可以向省、自治区、直辖市注册会计师协会申请注册。

《注册会计师全国统一考试办法》(财政部令第55号)规定,具有完全民事行为能力且具有高等专科以上学校毕业学历,或者具有会计或者相关专业中级以上技术职称的中国公民,可以报名参加注册会计师全国统一考试;考试划分为专业阶段考试和综合阶段考试,考生在通过专业阶段考试的全部科目后,才能参加综合阶段考试。

专业阶段考试设会计、审计、财务成本管理、公司战略与风险管理、经济法、税法6个科目;综合阶段考试设职业能力综合测试1个科目。专业阶段考试的单科考试合格成绩5年内有效。对在连续5个年度考试中取得专业阶段考试全部科目考试合格成绩的考生,财政部考委会颁发注册会计师全国统一考试专业阶段考试合格证书。对取得综合阶段考试科目考试合格成绩的考生,财政部考委会颁发注册会计师全国统一考试全科考试合格证书。

注册会计师全国统一考试报名均通过中国注册会计师协会"注册会计师全国统一考试网上报名系统"进行,详情可登录中国注册会计师协会网站(http://www.cicpa.org.cn)查询。

有所准备的同学在本科毕业后几年内就能够通过上述职业资格考试。还有的同学在通过上述考试之后另行考取其他职业资格,构筑了复合型的知识结构和能力结构。这种自主学习的习惯既可以为自己的职业生涯打下坚实的基础,也可以为有志于从事科研工作的青年才俊夯实理论基础。

3) 总会计师和财务总监

随着社会经济的发展,总会计师和财务总监(又称"CFO",译作"首席财务官")作为单位财务负责人,日益成为受人尊敬和媒体曝光度较高的职业头衔,但两者又不完全相同,需要结合我国现行法规及管理实践加以区别。

(1) 总会计师

总会计师是单位行政领导成员,属于单位的"副总",协助单位主要行政领导人工作,直接对单位主要行政领导人负责。

我国从1961年开始在规模较大的国有企业中试行总会计师制度。1978年国务院颁发施行了《会计人员职权条例》,其中就规定企业要建立总会计师经济责任制。1984年10月党的十二届三中全会通过的《中共中央关于经济体制改革的决定》中,又提出企业要建立"一长三总"制。1990年国务院发布的《总会计师条例》(2011年修订)进一步明确了总会计师制度的相关内容:全民所有制大、中型企业设置总会计师;事业单位和业务主管部门根据需要,经批准可以设置总会计师。2000年施行的修订后的《会计法》规定:"国有的和国有资产占控股地位或主导地位的大、中型企业必须设置总会计师。"

企业的总会计师由本单位主要行政领导人提名,政府主管部门任命或者聘任;免职或者解聘程序与任命或者聘任程序相同。一般来说,总会计师应由具有会计师、高级会计师技术职称的人员担任。凡设置总会计师的单位,在单位行政领导成员中,不设与总会计师职权重叠的副职。

《总会计师条例》第五条规定:"总会计师组织领导本单位的财务管理、成本管理、预算管理、会计核算和会计监督等方面的工作,参与本单位重要经济问题的分析和决策。"总会计师的主要职责是:

① 负责组织本单位的下列工作:编制和执行预算、财务收支计划、信贷计划,拟订资金

筹措和使用方案，开辟财源，有效地使用资金；进行成本费用预测、计划、控制、核算、分析和考核，督促本单位有关部门降低消耗、节约费用、提高经济效益；建立、健全经济核算制度，利用财务会计资料进行经济活动分析；承办单位主要行政领导人交办的其他工作。

② 负责对本单位财会机构的设置和会计人员的配备、会计专业职务的设置和聘任提出方案；组织会计人员的业务培训和考核；支持会计人员依法行使职权。

③ 协助单位主要行政领导人对企业的生产经营、行政事业单位的业务发展以及基本建设投资等问题作出决策；参与新产品开发、技术改造、科技研究、商品（劳务）价格和工资奖金等方案的制定；参与重大经济合同和经济协议的研究、审查。

④ 承办单位主要行政领导人交办的其他工作。

总会计师的职权受国家法律保护，单位主要行政领导人应当支持并保障总会计师依法行使职权。

(2) 财务总监

财务总监这一头衔是从美国借鉴而来，在我国应用情形较为复杂。一些省级及以下政府部门向地方国有企业委派的，依法履行财务会计监管职责的高级管理人员，往往明确定名为财务总监。这种做法被称作"财务总监委派制"，是加强国有资产管理的重要举措。在企业集团管理实践中，有些企业集团为了加强对子公司的管控，也会采用财务总监委派制。

《公司法》规定，高级管理人员是指公司的经理、副经理、财务负责人，上市公司董事会秘书和公司章程规定的其他人员。该法所称的"财务负责人"要么是总会计师，要么是财务总监，即上市公司的财务负责人，如果不是被上级机关任命或聘任的总会计师，通常称作"财务总监"。民营企业、外资企业的董事会有的聘任财务总监作为财务负责人，也有的聘任首席财务官或者主管财会工作的副总裁作为财务负责人，这种情况下财务总监可能就是指财会部门的负责人。

综上，总会计师、财务总监多数情况下都是指单位的财务负责人。根据单位的性质、规模不同，有不同的称谓。

9.4 会计法规与会计档案

企业是在特定的法律环境中开展经营活动的，会计人员在对企业履行工作职能时有必要掌握相应的法律知识。会计法规是会计规范在法律或制度上的体现，是指导和约束会计工作的法律、法规、准则、制度等的总称，是会计行为的约束标准。没有法规的约束，会计信息质量无法得到保证，会计目标也将难以实现。

9.4.1 会计法规

目前，我国的会计规范体系主要由会计法律、行政法规、规章和其他规范性文件组成，并已形成了以会计法为核心，以企业会计准则为基本内容的一个比较完整的规范体系。我国现行的会计法规体系如表9.1所示。

表 9.1 我国现行会计法规体系中的部分法规

法律渊源	法规示例
法律	《中华人民共和国税收征收管理法》 《中华人民共和国企业所得税法》 《中华人民共和国公司法》 《中华人民共和国会计法》 《中华人民共和国注册会计师法》
行政法规	《总会计师条例》 《企业财务会计报告条例》
规章	《企业会计准则——基本准则》 《企业财务通则》 《注册会计师全国统一考试办法》
其他规范性文件	《企业会计准则第1号——存货》等42项具体会计准则 《小企业会计准则》 《会计基础工作规范》 《会计专业技术资格考试暂行规定》 《会计档案管理办法》

1) 法律

会计法律是指由全国人民代表大会及其常务委员会经过一定立法程序制定的有关会计工作的法律。我国主要的会计法律有《中华人民共和国会计法》《中华人民共和国注册会计师法》等。下面主要对《会计法》作简要介绍。

《会计法》是规范会计工作的根本大法,是制定其他会计法规的依据,也是会计机构、会计人员开展会计工作、进行会计核算和实施会计监督的基本依据。新中国成立后的第一部《会计法》于1985年1月21日诞生,随后,1993年12月29日、1999年10月31日和2017年11月4日对《会计法》进行了重新修订,修订后的《会计法》在提高会计信息质量、维护市场经济秩序、推进法治社会建设方面发挥了重要作用。近年来,随着我国全面深化改革的持续推进,《会计法》的实施环境已经发生了重大变化,经济社会发展和会计改革工作中的新情况、新问题亟须以法律形式加以明确和规范,为此,财政部于2019年10月21日发布了《中华人民共和国会计法修订草案(征求意见稿)》。

《会计法修订草案(征求意见稿)》共6章60条,包括总则、会计核算、会计监督、会计机构和会计人员、法律责任、附则等,与现行的《会计法》相比,共修改了39条,新增加了11条,删除了2条,合并1条,保持不变11条。主要变化为:

一是在总则部分,适应政府会计改革新变化,将需要规范的财务会计报告的范畴明确为企业财务会计报告、政府会计主体的财务报告和决算报告、民间非营利组织财务会计报告以及其他会计主体的财务会计报告,并根据政府机构改革和军队改革的有关变化,进一步理顺会计行政管理体制。

二是在会计核算部分,对需要进行会计核算的经济业务事项,按照主要财务会计报表项目进行了高度概括,突出企业与政府会计主体会计核算的共性要求;充分考虑会计法与会计准则等下位法的定位及分工,删减了会计法中部分针对会计核算的细节性规定,如:会计凭证错误的具体更正方法等;增加了对会计信息化的原则性要求,同时,考虑到信息化条件对会计核算的流程产生的影响,修改部分条款表述,以兼顾手工记账与信息化条件的情况。

三是在会计监督部分,为确保内部控制对规范会计核算行为、提高单位会计信息质量发挥有效作用,增加了对单位建立和实施内部控制提出总体性要求的内容;从优化政府监管、社会监督、单位内部会计监督的"三位一体"的会计监管体系出发,完善了单位内部会计监督和财政部门会计监督的范围;破解会计监管难题,明确了政府业务监管与政府会计监督的基本关系以及相应的处理方法;从保障会计师事务所的社会监督权力的角度,增加了单位或个人不得干扰、阻挠会计师事务所正常开展工作的规定。

四是在会计机构和会计人员部分,为激活单位内部会计管理活力,修改了对单位会计工作的组织方式的强制性规定;明确必须设置和可以设置总会计师的单位范围,并进一步保护总会计师的法定职责;落实"放管服"改革要求,放宽会计机构负责人(会计主管人员)的任职条件;加强对具有签字权的会计人员的管理,增加对单位财务负责人、会计机构负责人(会计主管人员)实行备案制度的要求;顺应社会管理新趋势,增加对依法成立的会计人员、会计机构的自律组织开展自律管理、自我服务的总体要求。

五是在法律责任部分,按照权责对等原则,进一步明确了会计违法行为的内容,并根据违法行为的动机、后果等,进行了适当分类,提高会计执法监管的可行性;完善会计责任体系,在现有行政责任、刑事责任的基础上,引入会计民事责任;加大违法处罚力度,在行政责任的处罚中,增加了"没收违法所得"的处罚规定,即"先没后罚",同时,适当提高了经济处罚的数额;增加了代理记账机构的法律责任的规定;保障会计人员合法权益,增加了雇员免责条款。

六是在附则部分,增加了对会计法中所涉及的国家统一的会计制度、代理记账等术语的解释;适应对外开放需要,增加了国务院财政部门对境外机构在我国境内发行证券等金融业务所涉会计管理的特殊规定的授权;适应跨境监管需要,增加了国务院财政部门开展跨境会计、审计监督管理合作机制的授权。

2) 行政法规

会计行政法规是指由国务院制定并发布,或者由国务院有关部门如财政部拟定并经国务院批准发布,调整经济生活中的某些方面会计关系的法律规范。我国现行的会计行政法规主要包括《企业财务会计报告条例》《总会计师条例》。

《企业财务会计报告条例》是2000年6月由国务院制定和颁布的,自2001年1月1日起实施。该条例共6章46条,除总则和附则外,主要对企业财务会计报告的构成、编制、对外提供和法律责任作了规定。根据该条例,企业不得编制和对外提供虚假的或者隐瞒重要事实的财务会计报告,企业负责人对本企业财务会计报告的真实性、完整性负责;财务会计报告分为年度、半年度、季度和月度财务会计报告,年度、半年度财务会计报告应当包括会计报表、会计报表附注和财务情况说明书;企业编制财务会计报告,应当根据真实的交易、事项以及完整、准确的账簿记录等资料,并按照国家统一的会计制度规定的编制基础、编制依据、编制原则和方法进行编制;对外提供的财务会计报告反映的会计信息应当真实、完整。

《总会计师条例》对总会计师的设置、职权、任免和奖惩作了规定,本章9.3.3节已有相关介绍,此处不再赘述。

3) 规章

规章包括国务院部门规章和地方政府规章。《中华人民共和国立法法》(简称《立法法》)第九十一条规定:"国务院各部、委员会、中国人民银行、审计署和具有行政管理职能的直属机构,可以根据法律和国务院的行政法规、决定、命令,在本部门的权限范围内,制定规章。部门规章规定的事项应当属于执行法律或者国务院的行政法规、决定、命令的事项。"该法第九十五条规定:"部门规章应当经部务会议或者委员会会议决定。"该法第九十六条规定:"部门规章由部门首长签署命令予以公布。"

《企业会计准则——基本准则》是具体准则的制定依据,在整个企业会计准则体系中扮演概念框架的角色,起统驭作用。

《企业财务通则》对国有及国有控股企业财务管理体制、资金筹集、资产营运、成本控制、收益分配、重组清算、信息管理、财务监督等方面进行了规范。

《注册会计师全国统一考试办法》(财会〔2001〕1053号)于2001年开始执行。2009年3月23日以财政部令第55号公布了新的《注册会计师全国统一考试办法》。为解决注册会计师全国统一考试管理中的实际问题,进一步规范考试组织工作,财政部又对部分条款进行了修改,发布了《财政部关于修改〈注册会计师全国统一考试办法〉的决定》(财政部令第75号),于2014年4月23日起施行。此次修改的主要内容包括:明确了可以采用计算机化考试方式或者纸笔考试方式;增加了考生可以申请成绩复核的规定;取消了综合阶段考试应在取得专业阶段考试合格证书后5个年度中完成的规定;增加了考试组织实施中有关保密的规定。

4) 其他规范性文件

(1) 其他规范性文件概述

关于规范性文件并无权威的界定。广义的规范性文件,泛指《立法法》所指的立法性文件(具体包括宪法、法律、行政法规、地方性法规、自治条例和单行条例、国务院部门规章和地方政府规章)和除此之外由国家机关和其他团体、组织制定的具有约束力的非立法性文件的总和。

通常所称规范性文件,是狭义的概念,指行政机关制定的规范性文件,如国务院主管部门以部门文件形式印发的规范性文件。实务中的会计法规大多属于这种意义上的规范性文件,如财政部印发的42项具体企业会计准则、《小企业会计准则》《会计基础工作规范》等。根据立法动态来看,我国企业会计实务已经初步形成大中型企业执行企业会计准则体系,小型企业执行《小企业会计准则》的局面。

(2) 企业会计准则

中国企业会计准则由财政部制定。2006年2月15日,财政部在多年会计改革经验积累的基础上,顺应我国社会主义市场经济发展和经济全球化的需要,借鉴国际会计准则和美国证券市场上的公认会计原则,建立了与国际会计准则"实质性趋同"的企业会计准则体系。目前,企业会计准则体系由《企业会计准则——基本准则》、42项具体会计准则、应用指南和解释公告组成,迄今已在大中型企业和上市公司推行。

① 基本准则

我国企业会计基本准则主要规范了以下内容:包括财务报告目标、会计基本假设、会计基础、会计信息质量要求、会计要素分类及其确认、计量原则以及财务报告等,是制定具体准则的基础,对各具体准则的制定起着统驭作用,可以确保各具体准则的内在一致性。《企业会计准则——基本准则》第三条明确规定:企业会计准则包括基本准则和具体准则,具体准则的制定应当遵循本准则。

此外,基本准则为会计实务中出现的具体准则尚未规范的新问题提供会计处理依据。在会计实务中,由于经济交易事项的不断发展、创新,一些新的交易或者事项在具体准则中尚未规范但又急需处理,这时,企业不仅应当对这些新的交易或者事项及时进行会计处理,而且在处理时应当严格遵循基本准则的要求,尤其是基本准则关于会计要素的定义及其确认与计量等方面的规定。因此,基本准则不仅扮演着具体准则制定依据的角色,还为会计实务中出现的具体准则尚未作出规范的新问题提供了会计处理依据,从而确保了企业会计准则体系对所有会计实务问题的规范作用。

② 具体会计准则

具体会计准则处于企业会计准则体系的第二层次,是确认、计量和报告某一具体业务对财务状况和经营成果的影响时所应该遵循的会计准则。

我国会计准则的制定始于1988年,1992年11月根据《会计法》颁布的我国第一个会计准则,即《企业会计准则》于1993年7月1日开始实施。2006年,基本建成与国际财务报告准则趋同的企业会计准则体系。2014年新增和修订了8项具体准则,其中新增的有《企业会计准则第39号——公允价值计量》《企业会计准则第40号——合营安排》《企业会计准则第41号——在其他主体中权益的披露》等,修订的为《企业会计准则第2号——长期股权投资》《企业会计准则第9号——职工薪酬》《企业会计准则第30号——财务报表列表》《企业会计准则第33号——合并财务报表》《企业会计准则第37号——金融工具列报》等。2017年财政部修订了6项具体准则,分别为《企业会计准则第22号——金融工具确认和计量》、《企业会计准则第23号——金融资产转移》、《企业会计准则第24号——套期会计》(原为《企业会计准则第24号——套期保值》)、《企业会计准则第37号——金融工具列报》、《企业会计准则第16号——政府补助》、《企业会计准则第14号——收入》;并新增1项具体准则——《企业会计准则第42号——持有待售的非流动资产、处置组和终止经营》。

表9.2 企业会计准则——具体准则一览表

编号	准则名称	发布日期	修订日期
1	《企业会计准则第1号——存货》	2006-02-15	—
2	《企业会计准则第2号——长期股权投资》	2006-02-15	2014-03-13
3	《企业会计准则第3号——投资性房地产》	2006-02-15	—
4	《企业会计准则第4号——固定资产》	2006-02-15	—
5	《企业会计准则第5号——生物资产》	2006-02-15	—
6	《企业会计准则第6号——无形资产》	2006-02-15	—
7	《企业会计准则第7号——非货币性资产交换》	2006-02-15	2019-05-09
8	《企业会计准则第8号——资产减值》	2006-02-15	—

续表

编号	准则名称	发布日期	修订日期
9	《企业会计准则第 9 号——职工薪酬》	2006-02-15	2014-01-27
10	《企业会计准则第 10 号——企业年金基金》	2006-02-15	—
11	《企业会计准则第 11 号——股份支付》	2006-02-15	—
12	《企业会计准则第 12 号——债务重组》	2006-02-15	2019-05-16
13	《企业会计准则第 13 号——或有事项》	2006-02-15	—
14	《企业会计准则第 14 号——收入》	2006-02-15	2017-07-05
15	《企业会计准则第 15 号——建造合同》	2006-02-15	—
16	《企业会计准则第 16 号——政府补助》	2006-02-15	2017-05-10
17	《企业会计准则第 17 号——借款费用》	2006-02-15	—
18	《企业会计准则第 18 号——所得税》	2006-02-15	—
19	《企业会计准则第 19 号——外币折算》	2006-02-15	—
20	《企业会计准则第 20 号——企业合并》	2006-02-15	—
21	《企业会计准则第 21 号——租赁》	2006-02-15	2018-12-07
22	《企业会计准则第 22 号——金融工具确认和计量》	2006-02-15	2017-03-31
23	《企业会计准则第 23 号——金融资产转移》	2006-02-15	2017-03-31
24	《企业会计准则第 24 号——套期会计》	2006-02-15	2017-03-31
25	《企业会计准则第 25 号——原保险合同》	2006-02-15	2020-12-09
26	《企业会计准则第 26 号——再保险合同》	2006-02-15	2020-12-09
27	《企业会计准则第 27 号——石油天然气开采》	2006-02-15	
28	《企业会计准则第 28 号——会计政策、会计估计变更和差错更正》	2006-02-15	
29	《企业会计准则第 29 号——资产负债表日后事项》	2006-02-15	
30	《企业会计准则第 30 号——财务报表列报》	2006-02-15	2014-01-26
31	《企业会计准则第 31 号——现金流量表》	2006-02-15	
32	《企业会计准则第 32 号——中期财务报告》	2006-02-15	
33	《企业会计准则第 33 号——合并财务报表》	2006-02-15	2014-02-17
34	《企业会计准则第 34 号——每股收益》	2006-02-15	
35	《企业会计准则第 35 号——分部报告》	2006-02-15	
36	《企业会计准则第 36 号——关联方披露》	2006-02-15	
37	《企业会计准则第 37 号——金融工具列报》	2006-02-15	2014-06-20 2017-05-02
38	《企业会计准则第 38 号——首次执行企业会计准则》	2006-02-15	—
39	《企业会计准则第 39 号——公允价值计量》	2014-01-26	—
40	《企业会计准则第 40 号——合营安排》	2014-01-27	—
41	《企业会计准则第 41 号——在其他主体中权益的披露》	2014-03-14	—
42	《企业会计准则第 42 号——持有待售的非流动资产、处置组和终止经营》	2017-04-28	—

③ 企业会计准则指南和解释

企业会计准则指南和解释处于企业会计准则体系的第三个层次,是根据基本准则和具体准则制定、指导会计实务的操作性指南和说明。《企业会计准则应用指南》是对具体准则相关条款的细化和为有关重点、难点问题提供的操作性指南,以利于会计准则的贯彻落实和指导实务操作。"企业会计准则解释"则是对具体准则实施过程中出现的问题、具体准则条款不清楚或者尚未规定的问题作出的补充说明。

(3) 小企业会计准则

为了规范小企业的会计实务,财政部于2011年10月18日颁布了《小企业会计准则》,该准则自2013年1月1日起施行。《小企业会计准则》规范了适用于小企业的资产、负债、所有者权益、收入、费用、利润及利润分配、外币业务、财务报表等会计处理及其报表列报等问题。

《小企业会计准则》适用于在中华人民共和国境内依法设立的、符合《中小企业划型标准规定》所规定的小型企业标准的企业,但股票或债券在市场上公开交易的小企业、金融机构或其他具有金融性质的小企业、属于企业集团内的母公司和子公司的小企业除外。

符合工业和信息化部、国家统计局、国家发展和改革委员会、财政部于2011年6月联合发布的《中小企业划型标准规定》所规定的微型企业标准的企业,参照执行《小企业会计准则》。

9.4.2 会计档案

会计档案是记录和反映经济业务、财务收支状况及其结果的重要史料和证据,既是企业单位重要档案之一,也是国家档案的重要组成部分。

1) 会计档案的概念

财政部2015年发布的《会计档案管理办法》(财政部、国家档案局令第79号)所称的会计档案,是指单位在进行会计核算等过程中接收或形成的,记录和反映单位经济业务事项的,具有保存价值的文字、图表等各种形式的会计资料,包括通过计算机等电子设备形成、传输和存储的电子会计档案。

各单位应当加强会计档案管理工作,建立和完善会计档案的收集、整理、保管、利用和鉴定销毁等管理制度,采取可靠的安全防护技术和措施,保证会计档案的真实、完整、可用、安全。单位的档案机构或者档案工作人员所属机构(以下统称"单位档案管理机构")负责管理本单位的会计档案。单位也可以委托具备档案管理条件的机构代为管理会计档案。

2) 会计档案的内容

《会计档案管理办法》规定,下列会计资料应当进行归档:

(1) 会计凭证,包括原始凭证和记账凭证;

(2) 会计账簿,包括总账、明细账、日记账、固定资产卡片及其他辅助性账簿;

(3) 财务会计报告,包括月度、季度、半年度和年度财务会计报告;

(4) 其他会计资料,包括银行对账单、银行存款余额调节表、纳税申报表、会计档案移交清册、会计档案保管清册、会计档案销毁清册、会计档案鉴定意见书及其他具有保存价值的会计资料。

3) 会计档案管理要求

各单位在进行档案管理时,必须遵照《会计档案管理办法》的有关规定,建立和健全会计档案的归档、保管、使用、移交、调阅、销毁等管理制度,切实管好会计档案。实行电子化归档试点的单位,要同时遵循《关于进一步扩大增值税电子发票电子化报销、入账、归档试点工作的通知》(档办发〔2021〕1号)和《关于规范电子会计凭证报销入账归档的通知》(财会〔2020〕6号)的有关规定。

(1) 会计档案的归档

单位的会计机构或会计人员所属机构(以下统称"单位会计管理机构")按照归档范围和归档要求,负责定期将应当归档的会计资料整理立卷,编制会计档案保管清册。

单位内部形成的属于归档范围的电子会计资料形成电子会计档案,可以仅以电子形式保存,这些电子会计资料必须同时满足下列条件:

① 形成的电子会计资料来源真实有效,由计算机等电子设备形成和传输;

② 使用的会计核算系统能够准确、完整、有效地接收和读取电子会计资料,能够输出符合国家标准归档格式的会计凭证、会计账簿、财务会计报表等会计资料,设定了经办、审核、审批等必要的审签程序;

③ 使用的电子档案管理系统能够有效接收、管理、利用电子会计档案,符合电子档案的长期保管要求,并建立了电子会计档案与相关联的其他纸质会计档案的检索关系;

④ 采取有效措施,防止电子会计档案被篡改;

⑤ 建立电子会计档案备份制度,能够有效防范自然灾害、意外事故和人为破坏的影响;

⑥ 形成的电子会计资料不属于具有永久保存价值或者其他重要保存价值的会计档案。

单位从外部接收的电子会计资料,满足上述条件,且同时有符合《中华人民共和国电子签名法》规定的电子签名的,可仅以电子形式归档保存,形成电子会计档案。

(2) 会计档案的保管和移交

当年形成的会计档案,在会计年度终了后,可由单位会计管理机构临时保管1年,再移交单位档案管理机构保管。因工作需要确需推迟移交的,应当经单位档案管理机构同意。单位会计管理机构临时保管会计档案最长不超过3年。临时保管期间,会计档案的保管应当符合国家档案管理的有关规定,且出纳人员不得兼管会计档案。

单位会计管理机构在办理会计档案移交时,应当编制会计档案移交清册,并按照国家档案管理的有关规定办理移交手续。纸质会计档案移交时应当保持原卷的封装。电子会计档案移交时应当将电子会计档案及其元数据一并移交,且文件格式应当符合国家档案管理的有关规定。特殊格式的电子会计档案应当与其读取平台一并移交。单位档案管理机构在接收电子会计档案时,应当对电子会计档案的准确性、完整性、可用性、安全性进行检测,符合要求的才能接收。

会计档案的保管期限分为永久、定期两类。定期保管期限一般分为10年和30年。会计档案的保管期限,从会计年度终了后的第一天算起。一般情况下,在企业和其他组织中,月度、季度、半年度财务报告,银行存款余额调节表,银行对账单,纳税申报表的保管期限为10年;原始凭证、记账凭证、总账、明细账、日记账及其他辅助性账簿、会计档案移交清册的保管期限为30年;固定资产卡片在固定资产报废清理后保管5年;年度财务报告、会计档案保管清册、会计档案销毁清册、会计档案鉴定意见书永久保存。具体情况如表9.3所示。

表 9.3 企业和其他组织会计档案保管期限表

类别	档案名称	保管期限	备注
会计凭证	原始凭证	30 年	
	记账凭证	30 年	
会计账簿	总账	30 年	
	明细账	30 年	
	日记账	30 年	
	固定资产卡片		固定资产报废清理后保管 5 年
	其他辅助性账簿	30 年	
财务会计报告	月度、季度、半年度财务报告	10 年	
	年度财务报告	永久	
其他会计资料	银行存款余额调节表	10 年	
	银行对账单	10 年	
	纳税申报表	10 年	
	会计档案移交清册	30 年	
	会计档案保管清册	永久	
	会计档案销毁清册	永久	
	会计档案鉴定意见书	永久	

(3) 会计档案的借阅

会计档案为本单位提供和使用,原则上不得借出,有特殊需要外借时须经上级主管单位或单位领导、会计主管人员批准。

外部人员借阅会计档案时,应持单位正式介绍信,经会计主管人员或单位负责人批准后,方可办理借阅手续;单位内部人员借阅会计档案时,经会计主管人员或单位负责人批准后,方可办理借阅手续。

借阅会计档案的人员不得在案卷中乱画、标记,拆散原卷册,也不得涂改、抽换、携带外出或复制原件。有特殊需要时,须经领导批准后方能携带外出或复制原件。

(4) 会计档案的鉴定和销毁

单位应当定期对已到保管期限的会计档案进行鉴定,并形成会计档案鉴定意见书。经鉴定,仍需继续保存的会计档案,应当重新划定保管期限;对保管期满,确无保存价值的会计档案,可以销毁。

会计档案鉴定工作应当由单位档案管理机构牵头,组织单位会计、审计、纪检监察等机构或人员共同进行。

经鉴定可以销毁的会计档案,应当按照以下程序销毁:

① 单位档案管理机构编制会计档案销毁清册,列明拟销毁会计档案的名称、卷号、册数、起止年度、档案编号、应保管期限、已保管期限和销毁时间等内容。

② 单位负责人、档案管理机构负责人、会计管理机构负责人、档案管理机构经办人、会计管理机构经办人在会计档案销毁清册上签署意见。

③ 单位档案管理机构负责组织会计档案销毁工作,并与会计管理机构共同派员监销。监销人在会计档案销毁前,应当按照会计档案销毁清册所列内容进行清点核对;在会计档案销毁后,应当在会计档案销毁清册上签名或盖章。

电子会计档案的销毁还应当符合国家有关电子档案的规定,并由单位档案管理机构、会计管理机构和信息系统管理机构共同派员监销。

保管期满但未结清的债权债务会计凭证和涉及其他未了事项的会计凭证不得销毁,纸质会计档案应当单独抽出立卷,电子会计档案单独转存,保管到未了事项完结时为止。单独抽出立卷或转存的会计档案,应当在会计档案鉴定意见书、会计档案销毁清册和会计档案保管清册中列明。

关键术语

会计准则(accounting standards)
注册会计师(certified public accountant,CPA)
会计档案(accounting files)
总会计师(general accountant)
财务总监(chief financial officer,CFO)

本章思考

1. 什么是企业会计工作组织?它包括哪些内容?
2. 企业组织会计工作应符合哪些基本要求?
3. 什么是会计机构?如何设置会计机构?
4. 会计机构组织形式包括哪些?企业应如何选择?
5. 会计工作应该如何分工?会计工作岗位责任制包括哪些内容?
6. 会计人员有哪些职责和工作权限?
7. 会计人员要胜任会计工作,可以从哪些方面着手准备?
8. 我国会计法规体系包括哪些内容?
9. 什么是会计档案?包括哪些内容?哪些电子资料可以形成电子会计档案?
10. 会计档案的保存期限是多久?会计档案的销毁程序是什么?
11. 会计人员在组织会计工作中如何做到爱岗敬业、诚实守信?
12. 谈谈会计人员法治观念与提高会计信息质量之间的关系。

> **思政园地**

会计档案有何作用?

会计档案作为会计行为的最后一个环节,也是最重要的环节。会计档案是会计活动的产物,是经济活动的重要史料和证据。其历史作用主要表现在以下方面:

(1) 会计档案可以为单位及国家的发展提供数据支持

会计档案在保证一个单位的正常工作秩序、生产秩序和科研秩序等方面具有十分重要的参考价值,只有通过完整的、连续性的"有凭有据"的会计档案,透过过去经济活动的真实记录,才可以进行分析、判断和查考,并揭示和总结经济发展的客观规律,有效地回顾、总结经验教训,并对现有经营决策进行及时、适当的修正,避免"盲人过河"式的盲目决策所带来的重大损失,做到"以事实为依托"。

(2) 会计档案可以为经济行为提供有效的监督

会计档案通过完整连续的记录,利用会计核算的经济信息对企业和单位及个人进行货币监督。会计档案对资金的来源、用途及流向,对资产的增减和报废都有详细的记录。通过会计档案,可以了解整个经济行为的全过程。会计档案在经济活动中可规范资金的收支,提高资金的使用效率,降低资金的使用风险,使资金发挥更大的经济效益。

(3) 会计档案有助于确保国有资产不被侵占

会计档案通过原始系统的记录,全面还原经济行为的来龙去脉,对于非货币资产的购进、领用、使用、存放、报废等行为有详细登记,有助于有效掌控国家财产,避免在股份改制改造、国有资产拍卖、假合资套现、产权交易中恶意低估国有资产价值等侵占国有资产的行为,确保国有财产安全。

(4) 会计档案可以为经济发展提供史料

人类社会的发展离不开历史档案,同样,经济的发展也离不开会计档案的支持。会计档案在经济、金融、财务管理研究及相关建设方面具有不可或缺的史料价值。

会计档案是研究经济文化存在与发展规律的重要文献资源,是储备会计工作经验、技术、智慧的知识库,可为国家制定宏观经济政策及单位制定经营决策提供翔实、真实、准确的数据。挖掘会计档案的潜在价值,发挥会计档案信息的最大价值,充分利用会计档案信息资源,可为社会经济发展加油助力。

资料来源:摘编自王利荣:《会计档案发展史评述》,内蒙古师范大学学报(自然科学汉文版),2017(6)。

第 10 章　会计职业道德

> **学习目标**
>
> 1. 价值塑造：培养学生树立会计职业道德意识，践行会计职业道德规范。
> 2. 知识传授：熟悉会计职业道德的基本概念，理解并掌握会计职业道德规范的主要内容，理解会计职业道德奖惩机制。
> 3. 能力培养：通过掌握职业道德规范，提高解决会计工作中面临的利益冲突或者道德困境的能力，促进学生提升专业胜任能力。

> **引入案例**
>
> 2021年财政部制定并印发《会计改革与发展"十四五"规划纲要》，并先后发布了系列解读。在2022年1月财政部会计司发布的《会计改革与发展"十四五"规划纲要》系列解读之五中强调，要"持续推进会计诚信建设"。具体来说，"诚信是会计职业道德的重要内容，也是对会计行业的最基本要求。'十四五'时期将通过完善法律、建立机制、加强教育等手段，全面提升会计人员诚信意识和行业诚信水平"。"加强会计法治建设。通过修订会计法律制度、制定会计人员职业道德规范，修订完善注册会计师职业道德守则等，强化会计诚信意识，支持会计人员依法履职尽责，保护会计人员合法权益；完善会计法律责任体系，提高会计违法成本"。"建立涵盖事前、事中和事后全过程的会计诚信体系。建立会计人员信用信息管理制度，规范信用信息归集、评价、利用，探索诚信积分管理机制，加强与有关部门合作，实现信用信息的互换、互通和共享，将会计人员信用信息作为会计人才选拔、培养、评价、使用的重要依据。支持会计相关行业协会建立健全信用承诺制度，加强行业自律"。"加强会计法治教育、会计诚信教育和思政教育。将会计职业道德作为会计人才培养教育的重要内容，推动财会类专业教育加强职业道德和课程思政建设。加大会计诚信宣传，组织开展先进会计工作者评选表彰，健全评选表彰机制，宣传先进事迹，鼓励会计人才主动担负起时代赋予的使命责任；加强对典型失信案例的警示教育"。
>
> 资料来源：中华人民共和国财政部官网。

10.1　会计职业道德概述

10.1.1　道德

道德是人类的社会生活发展到一定阶段的必然产物，它源于人的社会生活需要，又服务于人的社会生活需要。会计职业道德是会计行业生存和发展的基础,是会计人员从事会计工作的方向,是会计信息质量的保障。

2001年,党中央颁布《公民道德建设实施纲要》,对在社会主义市场经济条件下加强公民道德建设提供了重要指导,有力促进了社会主义精神文明建设。2019年为适应新时代新要求,中共中央、国务院印发了《新时代公民道德建设实施纲要》,推动全民道德素质和社会文明程度达到一个新高度。我国《新时代公民道德建设实施纲要》指出:"全面推进社会公德、职业道德、家庭美德、个人品德建设,持续强化教育引导、实践养成、制度保障,不断提升公民道德素质,促进人的全面发展,培养和造就担当民族复兴大任的时代新人。"

1) 道德的含义

道德是社会意识形态之一,是人们应当共同遵守的行为准则和规范。具体来说,道德是以真与假、公平与偏袒、正义与邪恶等为评价尺度,依靠信仰、信念、教育、实践、制度、社会舆论和传统习俗等来维系和传播,用以调整人与人之间、人与社会之间、人与自然之间等各方面关系的行为准则和规范的总和。

道德是在劳动、社会关系和自觉意识等因素的交互融合和交互作用中产生的。

2) 道德的主要内容

道德是一种复杂的社会现象。道德的结构是指道德作为一个整体系统,其内部各构成要素遵循某种关系而形成的相对稳定的整合形式。

从道德主体的角度看,道德的结构可以划分为社会道德结构和个人道德结构两大方面。社会道德结构是指以社会为道德的主体或载体,由道德意识、道德准则和道德活动组成的结构体系。例如,各种社会情绪、社会舆论、社会风尚是道德意识的具体表现;社会主义核心价值观等属于道德准则;"感动中国人物"宣传属于道德教育活动。个人道德结构是从个人情境及个性构成、个人素质、个人品格入手,从微观个体的角度,将个人视为道德的主体和载体,揭示其内部各要素的组合架构及其发生发展的过程、脉络与体系。个人道德结构可以分为个人道德意识、个人道德行为和个人道德品质。

从道德的表现形式看,道德主要包括社会公德、职业道德、家庭美德、个人品德等方面。根据《新时代公民道德建设实施纲要》,社会公德的主要内容包括推动践行文明礼貌、助人为乐、爱护公物、保护环境、遵纪守法,鼓励人们在社会上做一个好公民;职业道德的主要内容是爱岗敬业、诚实守信、办事公道、热情服务、奉献社会,鼓励人们在工作中做一个好建设者;家庭美德的主要内容是尊老爱幼、男女平等、夫妻和睦、勤俭持家、邻里互助,鼓励人们在家庭里做一个好成员;个人品德的主要内容是爱国奉献、明礼遵规、勤劳善良、宽厚正直、自强自律,鼓励人们在日常生活中养成好品行。

3) 道德的功能

道德的功能离不开现实的社会历史条件,以社会发展的客观规律为基础,受到现实社会历史条件的制约。道德主要具有调节功能、认识功能、导向功能等。

调节功能。道德可以调节人与人、人与自然、人与自身之间的关系。由于道德强调理性自觉,强调自律,因此道德的调节功能还能够使其他调节手段取得更良好的效果。例如,道德和法律作为两种主要的社会调节手段,相辅相成,相互促进。离开了道德调节,而仅仅依靠法律调节,难以构建秩序井然并长治久安的社会。调节功能是道德最重要的社会功能。

认识功能。道德作为人类认识世界的一种特殊方式,运用善恶、荣辱、义务、良心、责任等道德范畴,反映人类的道德实践活动和道德关系,从而揭示社会道德文明发展的趋势,为人们的行为选择提供指南和参考。例如,一个社会的变革,往往是从对这个社会的某些现象进行道德或者道义上的谴责开始的,通过对某些"实际存在"社会道德现象的善恶评价,表明"应该"有的价值取向。在道德认识的过程当中,人们获得了观察、分析、评判社会现象的能力,提高了行为的主动性、自觉性,从现有的现实状况中深刻把握应有的历史必然性,促进个人道德的进步和社会道德的发展。

导向功能。道德从现实的社会道德水平出发,指向更高的道德理想,将人们的行为不断引导到一个更高的水平。从一定意义上说,道德的导向功能也就是道德的教育功能,在褒扬善行、贬斥恶行的同时,也教育了全体社会成员,使人们在典型的示范影响下,自觉接受道德教化,并在此基础上进一步确证和巩固一定社会的道德原则、规范体系,维护该道德的必然性、合理性、正义性。

链接 10-1

"全国道德模范"马旭同志事迹

全国道德模范每两年评选一届。马旭同志获评第七届全国道德模范,她不到15岁告别家人,光荣参加解放军,成为一名医务人员。此后,她跟随部队南征北战、救死扶伤。新中国成立后,她进入军医大学学习进修,后来被分配到原武汉军区总医院。因为医术精湛,被誉为科室的"一把刀"。她先后被授予解放奖章、胜利功勋荣誉章等。她潜心国防科研,紧盯部队需求,开展科研攻关,研制出减轻跳伞落地伤害的"充气护踝"品,并在部队成功推广使用,使跳伞着陆时冲击力减半,扭伤情况接近于零。60岁离休后,她悬壶济世,为贫苦百姓义诊;2018年9月更是将毕生积蓄1 000万元无偿捐献给家乡哈尔滨市木兰县用于发展教育事业。她说:"没有祖国,就没有家乡,更没有自己。自己的一切都是中国共产党给的,自己这一辈子就是要跟党走,一辈子回报党的恩情。"

资料来源:根据光明网有关资料整理。

10.1.2 职业道德

不同职业的从业人员在特定的职业活动中会形成相应的职业关系,例如从业人员与自己之间的关系、从业人员与同事之间的关系、从业人员与客户之间的关系等。为了协调多样化的职业关系,一方面需要政治、经济、法律等规范和手段,另一方面也需要运用职业道德来指导和约束职业行为,保证执业活动正常有序进行。

1) 职业道德的含义

职业道德是指从事一定职业的人员在职业生活中应当遵循的具有职业特征的道德要求和行为准则。在社会实际生活中,职业道德是道德调节的特殊领域。职业道德是社会道德体系的重要组成部分,是道德基本原则、规范在职业生活中的具体体现,是道德建设的重点。

职业道德具有鲜明的职业特性,例如教师应该具备教书育人、诲人不倦的职业道德,医生应该具备救死扶伤、治病救人的职业道德,国家公务员应当具备公道正派、廉政为民的职业道德。

2) 职业道德的主要内容

职业道德具有高度的自觉性,体现了从业人员的职业操守和人格力量,是从业人员的职业道德素质的集中体现。职业道德的主要内容是爱岗敬业、诚实守信、办事公道、热情服务、奉献社会。

爱岗敬业。各种职业本身只有社会分工的不同,没有高低贵贱之分。各行各业的从业人员都要热爱自己的岗位,力争在岗位上做出应有的贡献。要求从业人员热爱自己的工作岗位、敬重自己所从事的职业,勤奋努力、尽职尽责、精益求精。

诚实守信。诚实守信是中华民族的传统美德,也是做人的基本准则。诚实守信是从业人员在各个行业立足的基础。要求从业人员在职业活动中诚实劳动、真诚待人、信守承诺、言行一致、有错必纠、讲究信誉。

办事公道。从业人员在职业活动当中要做到公平公正,不徇私舞弊,不假公济私,无论对人对己,坚持实事求是,按照道德和法律规范来处事待人。要求从业人员在职业活动中一视同仁,处理事务公正合理,在工作岗位上坚持原则。

热情服务。热情服务是指在职业活动当中要从群众利益出发,全心全意提供高质量的服务。要求从业人员无论从事什么工作,无论能力如何,都应当在本职岗位上,通过不同的形式为人民服务。

奉献社会。奉献社会是职业道德中较高层次的要求。要求从业人员在本职岗位上,通过兢兢业业的工作和创造性的劳动,自觉地为他人和社会做贡献。

除了上述职业道德的一般性内容以外,不同职业的职业道德还有各自的侧重点,在不同职业领域有不同的具体化表现。例如,检察官的职业道德重点在于五个方面:一是坚持忠诚品格,永葆政治本色;二是为坚持为民宗旨,保障人民权益;三是坚持担当精神,强化法律监督;四是坚持公正理念,维护法制统一;五是坚持廉洁操守,自觉接受监督。

10.1.3 会计职业道德

1) 会计职业道德的含义

会计职业道德,是指在会计职业活动中应当遵循的、体现会计职业特征的、调整会计职业关系的职业行为准则和规范。

会计工作的性质决定了会计人员在会计活动当中需要处理不同的关系,例如,会计人员与单位内部业务人员的关系、会计人员与会计人员之间的关系、会计人员与部门负责人或单位负责人之间的关系、会计人员与监督人员之间的关系,以及会计人员与投资者、债权人、社会公众等的关系。会计从业人员的工作中,需要处理的大量关系是经济利益关系,因此会计职业道德通过配合国家的法律法规制度,进而重点关注并调整会计职业中的经济利益关系,以促进并维护正常的经济秩序。

2) 会计职业道德的特征

会计职业道德的主要特征包括指导性、社会性、保护性。

会计职业道德有很强的指导性,在长期的会计实践活动中,逐渐形成了具体的会计职业道德规范的具体条文,这些条文对从业人员的会计活动具有很强的指导意义。

会计职业道德的社会性是由会计职业活动对应关系的广泛性和复杂性决定的。由于会计信息的使用者非常多,包括内部管理人员、股东及潜在的投资者、债权人、单位员工、单位的客户、有关金融机构、政府部门、社会公众等其他利益相关者,因此保证会计信息质量非常重要。会计职业道德有助于提升会计信息质量,所以会计职业道德具有很强的社会性。

会计职业道德对于会计从业人员具有很强的保护作用,会计人员知晓并遵守会计职业道德,有助于会计从业人员不断地提升自己的专业技能,接受内部和外部人员的监督检查,遵守会计及相关法律法规和制度的有关规定,也有助于提高单位的会计信息质量,进而保护投资者、债权人等利益相关方的经济利益。

3) 会计职业道德的功能

会计职业道德的主要功能包括指导功能、评价功能和教化功能。

(1) 指导功能

会计职业道德指导社会公众和会计人员的行为,引导他们选择有利于消除各种矛盾、调整相互关系的会计道德行为,改善会计领域内人与人之间、个人与组织之间、个人与国家之间的关系,促进会计工作有序开展。同时,会计职业道德通过社会舆论和会计人员的职业道德表现,推动会计行业的健康发展。

(2) 评价功能

会计职业道德是人们依据会计职业道德标准,通过社会舆论和个人心理活动等形式,对会计人员的会计职业行为等进行善恶评价,表明褒贬态度。会计职业道德的评价功能让会计人员养成强烈的职业道德责任感,对正确的会计行为有道德上的满足感,对不当的会计行为有道德上的批判,有助于调整会计人员的职业行为,改善会计行业作风。

(3) 教化功能

会计职业道德通过造成社会舆论、形成会计道德风尚、树立会计职业道德榜样等方式深刻影响、教化人们,尤其是会计人员的会计道德观念和会计道德行为,培养会计道德习惯和锻炼会计道德品质,促使会计人员人格升华以及提高社会道德水准。会计职业道德的教化功能一方面引导会计人员履行会计职业道德原则和会计职业道德规范,另一方面通过具有会计职业道德的会计人员在各种社会活动中直接和间接地影响社会道德,推动社会道德水准不断提高。

4) 会计职业道德与会计法律制度的关系

会计职业道德与会计法律制度具有紧密的联系。《会计基础工作规范》规定,会计人员应当具备必要的专业知识和专业技能,熟悉国家有关法律、法规、规章和国家统一会计制度,遵守职业道德。

会计职业道德与会计法律制度共同规范会计行为。会计关系是一种非常重要的经济关系,会计法律制度体系是我国财经法律法规的重要组成部分,是调整会计关系的法律规范,是会计人员从事会计工作必须严格遵守的行为准则。我国的会计法律制度体系由会计法律、会计行政法规、会计规章和其他规范性文件4个层次组成。例如,《中华人民共和国会计法》属于会计法律,《企业财务会计报告条例》属于会计行政法规,《企业会计准则——基本准则》《企业财务通则》《注册会计师全国统一考试办法》等属于会计规章。在规范会计行为的过程当中,基本的会计行为必须遵循会计法律规范,对其他的会计行为需要通过会计职业道德进行规范和调节。

通过加大会计诚信宣传力度,加强会计诚信文化建设,把法律规范和道德规范结合起来,以道德滋养法治精神,加强德治与法治的衔接与贯通,营造会计行业守法、合规、诚信的向善向上氛围。

10.2 会计职业道德规范的主要内容

会计人员承担着生成和提供会计信息、维护国家财经纪律和经济秩序的重要职责。党的十八大以来,党中央、国务院部署加快社会信用体系建设、构筑诚实守信的经济社会环境,将会计人员作为职业信用建设的重点人群,要求引导职业道德建设与行为规范。为贯彻落实党中央、国务院关于加强社会信用体系建设的决策部署,根据《中华人民共和国会计法》《会计基础工作规范》,2023年财政部制定发布《会计人员职业道德规范》,以推进会计诚信体系建设,提高会计人员职业道德水平。

10.2.1 坚持诚信,守法奉公

坚持诚信、守法奉公是对会计人员的自律要求。会计人员应当牢固树立诚信理念,以诚立身、以信立业,严于律己、心存敬畏。学法知法守法,公私分明、克己奉公,树立良好职业形象,维护会计行业声誉。

坚持诚信。要求会计人员做老实人,说老实话,办老实事,执业谨慎,信誉至上,不为利益所诱惑,不弄虚作假,不泄露秘密。坚持诚信是做人的基本准则,也是公民道德规范的主要内容。人无信不立,国无信不强。诚信作为一种文化传统,早已内化为我们民族的一种精神特质。诚信是做好会计工作的根本,是会计职业道德的精髓,关系到会计信息质量和会计职业的社会声誉。市场经济是"信用经济""契约经济",注重的就是"诚实守信"。可以说,信用是维护市场经济步入良性发展轨道的前提和基础,是市场经济赖以生存的基石。坚持诚信要求会计人员把国家和公众利益放在首位,说老实话,办老实事,做老实人,堂堂正正,光明磊落。同时,依法保守商业秘密也是会计人员坚持诚信的具体体现。

守法奉公。会计人员在工作中要遵纪守法、公私分明、不贪不占、清正廉洁。守法奉公是会计人员的必备品质,是维护会计职业声誉的基石,是会计职业道德的前提。守法奉公要求会计人员要树立科学的人生观和价值观,自觉抵制享乐主义、个人主义、金钱万能论等错误思想,加强自身的职业道德修养,遵纪守法,公私分明,不贪不占,尽职尽责。正人先正己,这对会计人员尤为重要。会计人员的工作说到底就是理财,正是这种时时与钱物相联系的工作特点决定了廉洁自律是会计职业道德的内在要求,是会计人员的基本行为准则。这就要求会计人员必须是一个遵纪守法、廉洁奉公、公私分明、严明自律的人,只有这样,会计人员才能正确行使反映和监督的会计职能,保证各项经济活动正常运行。

> **知识链接 10-2**
>
> **出纳利用职务便利套取公款被判刑**
>
> 某县第一巡察组进驻县妇联开展常规巡察,一份财务凭证引起了巡察组工作人员的注意。"怎么 3 次'清洁家园(庭)'评比活动费用就有 7 万多元,购买了 150 多套四件套,而且发放范围覆盖了县、镇、村三级……"
>
> 工作人员根据线索立即分成两组,一组进一步查阅财务资料,一组对照奖品发放名单走访核实。"从来没在县妇联领过四件套之类的奖品,镇里开展'清洁家园(庭)'评比活动奖品都是镇级经费购置的。"7 个乡镇妇联主席的回答惊人的一致,县妇联"清洁家园(庭)"评比活动奖品发放名单竟然是捏造的。同时,另一组人员反馈县妇联某账本 9 号、10 号凭证报账资料缺失。
>
> 经过分析研判,越来越多的证据指向了县妇联财务人员张某。
>
> 巡察组随即开展系列工作,张某眼见事情瞒不住,只得将事实和盘托出。原来,2020 年 8 月至 2021 年 4 月期间,张某利用其担任单位出纳的职务便利,在经手单位水电费等日常开支报账过程中套取公款 18 万余元,全部用于偿还其个人债务。此外,张某还交代了其藏匿报账凭证资料,套取资金 22 万余元的问题。
>
> 最终,张某因涉嫌严重违纪违法被开除党籍、开除公职,因犯贪污罪、洗钱罪被判处有期徒刑一年六个月,并处罚金人民币 102 000 元。
>
> 资料来源:根据上述中央纪委监委网站题为"财务凭证里的秘密"(https://www.ccdi.gov.cn/yaowenn/202302/t20230201_243871.html)的有关材料缩写。

10.2.2 坚持准则,守责敬业

坚持准则、守责敬业是对会计人员的履职要求。会计人员应当严格执行准则制度,保证会计信息真实完整。勤勉尽责、爱岗敬业,忠于职守、敢于斗争,自觉抵制会计造假行为,维护国家财经纪律和经济秩序。

坚持准则。要求会计人员熟悉国家法律、法规和国家统一的会计制度,始终坚持按法律、法规和国家统一的会计制度的要求进行会计核算,实施会计监督。没有规矩,不成方圆。会计职业的"规矩"就是一系列的会计法律、法规和规章制度,是会计人员从事会计工作所遵守的行为规范或具体要求。坚持准则要求会计人员通过认真学习,熟悉准则,在处理业务过程中,严格按照会计法规制度办事,以准则作为自己的行动指南,在发生道德冲突时,应坚持准则,维护国家利益、社会公众利益和正常的经济秩序。对于注册会计师来说,就是要按照国家统一的会计制度和独立审计准则实施独立审计,并提供客观、公正的审计报告。

守责敬业。要求会计人员热爱会计工作,安心本职岗位,忠于职守,尽心尽力,尽职尽责。爱岗敬业是做好会计工作的前提条件,是会计职业道德的基础。爱岗敬业就是要求会计人员充分认识本职工作在整个经济和社会事业发展过程中的地位和作用,珍惜自己的工作岗位,热爱本职工作,自觉地履行岗位职责,形成任劳任怨、一丝不苟、忠于职守、尽职尽责的工作态度和工作作风。爱岗敬业不仅仅是一种观念、一种精神、一句口号,它更需要有具体的行动。会计人员必须对自己所从事的会计职业持一种笃信虔敬的态度,依靠自己对会计工作的敬业精神和良好的执业能力来获得社会的信任、尊重。也只有这样,会计工作才能有效率、有成果。

10.2.3 坚持学习,守正创新

坚持学习、守正创新是对会计人员的发展要求。会计人员应当始终秉持专业精神,勤于学习、锐意进取,持续提升会计专业能力。不断适应新形势新要求,与时俱进、开拓创新,努力推动会计事业高质量发展。

坚持学习。会计人员仅有会计道德意义上的责任感还不够,还需要有实现自己会计道德诺言的会计执业能力,这样,才能进行严格的质量控制,才能抵制做假账,才能出具真实客观的财务会计报告。提高技能要求会计人员具有不断提升会计专业技能的意识和愿望。而且,专业技能的提高和学习不可能是一劳永逸之事,必须不间断地学习、研究、充实和提高,"活到老,学到老"。随着市场经济的发展,经济全球化以及科学技术日新月异,会计在经济发展中的作用越来越明显,对会计的要求也越来越高。随着信息技术的迅猛发展,云计算、大数据、人工智能等新技术不断出现和应用,使得我国会计职业的竞争越来越激烈。会计人员要想生存和发展,就必须使自身具有高层次的专业知识和技能,使自己的知识不断更新。提高技能要求会计人员增强提高专业技能的自觉性和紧迫感,勤学苦练,刻苦钻研,不断进取,提高业务水平。

守正创新。要求会计人员树立创新意识,持续提高会计工作质量,不断提升会计从业人员专业胜任能力。数字经济时代,经济环境、商业模式和技术进步对会计人员提出新的要求,强化创新是做好会计工作、与时俱进地提高会计工作服务质量的重要途径,是发挥会计工作社会价值的表现。会计人员应立足本职岗位,充分运用会计理论、会计方法、会计数据,树立强烈的创新意识,不断扩展工作思路和提升工作技能,提供高质量的会计专业服务和管理优化建议,不断为单位创造价值。

10.3 会计人员职业道德管理

根据《中华人民共和国会计法》的规定,会计人员主要是指在国家机关、社会团体、公司、企业、事业单位和其他组织(以下统称"单位")中从事会计核算、实行会计监督等会计工作的人员。会计职业道德对于提高会计人员的工作质量、保护会计从业人员以及利益相关方的经济利益具有重要作用,需要从会计职业道德建设、评价和惩戒多方面加强会计人员职业道德管理。

10.3.1 会计职业道德建设

会计职业道德建设需要加强会计职业道德教育和强化会计职业道德实施。
1)加强会计职业道德教育
会计职业道德教育是会计职业道德建设的基础。会计职业道德教育是指会计管理部

门、行业组织或有关单位结合会计工作的特点,以促进会计人员形成会计职业道德意识、塑造会计职业道德品质、践行会计职业道德规范为目的,系统性地对会计从业人员和相关人员实施的会计职业道德教育活动。

会计职业道德教育是会计职业道德管理的一项重要工作,是提高会计从业人员及相关人员会计职业道德水平的重要方式和途径。开展会计人员职业道德教育的范围应当涵盖所有的会计人员,主要包括从事下列具体会计工作的人员:①出纳;②稽核;③资产、负债和所有者权益(净资产)的核算;④收入、费用(支出)的核算;⑤财务成果(政府预算执行结果)的核算;⑥财务会计报告(决算报告)编制;⑦会计监督;⑧会计机构内会计档案管理;⑨其他会计工作。需要说明的是,根据财政部2018年印发的《会计人员管理办法》,会计人员包括担任单位会计机构负责人(会计主管人员)和总会计师的人员。从更广泛的角度看,还应当包括为会计信息提供咨询或鉴证服务的注册会计师等以会计专业技术为基础的专业人员。

会计人员应当具备良好的职业道德,需要开展多种形式的会计职业道德教育,目前主要包括外部教育和自我教育。外部教育是指根据《会计法》《会计专业技术人员继续教育规定》等法律法规的规定,会计人员应当接受的教育。例如,《会计专业技术人员继续教育规定》规定,会计专业技术人员继续教育内容包括公需科目和专业科目。公需科目包括专业技术人员应当普遍掌握的法律法规、职业道德等基本知识,专业科目包括会计专业技术人员从事会计工作应当掌握的会计职业道德、财税金融、会计法律法规等相关专业知识。自我教育是指会计人员在学习和工作过程中,通过自学、干中学等方式强化会计职业道德意识,不断提升自身的职业道德修养,践行职业道德规范。外部教育具有一定的强制性,自我教育具有自律性,外部教育强化会计人员的职业道德意识,内部教育内化职业道德规范,两者互相促进。

通过会计诚信教育,将会计职业道德作为会计人才培养、评价、继续教育的重要内容,推动财会类专业教育加强职业道德课程建设,不断提升会计人员的诚信素养。

2) 强化会计职业道德实施

会计职业道德实施是会计职业道德建设的保障。会计职业道德的实施主要包括组织、自律、监督三种方式。

会计职业道德的组织是指以各级财政部门依法对会计人员、会计师事务所、注册会计师协会等会计职业道德情况进行指导和监督,以推动会计人员整体会计职业道德水平的提高。会计职业道德的自律是指在我国会计行业协会的推动下,会计人员等会员牢固树立会计职业道德,自觉践行会计职业道德规范。会计职业道德的监督包括内部监督和外部监督。内部监督是指以各级财政部门、会计行业自律协会等社会组织、会计人员所在单位或机构为主体,对会计人员工作中体现出来的职业道德情况进行的检查、督察和指导;外部监督是指媒体、投资者、债权人等社会主体,基于记录、宣传、警示等目的对会计人员职业道德情况的调查、分析和报道。

会计职业道德的实施需要会计人员在各级财政部门及会计行业协会的组织下,落实他律和自律的要求,自觉接受监督,在工作中切实遵守会计职业道德和国家统一的会计制度,提高自身会计职业道德水平,营造良好的会计职业道德氛围。

通过加强会计诚信机制建设，依托会计管理信息平台，实现跨层级、跨部门、跨系统数据互联互通。

10.3.2　会计职业道德评价

在组织实施会计职业道德的基础上，我国已经构建起相对完善的会计职业道德评价体系，会计职业道德评价体系是我国社会信用评价体系的重要组成部分。通过构建并运行会计职业道德评价体系，我国会计人员会计职业道德水平不断提升。

从结构上看，会计职业道德评价体系主要包括评价环境、评价主体、评价客体、评价标准四个部分。

评价环境是指我国整体的社会信用评价体系。为了引导全社会树立诚信文化理念，提高全社会信用水平，我国以法律、法规、规章、制度和契约为基础，对社会成员的信用相关行为进行评价，逐渐建立起较为完善的社会信用评价体系。在信用机制建设层面，先后发布《国务院关于印发社会信用体系建设规划纲要（2014—2020年）的通知》（国发〔2014〕21号）、《国务院办公厅关于加强个人诚信体系建设的指导意见》（国办发〔2016〕98号）、《国务院关于建立完善守信联合激励和失信联合惩戒制度　加快推进社会诚信建设的指导意见》（国发〔2016〕33号）等重要文件。在信用信息披露方面，通过"国家企业信用信息公示系统""中国裁判文书网"等网站，通过披露法人、自然人等市场主体的信用相关信息，促进全社会信用体系建设。

评价主体是指会计职业道德评价的组织者和实施者。会计职业道德评价的主体主要包括各级财政部门、各级证券监督管理部门、证券交易所、会计行业协会等。此外，特定情境下，新闻媒体、投资人、债权人、律师等组织或群体也会成为评价主体，以特定的方式参与或实施会计职业道德评价。

评价客体是会计职业道德评价的对象。会计职业道德评价对象主要包括所有的会计人员，例如从事出纳等具体会计工作的人员、会计机构负责人、总会计师等。广义上看，还应当包括注册会计师等为会计信息提供咨询和鉴证服务的会计相关专业人员。

评价标准是会计职业道德评价的依据。我国已经构建起相对完善的会计职业道德评价相关的法律法规制度体系，在法律层面主要包括《会计法》《证券法》《预算法》等法律法规，在准则层面主要包括《企业会计准则》《政府会计准则》《审计准则》等，在道德规范层面包括《会计人员职业道德规范》《中国注册会计师职业道德守则》《审计机关审计人员职业道德准则》等。

10.3.3　会计职业道德奖惩

通过加强会计诚信体系建设，全面建立会计行业信用记录，继续完善守信联合激励和失信联合惩戒机制。2018年，财政部印发《关于加强会计人员诚信建设的指导意见》，以进一步加强会计诚信建设，建立健全会计人员守信联合激励和失信联合惩戒机制，推动会计行业进一步提高诚信水平。2019年中国财政部公布《严重违法失信会计人员黑名单管理办法（征求意见稿）》，以加强会计人员诚信建设，对严重违法失信会计人员实施联合惩戒。

1）会计人员守信联合激励机制

健全政府推动、社会参与的激励组织方式。各级财政部门和中央主管单位在会计人员诚信建设中起到组织管理和监督指导作用,加强与相关执法部门的统筹协调,建立联动机制,引导包括行政机关、企事业单位、社会团体以及其他组织等用人单位在内的各种力量广泛参与,充分发挥注册会计师协会等会计行业组织的作用,共同推动会计人员诚信建设。

完善信息采集、档案建设的激励工作。为了落实会计人员诚信建设的具体要求,需要有序推进会计人员信用档案建设,规范会计人员信用信息采集和应用,推进会计人员信用状况与其选聘任职、评选表彰等挂钩,逐步建立会计人员守信联合激励和失信联合惩戒机制。例如,会计人员诚信档案主要包括基本信息、守信信息和处罚信息。其中守信信息包括:会计领军(后备)人才,获得先进会计工作者、劳模等各种荣誉,获得党政部门、行业组织表彰和奖励等。

为守信会计人员提供更多机会和便利。将会计人员信用信息作为先进会计工作者评选、会计职称考试或评审、高端会计人才选拔等资格资质审查的重要依据。鼓励用人单位依法使用会计人员信用信息,优先聘用、培养、晋升具有良好信用记录的会计人员。

2) 会计人员失信联合惩戒

在会计人员诚信档案中记录处罚信息。处罚信息包括会计人员违反会计法律、法规、规章和会计职业道德、行业纪律受到相应的刑事、行政处罚;在执法检查中被书面责令改正而拒不改正;被市级以上行政部门公开通报批评;市、区财政局认为需要记录的有损会计行业社会公信力的其他情形等内容。不涉及个人隐私和商业秘密的会计人员诚信档案内容应定期或不定期通过会计人员诚信平台向社会公布。

建立严重失信会计人员"黑名单"。审计、税务、人民银行、银行监管、证券监管、保险监管、监察、人事、工商、公安等监管部门(以下简称"监管部门")负责将依职权对会计人员违法违规行为惩处情况及时通报同级财政部门。将有提供虚假财务会计报告,做假账,隐匿或者故意销毁会计凭证、会计账簿、财务会计报告,贪污,挪用公款,职务侵占等与会计职务有关的违法行为的会计人员,作为严重失信会计人员列入"黑名单",纳入全国信用信息共享平台,依法通过"信用中国"网站等途径,向社会公开披露相关信息。会计人员诚信档案记录为永久保存信息。

一般情况下列入会计人员"黑名单"的包括以下五类情形:一是提供虚假财务会计报告;二是伪造、变造会计凭证、会计账簿,编制虚假财务会计报告;三是隐匿或故意销毁依法应当保存的会计凭证、会计账簿、财务会计报告;四是授意、指使、强令会计机构、会计人员及其他人员伪造、变造会计凭证、会计账簿,编制虚假财务会计报告或者隐匿、故意销毁依法应当保存的会计凭证、会计账簿、财务会计报告;五是贪污、挪用公款、职务侵占等与会计职务有关的违法行为。

对严重失信会计人员实施约束和惩戒。在先进会计工作者评选、会计职称考试或评审、高端会计人才选拔等资格资质审查过程中,对严重失信会计人员实行"一票否决制"。对于严重失信会计人员,依法取消其已经取得的会计专业技术资格;被依法追究刑事责任的,不得再从事会计工作。支持用人单位根据会计人员失信的具体情况,对其进行降职撤职或解聘。

会计人员守信联合激励和失信联合惩戒机制的建立和不断完善,有助于培育和践行社会主义核心价值观,完善会计职业道德规范,加强会计诚信教育,积极营造"守信光荣、失信可耻"的良好社会氛围。

关键术语

职业道德(professional ethics)
诚信(integrity)
敬业(dedication)
守法(law-abiding)

本章思考

1. 会计职业道德的含义是什么？
2. 会计职业道德具有哪些特征？
3. 如何理解会计职业道德与会计法律制度的关系？
4. 会计职业道德规范的主要内容有哪些？
5. 会计职业道德建设应该做好哪两方面的工作？
6. 简述会计职业道德评价体系的主要构成。
7. 简述会计人员守信联合激励和失信联合惩戒机制的主要内容。

思政园地

财务总监实施财务造假受到证监会处罚

我国某研究院股份有限公司(以下简称"XINY股份")的子公司为某宇航工业有限责任公司(以下简称"MINR宇航")。MINR宇航通过虚构业务和提前确认收入两种方式实施财务造假。2015年度至2019年度，XINY股份虚增营业收入3 346 503 750.10元，各年度具体情况如下：350 998 671.74元、815 165 601.85元、1 174 253 362.90元、884 761 756.83元、121 324 356.78元，分别占当期披露金额的25.05%、45.50%、63.34%、47.07%、9.71%。XINY股份虚增利润总额1 311 201 540.66元，各年度具体情况如下：176 887 385.48元、397 687 745.08元、563 423 202.11元、313 169 839.75元、−139 966 631.76元，分别占当期披露金额的50.69%、136.67%、118.24%、90.66%、6.77%。

依据《中华人民共和国证券法》的有关规定，中国证监会对XINY股份信息披露违法违规行为进行了立案调查、审理，并依法向当事人告知了作出行政处罚的事实、理由、依据及当事人依法享有的权利，在履行了必要的程序后，该案已调查、审理终结。

证监会根据当事人违法行为的事实、性质、情节与社会危害程度，依据《中华人民共和国证券法》第一百九十七条第二款的规定作出处罚决定，其中对时任MINR宇航董事长韩某给予警告，并处以三百万元的罚款，对时任MINR宇航财务总监匡某给予警告，并处以五十万元的罚款。

资料来源：根据中国证监会网站《中国证监会行政处罚决定书》(〔2023〕2号)有关资料编写。

实 训 篇

論 文

模块 1　单项实训

实训 1.1　基础书写

1.1.1　实训目的

学生通过阿拉伯数字和汉字数字的书写练习,做到书写规范。

1.1.2　实训基础知识

(1) 阿拉伯数字的标准书写

第一,每个数字要大小匀称,笔画流畅,每个数字独立有形,不能连笔书写,要让使用者一目了然。

第二,每个数字要紧贴底线书写,但上端不可顶格,其高度约占全格的 1/2 或 2/3 的位置,要为更正错误数字留有余地。除 6、7、9 外,其他数字高低要一致。书写数字"6"时,上端比其他数字高出 1/4,书写数字"7"和"9"时,下端比其他数字伸出 1/4。

第三,书写时每个数字排列有序,并且数字要有一定倾斜度。各数字的倾斜度要一致,一般要求上端一律向右顺斜 45 度到 60 度。

第四,书写数字时,各数字从左至右,笔画顺序是自上而下,先左后右,并且每个数字大小一致,数字排列的空隙应保持一定且同等距离,每个字上下左右要对齐,在印有数位线的凭证、账簿、报表上,每一格只能写一个数字,不得几个字挤在一个格里,更不能在数字中间留有空格。

第五,不要把"0"和"6"、"1"和"7"、"3"和"8"、"7"和"9"的书写混淆。在写阿拉伯数字的整数部分,可以从小数点向左按照"三位一节"用分位点","分开或加 1/4 空分开。如 8,541,630 或 8 541 630 。

第六,阿拉伯数字表示的金额为小写金额,书写时,应采用人民币符号"￥"。"￥"是汉语拼音文字之(yuan)第一个字母的缩写变形,它既代表了人民币的币制,又表示人民币"元"的单位。所以,小写金额前填写人民币符号"￥"以后,数字后面可不写"元"字。"￥"与数字之间不能留有空格。书写人民币符号时,要注意"￥"与阿拉伯数字间的明显区别,不可混淆。

第七,所有以元为单位的阿拉伯数字,除表示单价等情况外一律填写到角分;无角分的,角位和分位可写"00",或者符号"－";有角无分的,分位应当写"0",不得用符号"－"代替。

(2) 汉字大写金额的标准书写

第一,中文大写金额主要有零、壹、贰、叁、肆、伍、陆、柒、捌、玖、拾、佰、仟、万、亿、元、角、分、整(正)。

第二,汉字大写金额要以正楷或行书填写,不得连笔写,字迹要工整、清晰。

第三,大写金额不能乱用简化字,不能写错别字,如"零"不能用"另"代替,"角"不能用"毛"代替等。

第四,中文大写金额不能用中文小写数字代替,更不能与中文小写数字混合使用。

第五,大写金额前若没有印制"人民币"字样的,书写时,在大写金额前要冠以"人民币"字样。"人民币"与金额首位数字之间不得留有空格,数字之间更不能留存空格。

第六,人民币以元为单位时,只要人民币元后分位没有金额(即无角无分时,或有角无分),应在大写金额后加上"整"字结尾;如果分位有金额,在"分"后不必写"整"字。例如,58.69元,写成"人民币伍拾捌元陆角玖分",因其分位有金额,在"分"后不必写"整"字。又如,58.60元,写成"人民币伍拾捌元陆角整",因其分位没有金额,应在大写金额后加上"整"字结尾。

第七,如果金额数字中间有两个或两个以上"0"字,可只写一个"零"字。如金额为800.10元,应写为人民币捌佰元零壹角整。

第八,表示数字为拾几、拾几万时,大写文字前必须有数字"壹"字,因为"拾"字代表位数,而不是数字。例如10元,应写为"壹拾元整"。又如16元,应写成"壹拾陆元整"。

第九,在印有大写金额万、仟、佰、元、角、分的凭证上书写大写金额时,金额前面如有空位,可画符号"—"。

阿拉伯数字和汉字大写金额参见实图1.1及实表1.1:

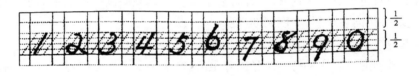

实图1.1 阿拉伯数字书写规范

实表1.1 大写金额参考字体

1	2	3	4	5	6	7	8	9	0	十	百	千	万	亿	元	角	分
壹	贰	叁	肆	伍	陆	柒	捌	玖	零	拾	佰	仟	万	亿	元	角	分

下面列举在书写大写金额时,容易出现的问题并进行解析:

【例1.1】 小写金额为¥6 500.00元

正确写法:人民币陆仟伍佰元整

错误写法:人民币:陆仟伍佰元整

错误原因:"人民币"后面多一个冒号。

【例1.2】 小写金额为¥3 150.50元

正确写法:人民币叁仟壹佰伍拾元零伍角整

错误写法：人民币叁仟壹佰伍拾元伍角整

错误原因：漏写一个"零"字。

【例 1.3】 小写金额为￥105 000.00 元

正确写法：人民币壹拾万零伍仟元整

错误写法：人民币拾万伍仟元整

错误原因：漏记"壹"和"零"字。

【例 1.4】 小写金额￥60 036 000.00 元

正确写法：人民币陆仟零叁万陆仟元整

错误写法：人民币陆仟万零叁万陆仟元整

错误原因：多写一个"万"字。

【例 1.5】 小写金额￥35 000.96 元

正确写法：人民币叁万伍仟元零玖角陆分

错误写法：人民币叁万伍仟零玖角陆分

错误原因：漏写一个"元"字。

【例 1.6】 小写金额 150 001.00 元

正确写法：人民币壹拾伍万零壹元整

错误写法：人民币壹拾伍万元另壹元整

错误原因：将"零"写成"另"，多出一个"元"字。

1.1.3 实训要求

练习会计数字、汉字的书写。

实训1.2　原始凭证的填制和审核

1.2.1　实训目的

通过该实训,掌握原始凭证的基本内容和填制方法,掌握原始凭证的审核内容和方法,熟悉它们的传递程序,为填制记账凭证奠定基础。①

1.2.2　实训基础知识

(1) 原始凭证的填制要求

原始凭证的填制要求见本书理论篇4.2.4节。填制原始凭证应保证记录真实(注意内容及数字的真实),内容完整(注意日期、名称、品名、人员签章齐全完整),手续完备(注意签章是否合规),书写清楚规范(注意金额大小写是否规范),连续编号,不得涂改、刮擦、挖补以及填制及时。

(2) 原始凭证的审核要求

原始凭证的具体审核要求见本书理论篇4.2.5节。审核原始凭证包括三个方面的审核:合法性、合规性以及合理性审核(注意业务内容是否符合法律法规、规章制度,开支是否合理等)、完整性审核(注意手续是否齐备、内容是否齐全)、正确性审核(注意摘要、数字是否有误)。

1.2.3　实训资料

(1) 企业概况

企业名称：友善公司

企业性质：有限责任公司

税收信息：增值税一般纳税人,适用税率为13%

开户行：中国工商银行南京分行太平支行

开户行账号：1203282009200508729

纳税人识别号：140102199620816

企业地址：太平路2号

经营范围：主营A、B产品的生产和销售,主要原料包括甲、乙两种材料

(2) 友善公司2022年1月份发生的有关经济业务如下：

① 1月7日,出纳汪霞从银行提取现金,以备用。签发现金支票一张,金额1 500元。要求填写现金支票(实图1.2)。

② 1月8日,销售给甲公司A产品500件,不含税单价200元/件,增值税税额13 000元,价税合计金额113 000元。开出增值税电子专用发票一张。购货方采购员持发票到财务科以转账支票办理货款结算,财会人员收取转账支票后,当日填写转账存款单存入银行。要求填写增值税电子专用发票,并审核转账支票和进账单(见实图1.3至实图1.5)。

---

① 注：本书实训篇部分票据的密码区、票号、校验码、回单号码、交易流水号等未做完全的技术处理,但不影响学生实训使用。

中国工商银行现金支票存根

支票号码 0078

科　目

对方科目

签发日期：　年　月　日

收款人：

金　额：

用　途：

备　注：

单位主管　　会计

复　核　　记账

重要凭证，妥善保管，防止遗失。

本支票付款期五天

中国工商银行现金支票

支票号码 0078

第　号

签发日期　年　月　日　开户行名称：

收款人：　签发人账号：

人民币（大写）	亿	千	百	十	万	千	百	十	元	角	分

上列款项请从我账户内支付

用途

科目（借）

对方科目（贷）

付讫日期　年　月　日

出纳　复核　记账　验印

实图 1.2　现金支票

××增值税电子专用发票

发票代码：

发票号码：

开票日期：

校验码：

机器编号：

购买方	名称： 纳税人识别号： 地址、电话： 开户行及账号：					密码区		
项目名称	规格型号	单位	数量	单价	金额	税率	税额	
合计								
价税合计（大写）				（小写）				
销售方	名称： 纳税人识别号： 地址、电话： 开户行及账号：					备注		

收款人：　复核：　开票人：

实图 1.3　增值税电子专用发票

中国工商银行

转账支票存根

ⅨⅡ 00770119

科　目

对方科目

出票日期 2022 年 01 月 08 日

收款人：友善公司

金　额：113000.00

用　途：货款

单位主管　　会计

本支票付款期限十天

中国工商银行转账支票

ⅨⅡ 00770119

出票日期（大写）贰零贰贰 年 零壹 月 零捌 日　付款行名称：工商银行××支行

收款人：友善公司　出票人账号：×××

人民币（大写）	亿	千	百	十	万	千	百	十	元	角	分
壹拾壹万叁仟元整			¥	1	1	3	0	0	0	0	0

用途 货款

上列款项请从

我账户内支付

出票人签章

甲公司 财务专用章

庆张 印广

科目（借）

对方科目（贷）

转账日期　年　月　日

复核　记账

实图 1.4　转账支票

中国工商银行进账单（回单） 1

2022 年 01 月 08 日　　　　第　　号

出票人	全称	甲公司	收款人	全称	友善公司
	账号	××××××××		账号	1203282009200508729
	开户银行	工行×支行		开户银行	工行太平支行

人民币（大写）　壹拾壹万叁仟元整　　　¥113000.00

| 票据种类 | 支票 |
| 票据张数 | 1 |

单位主管　会计　复核　记账　　　出票人开户行盖章

（此联是回单，出票人开户银行交给出票人）

实图 1.5　进账单

③ 1月10日，本单位采购员王立去深圳采购材料，经批准填写"借款单"向财务科借现金3 000元。要求填写借款单（见实图1.6）。

借款单

借款日期　年　月　日

单位或部门		借款人姓名		借款事由	
申请借款金额	金额（大写）			¥	还款计划
批准金额	金额（大写）			¥	
领导批示			借款人		（盖章）

实图 1.6　借款单

④ 1月12日，向乙公司购入乙材料100吨，单价80元/吨，取得的增值税电子专用发票上注明不含税买价8 000元，增值税税额1 040元，价税合计9 040元。材料尚未到达，货款以银行存款支付。要求审核取得的增值税电子专用发票及转账支票（见实图1.7、实图1.8）。

模块1 单项实训

实图1.7 增值税电子专用发票

实图1.8 转账支票

⑤ 1月16日，采购员王立出差回来，报销差旅费2 700元，余款退回。其中，交通费用合计1 000元；住宿费用合计1 500元；按公司制度，采购员补助标准为100元/天，共出差2天，补助费用合计200元。要求填写差旅费报销单一张（见实图1.9）。

差旅费报销单

填报日期　年　月　日　　　　　　　　第　　页共　　页

姓名		出差地点		出差事由		出差日期	自　年　月　日 至　年　月　日　共　　天						
出差起止日期	车船机票费		夜间乘车补助费			出差补助费			住宿费	其他费用		结算情况	
	火车	电汽车	车票金额	标准	补助金额	天数	标准	金额		项目	金额		
												原借	
												报销	
												退还	
小计												补领	
合计报销金额(大写)								￥					

附单据共　　张

单位(部门)主管　　　　财务主管　　　　审核　　　　出差人

实图1.9　差旅费报销单

⑥1月20日,乙材料到达公司,经检验合格入库。要求填写入库单(见实图1.10)。

入　库　单

生产部门(或个人姓名):_____　　　　年　月　日　　　　　字第_____号

编号	物品名称	规格	单位	送验数量	实收数量	单价	金额								备注
							十万	万	千	百	十	元	角	分	
		合计													

厂长(经理):　　　　会计主管人员:　　　　验收人:　　　　交库人:

第三联　送会计部门记账

实图1.10　入库单

⑦1月21日,公司从商店购买打印机2台,含税单价500元/台,通过银行转账支付。取得商店开出的增值税电子普通发票一张。要求填写转账支票,并审核增值税电子普通发票(见实图1.11、实图1.12)。

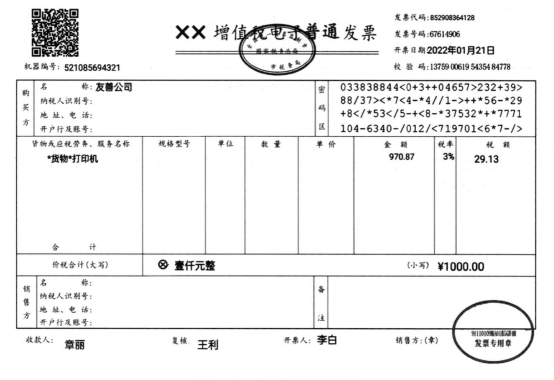

实图1.11 转账支票

实图1.12 增值税电子普通发票

⑧ 1月23日,出纳将多余的库存现金3 800元送存银行,要求填写现金存单一张(面额100元20张,50元36张)(见实图1.13)。

中国工商银行现金存款凭条

年　月　日

存款人	全　称			款项来源		
	账　号					
	开户行			交款人		

金额大写(币种)							百 十 万 千 百 十 元 角
票面	张数	金额	票面	张数	金额		
100元			5角				
50元			2角				
20元			1角				
10元			5分				
5元			2分				
2元			1分				
1元						复核：　　　经办：	

第二联　客户核对联

实图 1.13　现金存款凭条

1.2.4　实训要求

根据实训资料列示的 8 项经济业务的全部原始数据，填写附件中相应的原始凭证，并对原始凭证进行审核。

实训1.3　记账凭证的填制和审核

1.3.1　实训目的

通过该实训,熟悉记账凭证的内容、格式和种类,掌握根据原始凭证编制会计分录、填制记账凭证的方法,并能按照要求审核记账凭证。

1.3.2　实训基础知识

(1) 记账凭证的编制要求

本书理论篇4.3.3节按照记账凭证的类型分别介绍了不同记账凭证的填制要求。这里将按照记账凭证填制的步骤进行梳理,并补充总结编制记账凭证时的注意事项。

① 选择书写工具

填制记账凭证应选择钢笔或碳素笔。用蓝黑墨水或碳素墨水书写。

② 确认记账凭证的种类

根据原始凭证所记录的经济业务内容,先确定应借、应贷的会计科目,即会计分录,然后根据会计分录确定采用收、付、转记账凭证的种类,在采用通用记账凭证的情况下,则统一使用一种通用记账凭证。(收、付、转记账凭证的填制要求见前述理论篇4.3.3节部分)

③ 填写记账凭证的日期

记账凭证的填写日期可分三种情况:A. 现金或银行存款付款业务的记账凭证,一般以财会部门付出现金或开出银行付款结算凭证的日期填写;B. 现金收款业务的记账凭证,应当填写收款当日的日期;实际收款日期可能和收到银行存款收款业务的记账凭证的日期不一致,则应按填制收款凭证的日期填写;C. 月末计提、分配费用,成本计算,转账等业务,大多是在下月初进行,但所填日期应当填写当月最后一日的日期。

④ 摘要既要简明扼要,又要真实准确

摘要既要简单明了,又要能够将经济业务内容表达清楚。例如:车间借购柴油款2 000元,摘要应为"车间借购柴油款",而不能为"车间借款",更不能为"借款"。此外,对反映不同经济内容的同一张记账凭证,每项经济内容准确对应一个摘要,不能笼统使用同一个摘要。如:小王借5 000元去上海参加会议,回来报销时,差旅费开支2 000元,会务费开支2 000元,会议资料费支出500元,退回余款500元。其摘要应按每项经济业务对应的会计分录分别编写为:小王报销差旅费,小王报销会务费,小王报销资料费,小王归还差旅款。

⑤ 以审核无误的原始凭证为依据,正确填制会计科目、子目和编制会计分录

在填制记账凭证时,可以根据一张原始凭证填制记账凭证,也可以根据若干张同类原始凭证汇总填制记账凭证,还可以根据原始凭证汇总表填制记账凭证。但不得将不同内容和类别的原始凭证汇总填制在一张记账凭证上。填写会计科目时,应当填写会计科目的全称,不得简写。为了便于登记日记账和明细账,还应填写子目甚至细目。

⑥ 记账凭证中金额的填写

阿拉伯数字应书写规范,并填至分位;相应的数字应平行对准相应的借贷栏次和会计科目的栏次,防止错栏串行;合计行填写金额时,应在金额最高位值数前填写人民币"¥"字符号,以示金额封顶,防止窜改。记账凭证金额栏最后留有的空行,用直线或"S"线注销。所划的直线或"S"线应从金额栏最后一笔金额数字下的空行划到合计数行上面的空行。

⑦ 填写记账凭证的编号

应按自然顺序连续编号,不得跳号、重号。一笔经济业务编制在记账凭证上的会计分录,需在两张或两张以上的记账凭证上共同反映时,首先记账凭证的编号应是一个号,然后在此号码下,采用分数的方法来表示,称为分数编号法。具体编号方法见前述理论篇 4.3.3 节记账凭证填制部分的基本要求中的第三点。

⑧ 计算和填写所附原始凭证的张数

附件张数用阿拉伯数字写在记账凭证的右侧"附件××张"行内。附件张数的计算方法有两种:A. 按附原始凭证的自然张数计算;B. 有原始凭证汇总表的附件,可将原始凭证汇总表张数作为记账凭证的附件张数,再把原始凭证作为原始凭证汇总表的张数处理。当一张或几张原始凭证涉及几张记账凭证时,可将原始凭证附在一张主要的记账凭证后面,并在摘要栏内注明"本凭证附件包括××号记账凭证业务"字样,在其他记账凭证上注明"原始凭证附在××号记账凭证后面"字样。没有原始凭证,而只有复印件的,不能作为填制记账凭证的依据。

⑨ 记账凭证的签名或盖章

记账凭证填制完成后,一般应由填制人员、审核人员、会计主管人员、记账人员分别签名盖章,以示其经济责任,并使会计人员互相制约,互相监督,防止错误和舞弊行为的发生。对于收款凭证及付款凭证,还应由出纳人员签名盖章,以证明款项已收讫或付讫。

(2) 记账凭证的审核要求

根据本书理论篇 4.3.4 节记账凭证审核的相关内容,要求在审核记账凭证时要对所附的原始凭证进行复核(原始凭证是否齐全、是否与经济业务内容一致);账户的应借应贷名称是否正确、金额是否正确、账户对应关系是否清晰;项目内容是否齐全,日期、摘要、附件张数、人员签名盖章等均要一一检查。如果发现错误,需要根据错账更正方法进行更正,并签字盖章,以示责任。

1.3.3 实训资料

蓝生公司 2022 年 6 月份发生的经济业务及其原始凭证如下:

(1) 6 月 2 日,购入运输卡车一辆,不含税单价 200 000 元,增值税 26 000 元,金额合计 226 000 元,已支付。原始凭证:增值税专用发票、固定资产验收单、转账支票存根(见实图 1.14 至实图 1.16)。

实图1.14 增值税专用发票

固定资产验收单

2022 年 06 月 02 日　　　　　　　　　　　　　　　　　　编号：034

名称	规格型号	来源	数量	购（进）价	使用年限	预计残值
卡车		外购	1	226 000.00	10	2 000.00
安装费	月折旧率	建造单位		交工日期	附件	
验收部门	车队	验收人员	张三	管理部门	车队	管理人员	张三
备注						

审核：　　　　　　　　　制单：

实图1.15　固定资产验收单

实图1.16 转账支票存根

(2) 6月6日,销售给上海华光有限责任公司A产品800台,单价260元/台,B产品200台,单价300元/台,开出增值税专用发票,签发转账支票860元代办托运,并已向银行办妥托收手续。原始凭证:增值税专用发票、转账支票存根、铁路运费收据、银行托收承付凭证(见实图1.17至实图1.20)。

实图1.17 增值税专用发票

```
┌─────────────────────────────┐
│      中国工商银行             │
│      转账支票存根             │
│   Ⅸ Ⅱ   00770125            │
│                             │
│   科  目_____     │
│   对方科目_____    │
│   出票日期 2022 年 6 月 6 日 │
│  ┌───────────────────────┐  │
│  │ 收款人：              │  │
│  │ 金  额：860.00        │  │
│  │ 用  途：              │  │
│  └───────────────────────┘  │
│   单位主管      会计         │
└─────────────────────────────┘
```

实图 1.18 转账支票存根

××铁路局
运费杂费收据

付款单位或姓名：上海华光有限责任公司　2022 年 6 月 6 日

原运输票据	年　月　日 第　号		办理种别	
发　站	南京站	到　站	上海站	
车种车号			标重	
货物名称	件数	包装	重量	计费重量
A商品	800 台		kg	200
B商品	200 台		kg	50
类别	费率	数量	数额	附记
运费			860	
装车费				
合计			￥860.00	
合计（大写）	人民币捌佰陆拾元整			
收款单位：		经办人：×××		

实图 1.19 铁路运费收据

委托收款凭证（回单）1

委托号码：068659

委托日期 2022 年 06 月 06 日　　第 853270 号

付款人	全称	上海华光责任有限公司	收款人	全称	蓝生公司
	账号或地址	4689693		账号或地址	508063451
	开户银行	工商银行淮海路分理处		开户银行	工行太平分理处

委托金额 人民币（大写）叁拾万零叁仟柒佰元整　　￥303700.00

附寄单证张数：2张

备注：款项受托日期 2022 年 06 月 06 日

收款人开户行盖章 2022 年 06 月 06 日

（工行太平分理处 2022.06.06 业务章）

实图 1.20　托收承付凭证

（3）6月12日，向天龙股份有限公司购入甲材料50吨，单价100元/吨，材料到达验收入库。原始凭证：增值税专用发票、转账支票存根、材料验收入库单（见实图1.21至实图1.23）。

江苏 增值税专用发票

No 93868370

3200231140

机器编号：981881812389

开票日期：2022年06月12日

购买方	名称	蓝生公司
	纳税人识别号	140102199620816
	地址、电话	太平路18号40675890
	开户行及账号	工行太平分理处508063451

密码区：599-625-#1752646325#9%#*52%2 91-4*9>06-%122204*7856#4-#59 4*6-9-%5->38>863*6>0%2>#1686 3%358810#0989#36>-15->0131#7

货物或应税劳务、服务名称	规格型号	单位	数量	单价	金额	税率	税额
甲材料		吨	50	100.00	5,000.00	13%	650.00
合　计					￥5,000.00		￥650.00

价税合计（大写）：⊗ 伍仟陆佰伍拾元整　　（小写）￥5,650.00

销售方	名称	天龙股份有限公司
	纳税人识别号	13475682587
	地址、电话	迎泽大街4653219
	开户行及账号	工商银行广场支行432197

备注：校验码 52118 02917 08248 65199

收款人：　　复核：　　开票人：

实图 1.21　增值税专用发票

```
中国工商银行
转账支票存根
10201120
74223994
附加信息
采购物资

出票日期 2022年 06月 12日
收款人： 天龙股份有限工商
金  额： ¥5,650.00
用  途： 采购物资
单位主管        会计
```

实图 1.22 转账支票存根

材料验收入库单

材料来源
外购

供应单位：_____
发票号：_____

2022年6月12日

字第 53 号

材料类别	材料名称	规格材质	计量单位	数量	实收数量	单价	金额							
							十	万	千	百	十	元	角	分
	甲材料		吨	50	50	100			5	0	0	0	0	0
					运杂费									
检验结果：		检验员签章：			合计		¥		5	0	0	0	0	0

备注：

仓库主管   材料会计   收料员 王明   经办人   制单

实图 1.23 材料验收入库单

253

(4) 6月26日,向苏州华丰有限公司购入乙材料100吨,单价80元/吨,增值税专用发票注明买价8 000元,税金1 040元,材料尚未到达,货款尚未支付。原始凭证:增值税专用发票(见实图1.24)。

实图1.24　增值税专用发票

(5) 6月28日,以银行存款支付本月电费5 650元。原始凭证:增值税专用发票、委托银行收款结算凭证(实图1.25、实图1.26)。

实图1.25　增值税专用发票

同城委托收款凭证（付款通知）

特约　　委托日期　2022 年 06 月 28 日　　委收号码：65399423　第 354 号

付款人	全称	蓝生公司	收款人	全称	市供电局
	账号	508063451		账号	543287
	开户银行	工行太平分理处		开户银行	工商银行解放支行

金额	人民币（大写）	伍仟陆佰伍拾元整	￥5650.00

款项内容：电费　　委托收款凭据名称：　　附寄单证张数：

备注：电费

收款人开户行盖章：工商银行解放支行　年　转讫　日

实图 1.26　委托银行收款结算凭证

（6）6 月 29 日，销售给三元有限责任公司 A 商品 500 台，单价 260 元/台，B 产品 100 台，单价 300 元/台，开出增值税专用发票，款项已收到。原始凭证：增值税专用发票、进账单（实图 1.27、实图 1.28）。

江苏 增值税专用发票

No 93868370　　3200231140　93868370

开票日期：2022年06月29日

购买方	名称：三元有限责任公司
	纳税人识别号：16458193675
	地址、电话：568743
	开户行及账号：80960732

密码区：599-625-#1752646325#9%#*52%2 91-4*9)06-#122204*7856#4-#59 4*6-9-%5->38>863*6)0%2)#1686 3%358810#0989#36)-15->0131#7

货物或应税劳务、服务名称	规格型号	单位	数量	单价	金额	税率	税额
A商品		台	500	260.00	130,000.00	13%	16,900.00
B商品		台	100	300.00	30,000.00	13%	3,900.00
合计					￥160,000.00		￥20,800.00

价税合计（大写）：壹拾捌万零捌佰元整　（小写）￥180,800.00

销售方	名称：蓝生公司
	纳税人识别号：140102199620816
	地址、电话：太平路18号40675890
	开户行及账号：工行太平分理处508063451

备注：校验码 52118 02927 08248 65199

收款人：　　复核：黄山　　开票人：杨武　　销售方：（章）

实图 1.27　增值税专用发票

实图 1.28 进账单

1.3.4 实训要求

要求一：根据上述 6 月份发生的经济业务填制收、付、转记账凭证；
要求二：审核已填制的记账凭证。

实训 1.4 日记账的登记

1.4.1 实训目的

通过本实训,熟悉日记账的格式、基本内容和登记依据,掌握现金和银行存款日记账的登记方法。

1.4.2 实训基础知识

(1) 账簿登记的基本要求

账簿登记的基本要求包括准确完整、按要求书写、顺序连续登记、结出余额、过次承前、按规定方法更正错账,具体见本书理论篇 5.2.3 节。

(2) 日记账的登记

库存现金日记账与银行存款日记账均采用订本式账簿,其账页格式大多为三栏式。登记时要求按照业务发生时间的先后顺序逐日逐笔登记,并每日结出余额,具体登记方法见本书理论篇 5.3.1 节。

1.4.3 实训资料

蓝生公司 2022 年 5 月末现金日记账余额为 2 800 元,银行存款日记账余额为 775 300 元。蓝生公司 6 月份所发生的有关现金、银行存款经济业务及其原始凭证、记账凭证见实训 1.3。

1.4.4 实训要求

根据 6 月份现金和银行存款的经济业务登记现金、银行存款日记账。

实训 1.5　明细分类账的登记

1.5.1　实训目的

通过该实训,熟悉各种明细账的账页格式、基本内容和登记要求,掌握明细分类账的登记方法。

1.5.2　实训基础知识

(1) 明细分类账账页格式

根据各种明细分类账所记录经济业务的特点,明细分类账的格式主要有三栏式、多栏式和数量金额式三种。

(2) 明细分类账登记方法

明细分类账由于账页格式不同,登记方法也有所区别。具体登记方法见本书理论篇 5.3.3 节。

1.5.3　实训资料

蓝生公司 2022 年 5 月末有关明细分类账余额如实表 1.2 和实表 1.3 所示:

实表 1.2　明细分类账余额　　　　　　　　　　　　　　　　　　　单位:元

账户名称		借方金额	贷方金额
总分类账户	明细分类账户		
应收账款		600 000	
	立达有限责任公司	210 000	
	华光有限责任公司	240 000	
	三元有限责任公司	150 000	
其他应收款		1 500	
	李冰	1 500	
原材料		120 000	
	甲材料(800 吨,单价 100 元/吨)	80 000	
	乙材料(500 吨,单价 80 元/吨)	40 000	
库存商品 其中:		350 000	
	A 产品(1 500 台,单价 160 元/台)	240 000	
	B 产品(550 台,单价 200 元/台)	110 000	
固定资产		4 000 000	
	生产用:	3 000 000	
	房屋	2 000 000	
	设备	1 000 000	
	非生产用:	1 000 000	

续表

账户名称		借方金额	贷方金额
总分类账户	明细分类账户		
累计折旧			1 500 000
短期借款	工商银行		100 000
应付账款			561 400
	大华有限责任公司		300 000
	汾西石化总厂		261 400

实表1.3 "生产成本"明细分类账5月末余额　　　　　　单位:元

项目	直接材料	直接人工	其他直接支出	制造费用	合计
A产品	105 000	75 600	6 900	9 100	196 600
B产品	87 000	46 700	5 830	7 800	147 330
合计	192 000	122 300	12 730	16 900	343 930

1.5.4　实训要求

要求一:根据实表1.2和实表1.3有关数据登记有关明细分类账。

要求二:根据实训1.3中蓝生公司6月份发生的经济业务登记有关明细分类账。

实训1.6 科目汇总表的编制和总账的登记

1.6.1 实训目的

通过该实训,熟悉科目汇总表、总账的格式和内容,掌握科目汇总表的编制方法和作用,掌握总账的登记方法。

1.6.2 实训基础知识

(1) 科目汇总表的编制

① 编制方法

首先,将汇总期内各项交易或事项所涉及的总账科目填列在科目汇总表的"会计科目"栏内。其次,根据汇总期内所有记账凭证,按会计科目分别加计其借方发生额和贷方发生额,并将其汇总金额填在各相应会计科目的"借方"和"贷方"栏内。对于科目汇总表中"库存现金""银行存款"科目的借方本期发生额和贷方本期发生额,也可以直接根据库存现金日记账和银行存款日记账的收入合计和支出合计填列,而不再根据收款凭证和付款凭证归类、汇总填列。最后,还应分别加总全部会计科目"借方"和"贷方"发生额,进行发生额的试算平衡。

② 汇总方式

全部汇总,就是将一定时期(10天、半个月、一个月)的全部记账凭证汇总到一张科目汇总表内的汇总方式;分类汇总,就是将一定时期(10天、半个月、一个月)的全部记账凭证分别按库存现金、银行存款收、付款的记账凭证和转账记账凭证进行汇总。

(2) 总分类账的登记

① 总分类账的格式

总分类账是按照总分类账户分类登记以提供总括会计信息的账簿。总分类账最常用的格式为三栏式,设置借方、贷方和余额三个基本金额栏目。具体格式见本书理论篇5.3.2节。

② 总分类账的登记方法

总分类账可以根据记账凭证逐笔登记,也可以根据经过汇总的科目汇总表或汇总记账凭证等登记。具体登记方法见本书理论篇5.3.2节。

1.6.3 实训资料

敬业公司2022年9月份发生了8笔经济业务,并已经填制了记账凭证,如实表1.4所示:

实表1.4 记账凭证汇总

2022年		凭证种类		摘要	会计科目	借方金额	贷方金额
月	日						
9	1	收	1	收到投资款	银行存款	100 000	
9	1	收	1	收到投资款	实收资本		100 000

续表

2022年		凭证种类		摘要	会计科目	借方金额	贷方金额
月	日						
9	5	收	2	向银行借款	银行存款	50 000	
9	5	收	2	向银行借款	短期借款		50 000
9	10	付	1	采购材料	原材料	10 000	
9	10	付	1	采购材料	应交税费——应交增值税（进项税额）	1 300	
9	10	付	1	采购材料	银行存款		11 300
9	20	转	1	销售材料	应收账款	22 600	
9	20	转	1	销售材料	其他业务收入		20 000
9	20	转	1	销售材料	应交税费——应交增值税（销项税额）		2 600
9	30	转	2	结转销售成本	其他业务成本	10 000	
9	30	转	2	结转销售成本	原材料		10 000
9	30	转	3	结转收入	其他业务收入	20 000	
9	30	转	3	结转收入	本年利润		20 000
9	30	转	4	结转费用	本年利润	10 000	
9	30	转	4	结转费用	其他业务成本		10 000
9	30	转	5	结转利润	本年利润	10 000	
9	30	转	5	结转利润	利润分配——未分配利润		10 000

1.6.4 实训要求

要求一：根据实训资料编制科目汇总表。

要求二：根据编制的科目汇总表登记总分类账。

实训 1.7　错账更正

1.7.1　实训目的

通过该实训,掌握查找和更正错账的方法。

1.7.2　实训基础知识

如果发现账簿记录有错误,应按规定的方法进行更正,不得涂改、挖补或用化学试剂消除字迹。错账的更正方法有三种:划线更正法、红字更正法、补充登记法。具体更正方法见本书理论篇5.5.2节。

1.7.3　实训资料

智慧公司20××年9月份发生如下经济业务:

业务一,支付下季度厂部财产保险费6 000元。

业务二,以现金报销资料费350元。

业务三,以现金支付外宾招待费960元。

业务四,开出转账支票支付轿车修理费3 820元。

业务五,以现金支付会议费880元。

有关经济业务的原始凭证及其记账凭证填制见实图1.29至实图1.40所示;"管理费用""库存现金""银行存款""待摊费用"总分类账户登记情况见实表1.5至实表1.8所示。

付款凭证

总字164号

贷方科目：银行存款　　　20××年9月14日　　　银付字95号

摘要	借方科目		金额								记账
	总账科目	明细科目	百	十万	千	百	十	元	角	分	
支付厂部财产保险费	管理费用	保险费			6	0	0	0	0	0	
合计			¥		6	0	0	0	0	0	

附件2张

会计主管：　　　记账：　　　稽核：　　　出纳：　　　制单人：

实图1.29　支付厂部财产保险费付款凭证

中国人民保险公司北京市分公司保险费收据

兹收到智慧公司四季度保险费（系付厂部财产保险费）

金额人民币（大写）陆仟元整　　￥6 000.00

20××年9月9日

盖章

主管：　　　　审核：　　　　经手人：

实图 1.30　保险费收据

中国工商银行转账支票存根

支票号码　Ⅱ687930

科　　目

对立科目　管理费用

出票日期　　年9月9日

收款人
金额：6 000.00
用途　保险费
备注

单位主管　　　　会计
复核　　　　　　记账

实图 1.31　转账支票存根

付款凭证

贷方科目：现金　　20××年9月14日

总字170号
现付字96号

摘要	借方科目		金额								记账
	总账科目	明细科目	百	十	万	千	百	十	元	角	分	
支付资料费	管理费用						3	0	5	0	0	
合计金额			￥				3	0	5	0	0	

附件1张

会计主管：　　记账：　　稽核：　　出纳：　　制单人：

实图 1.32　支付资料费付款凭证

北京市新华书店专用发票

20××年9月12日

购书单位:智慧公司

类 别	数量/本	金额/元	类别	数量/本	金额/元	收讫章
哲学社会科学	12	300				
文化、教育	2	50				
文学、艺术						
自然科学技术			合计		350.00	

实收人民币(大写)×万×仟叁佰伍拾元零角零分

复核:　　　　　填票:　　　　　收款人:

实图1.33　新华书店发票

付款凭证

总字174号

贷方科目:现金　　20××年9月18日　　现付字98号

| 摘 要 | 借方科目 | | 金额 | | | | | | | | 记账 |
	总账科目	明细科目	百	十	万	千	百	十	元	角	分
支付外宾招待费	管理费用	业务招待费				9	6	0	0	0	0
合计金额			¥			9	6	0	0	0	0

附件1张

会计主管:　　记账:　　稽核:　　出纳:　　制单人:

实图1.34　支付外宾招待费付款凭证

北京市旅店业统一发票

20××年9月18日

| 姓名 | 罗伯特 | 房间号 | 208 | 住宿日期9月13日至18日 | | 计5天 | | | | | |
| 项 目 | 人数 | 天数 | 单价/(元/天) | 金 额 | | | | | | | |
				百	十	万	千	百	十	元	角	分
宿费		5	192				¥	9	6	0	0	0
合计金额(大写):×万×仟玖佰陆拾元零角零分							¥	9	6	0	0	0

收款人:　　　　　　　　　　　　　　　　经办人:张伟

实图1.35　北京市旅游店业统一发票

付款凭证

20××年9月27日

总字175号
银付字97号

贷方科目：银行存款

摘　　要	借方科目		金额							记账	
	总账科目	明细科目	百	十	万	千	百	十	元	角	分	
支付修理费	管理费用	修理费			￥	8	3	2	0	0	0	
合计金额（大写）×佰×拾×万捌仟叁佰贰拾元零角零分					￥	8	3	2	0	0	0	

会计主管：　　　记账：　　　稽核：　　　出纳：　　　制单人：

附件2张

实图1.36　支付修理费付款凭证

北京市机动车维修业统一发票

20××年9月27日

工作单号		类别		厂牌型号	桑塔纳	入厂		年	月	日	
修理别		车牌号	35C14	送修人		出厂		年	月	日	
总工时	小时				金额						
附凭证	张数			十	万	千	百	十	元	角	分
材料明细表							2	3	0	0	0
工时票						3	4	9	0	0	0
							1	0	0	0	0
合计金额（大写）×拾×万叁仟捌佰贰拾元零角零分					￥	3	8	2	0	0	0

业务部门：　　　　　收款人：　　　　　制单：李光

实图1.37　北京市机动车维修业统一发票

中国工商银行转账支票存根

支票号码Ⅱ687933

科　　目

对方科目　管理费用

出票日期　20××年9月27日

收款人　庆发汽车维修公司
金额：3 820.00
用途　修理费
备注　李光

单位主管　　　　会计　王锐
复　核　　　　　记账

实图1.38　转账支票存根

付款凭证

总字 176 号
现付字 100 号

贷方科目：现金　　　20××年9月29日

摘要	借方科目		金额	记账
	总账科目	明细科目	百十万千百十元角分	
支付会议费	管理费用	会议费	8 8 0 0 0	
合计金额(大写)×拾×万×仟捌佰捌拾元零角零分			¥　8 8 0 0 0	

会计主管：　　　记账：　　　稽核：　　　出纳：　　　制单人：

附件2张

实图1.39　支付会议费付款凭证

北京市行政事业单位结算票据

20××年9月29日

交款单位 智慧公司			支付方式		现付	
人民币(大写)捌佰捌拾元整 收款用途 会议费					千百十万千百十元角分 ¥　　8 8 0 0 0	
				收款	部门人员	
收款单位盖章	行政领导	主管	稽核员	出纳员	交款人	

实图1.40　结算票据

实表1.5　总分类账户(一)

户名或编号：管理费用　　　　　　　　　　　　　　　　　　　　　　　　总第103页

20××年		记账凭证号数	摘要	对应科目	借方	贷方	核对号	借或贷	余额
月	日				亿千百十万千百十元角分	亿千百十万千百十元角分			亿千百十万千百十元角分
9	1		期初余额					借	4 7 6 4 2 0 0 0
	3	转2	差旅费	其他应收款	1 5 6 0 0 0				
	6	银付85	电话费	银行存款	4 2 5 0 0 0				
	8	银付91	水电费	银行存款	1 2 8 0 0 0				
	14	银付95	保险费	银行存款	6 0 0 0 0				
	14	现付96	书刊费	现金	3 0 5 0 0				
	18	现付98	招待费	现金	9 6 0 0 0				
	19	现付99	办公费	现金	3 5 0 0 0				
	20	转10	工资费用	应付工资	8 4 5 0 0 0				
	27	银付97	修理费	银行存款	6 3 2 0 0 0				
	29	现付100	会议费	现金	8 8 0 0 0				

实表1.6　总分类账户(二)

账户名称　库存现金　　　　　　　　　　　　　　　　　　　　　　　　　　　单位：元

20××年		凭证号	摘要	借方	贷方	借或贷	余额
月	日						
9	27		承前页	4 000.00	3 600.00	借	3 500.00
	29	现付100	会议费		800.00		

实表1.7　总分类账户(三)

账户名称：银行存款　　　　　　　　　　　　　　　　　　　　　　　　　　　单位：元

20××年		凭证号	摘要	借方	贷方	借或贷	余额
月	日						
9	26		承前页	256 780.00	223 150.00	借	580 430.00
	27	银付97	修理费		8 320.00		

实表1.8　总分类账户(四)

账户名称：待摊费用　　　　　　　　　　　　　　　　　　　　　　　单位：元

20××年		凭证号	摘要	借方	贷方	借或贷	余额
月	日						
			期初余额			借	60 000.00

1.7.4　实训要求

要求一：审核相关记账凭证，并进行账证核对，指出存在的错误。

要求二：采用适当的方法更正账簿中存在的错误。

实训 1.8　对账和结账

1.8.1　实训目的

通过该实训,掌握对账和结账的方法。

1.8.2　实训基础知识

对账,也叫"核对账目",是对账簿记录所进行的核对。对账工作一般在记账之后结账之前开展,一般分为账证核对、账账核对、账实核对。具体核对内容见本书理论篇 5.4.1 节。

结账是将账簿记录定期结算清楚的会计工作,一般在月末、季末或年末进行,具体包括月结、季结或年结。具体结账步骤和方法见本书理论篇 5.4.2 节。

1.8.3　实训资料

该部分实训资料见实训 1.6 敬业公司 9 月份记账凭证资料。

1.8.4　实训要求

要求一:根据资料,将各账簿的有关内容登记完整。
要求二:假设各账户期初余额为零。月末,结出各账户当月发生额及月末余额。
要求三:将总分类账、明细账和日记账的相关内容进行核对。

实训 1.9　资产负债表和利润表的编制

1.9.1　实训目的

通过该实训,熟悉资产负债表、利润表的基本格式和编制要求,初步掌握资产负债表和利润表的编制方法。

1.9.2　实训基础知识

(1) 利润表的编制方法

① 报表中的"本期金额"栏反映各项目的本期实际发生数,在编报中期财务会计报告时,填列上年同期累计实际发生数;在编报年度财务会计报告时,填列上年全年累计实际发生数,并将"本期金额"栏改成"上期金额"栏。如果上年度利润表的项目名称和内容与本年度利润表不相一致,应对上年度报表项目的名称和数字按本年度的规定进行调整,填入报表的"上期金额"栏。在编报中期和年度财务会计报告时,应将"本期金额"栏改成"上期金额"栏。

② 报表各项目主要根据各损益类科目的发生额分析填列。具体项目填列方法见本书理论篇 7.3.2 节。

(2) 资产负债表的编制方法

为了提供比较信息,资产负债表的各项目均需填列"年初余额"和"期末余额"两栏数字。其中,"年初余额"栏内各项目的数字,可根据上年末资产负债表"期末余额"栏相应项目的数字填列。"期末余额"栏各项目的填列方法见本书理论篇 7.2.2 节。

1.9.3　实训资料

该部分的资料见实训 1.6 中的敬业公司 9 月份记账凭证资料,假设各账户期初余额为零。

1.9.4　实训要求

编制敬业公司 2022 年 9 月份的资产负债表和利润表(见实表 1.9、实表 1.10)。

实表 1.9　资产负债表

会企 01 表

编制单位:　　　　　　　　　　　年　月　日　　　　　　　　　　　单位:元

资产	期末余额	负债和所有者权益 (或股东权益)	期末余额
流动资产:		流动负债:	
货币资金		短期借款	
应收票据		应付账款	

续表

资产	期末余额	负债和所有者权益 （或股东权益）	期末余额
应收账款		预收账款	
预付账款		应付职工薪酬	
其他应收款		应交税费	
存货		其他应付款	
流动资产合计		流动负债合计	
非流动资产：		非流动负债：	
固定资产		长期借款	
在建工程		非流动负债合计	
无形资产		负债合计	
非流动资产合计		所有者权益（或股东权益）：	
		实收资本	
		资本公积	
		盈余公积	
		未分配利润	
		所有者权益合计	
资产总计		负债和所有者权益 （或股东权益）总计	

实表1.10 利润表

会企02表

编制单位：　　　　　　　　　　　　　年　月　　　　　　　　　　　单位：元

项　　目	本期金额	上期金额
一、营业收入		
减：营业成本		
税金及附加		
销售费用		
管理费用		
研发费用*		
财务费用		
二、营业利润（亏损以"－"号填列）		
加：营业外收入		
减：营业外支出		
三、利润总额（亏损总额以"－"号填列）		
减：所得税费用		
四、净利润（净亏损以"－"号填列）		

实训1.10 会计凭证的装订

1.10.1 实训目的

通过该实训,掌握会计凭证的装订。

1.10.2 实训基础知识

会计凭证的装订是指把定期整理完毕的会计凭证按照编号顺序,外加封面、封底,装订成册,并在装订线上加贴封签。在封面上,应写明单位名称、年度、月份、记账凭证的种类、起讫日期、起讫号数以及记账凭证和原始凭证张数,并在封签处加盖会计主管的骑缝图章。对各种重要的原始单据以及各种需要随时查阅和退回的单据,应另编目录,单独登记保管,并在有关的记账凭证和原始凭证上相互注明日期和编号。

会计凭证装订的要求是既要美观大方又要便于翻阅,所以在装订时要先设计好装订册数及每册的厚度。一般来说,一本凭证,厚度以1.5厘米至2.0厘米为宜,太厚了不便于翻阅核查,太薄时可用纸折一些三角形纸条,均匀地垫在此处,以保证它的厚度与凭证中间的厚度一致。

具体操作步骤和方法如下:

第一步:将会计凭证的封面和封底裁开,分别附在会计凭证的前面和后面。

第二步:将事先裁剪好的包角纸放在封面左上角。

第三步:将凭证的棱角对齐,用两个大夹子固定住。

第四步:打开装订机电源,注意可按"升""降"按钮调节高度,将凭证位置调整之后,依次按"降""打孔"按钮,在凭证的左上角打两个孔。

第五步:将铆管放到打好的孔内,依次按"下""压铆"按钮,这样就将铆订订到了凭证上。

第六步:使用装订机装订好凭证之后,要将包角纸向左上角折叠,然后分别将包角的侧枝和上枝折向背面,均匀涂抹胶水并粘贴。

第七步:填写封面,即在会计凭证封面上填写单位名称、年度、月份和起止日期、凭证种类、起止号码等。

第八步:填写凭证盒的封面内容,并将装订成册的会计凭证装入凭证盒内。

1.10.3 实训要求

对单项实训中涉及的会计凭证进行装订。

实训1.3答案

实训1.4、1.5、1.6、1.8、1.9答案

模块 2　综 合 实 训

2.1　公司概况

企业名称：江苏顺升自动化有限公司

地址：南京市浦口区福盈路 522 号

法定代表人：成顺升

企业类型：有限责任公司

纳税人识别号：91320111M670675076

开户行及账号：工商银行南京浦口区森道路支行 2411137504403848937

税收信息：增值税一般纳税人，增值税适用税率为 13% 和 6%；城市维护建设税税率为 7%，教育费附加比率为 3%，地方教育费附加比率为 2%。

经营范围：销售可燃气体探测器、气体报警探测器、氢气气体探测器、有毒气体探测器、通用气体探测器；提供可燃气体校准服务等。

2.2　组织人员信息

江苏顺升自动化有限公司的组织人员信息如实表 2.1 所示。

实表 2.1　组织人员信息表

部门		姓名	职责
经理室		成顺升	企业经营决策
厂办		张磊	企业运营
采购部		吴玲	采购原材料
财务部		李霞	记账
		张军	出纳
仓管部		陈青	存货的日常管理
生产部	管理员	崔晓莉	车间的日常管理及技术支持
	生产工人	王君	生产氢气气体探测器
		徐闻	生产通用气体探测器
		周晓	生产可燃气体探测器
		马骏	生产气体报警探测器
		汪娟	生产有毒气体探测器

2.3 账务处理程序

账务处理程序,又称"会计核算组织程序"或"会计核算形式",反映一个企业将会计凭证、会计账簿与财务报表有机结合的方法、流程,包括会计凭证与账簿组织和记账程序。目前我国会计核算工作中比较常见的账务处理程序有三种:记账凭证账务处理程序、科目汇总表账务处理程序和汇总记账凭证账务处理程序。本企业采用科目汇总表账务处理程序。

2.4 产成品发出的计价方法

企业常用的发出存货计价方法包括先进先出法、月末一次加权平均法、移动加权平均法和个别计价法四种。本企业产成品发出计价方法采用月末一次加权平均法。

2.5 物料清单

江苏顺升自动化有限公司的物料清单如实表2.2所示。

实表2.2 物料清单

序号	商品	原材料	数量	工时
1	可燃气体探测器	外壳	1	8 h
		显示板	1	
		电路板	1	
		可燃气体传感器	1	
		保护装置	1	
		报警灯	1	
		包装盒	1	
2	气体报警探测器	外壳	1	20 h
		显示板	1	
		电路板	1	
		气体报警传感器	1	
		保护装置	1	
		报警灯	1	
		包装盒	1	
3	氢气气体探测器	外壳	1	20 h
		显示板	1	
		电路板	1	
		氢气气体传感器	1	
		保护装置	1	

续表

序号	商品	原材料	数量	工时
3	氢气气体探测器	报警灯	1	20 h
		包装盒	1	
4	有毒气体探测器	外壳	1	8 h
		显示板	1	
		电路板	1	
		有毒气体传感器	1	
		保护装置	1	
		报警灯	1	
		包装盒	1	
5	通用气体探测器	外壳	1	4 h
		显示板	1	
		电路板	1	
		通用气体传感器	1	
		保护装置	1	
		报警灯	1	
		包装盒	1	

2.6 总账及明细账月初数据资料

江苏顺升自动化有限公司的总账及明细账月初数据资料如实表2.3所示。

实表2.3 总账及明细账月初数据资料   单位：元

科目编码	总账科目	明细科目	借方余额	贷方余额
1001	库存现金		1 000.00	
1002	银行存款	江北新区工行	200 000.00	
1121	应收票据	宿迁晨阳医药科技有限公司	0.00	
1122	应收账款	安徽晟捷新能源科技股份有限公司	0.00	
		天勤建工集团有限公司	0.00	
1403	原材料		2 655.00	
		外壳	1 770.00（100 个）	
		包装盒	885.00（100 个）	
		氢气气体传感器	0.00	

续表

科目编码	总账科目	明细科目	借方余额	贷方余额
1403	原材料	通用气体传感器	0.00	
		可燃气体传感器	0.00	
		气体报警传感器	0.00	
		有毒气体传感器	0.00	
		显示板	0.00	
		保护装置	0.00	
		报警灯	0.00	
		电路板	0.00	
1405	库存商品	氢气气体探测器	0.00	
		通用气体探测器	0.00	
		可燃气体探测器	0.00	
		气体报警探测器	0.00	
		有毒气体探测器	0.00	
1601	固定资产		116 000.00	
		电脑	16 000.00	
		生产设备	100 000.00	
1602	累计折旧			2 090.02
1701	无形资产		0.00	
1702	累计摊销			0.00
2001	短期借款	南京银行		0.00
2202	应付账款			2 580.00
		无锡高顿传感技术有限公司		0.00
		南京佳安环境技术有限公司		2 580.00
		南京鼎泰专利有限公司		0.00
		南京高括设备技术有限公司		0.00
		南京志学自动化有限公司		0.00
		江苏顺丰速运有限公司		0.00
		南京水务集团有限公司		0.00
2203	预收账款	宿迁晨阳医药科技有限公司		0.00

续表

科目编码	总账科目	明细科目		借方余额	贷方余额
2211	应付职工薪酬				66 970.40
		应付工资			49 990.88
		应付社会保险费			13 979.52
		应付住房公积金			3 000.00
2221	应交税费				606.68
		未交增值税			500.00
		应交城市维护建设税			35.00
		应交个人所得税			46.68
		应交教育费附加			15.00
		应交地方教育费附加			10.00
		应交增值税	销项税额		0.00
			进项税额	0.00	
			转出未交增值税	0.00	
			转出多交增值税		0.00
2241	其他应付款				8 662.44
		社会保险费			5 662.44
		住房公积金			3 000.00
4001	实收资本				220 000.00
4002	资本公积				0.00
4101	盈余公积				0.00
4103	本年利润				18 745.46
4104	利润分配				0.00
5001	生产成本	氢气气体探测器		0.00	
		通用气体探测器		0.00	
		可燃气体探测器		0.00	
		气体报警探测器		0.00	
		有毒气体探测器		0.00	
5101	制造费用			0.00	
6001	主营业务收入	氢气气体探测器			
		通用气体探测器			
		可燃气体探测器			
		气体报警探测器			

续表

科目编码	总账科目	明细科目	借方余额	贷方余额
		有毒气体探测器		
6051	其他业务收入			
6301	营业外收入			
6401	主营业务成本	氢气气体探测器		
		通用气体探测器		
		可燃气体探测器		
		气体报警探测器		
		有毒气体探测器		
6403	税金及附加			
6601	销售费用			
6602	管理费用	职工薪酬		
		折旧及摊销		
		办公费		
		水电费		
6603	财务费用			
6711	营业外支出			
6801	所得税费用			
	合计		319 665.00	319 665.00

2.7 企业2023年3月发生的会计业务事项

(1) 3月1日,向无锡高顿传感技术有限公司购买可燃气体传感器20个(单价400元/个),有毒气体传感器20个(单价400元/个),通用气体传感器50个(单价300元/个),并取得对方开具的增值税专用发票一张,不含税金额合计31 000元,税额4 030元,总金额35 030元,款项未支付,参见原始凭证实图2.1至实图2.2。

原材料入库单

供货单位:　　　　　　　　　年　月　日　　　　　　　　仓库:001

编号	材料名称	单位	数量	单价	金额	备注
合计						

验收人:　　　　　复核:　　　　　记账:　　　　　制单:

实图2.1　原始凭证1

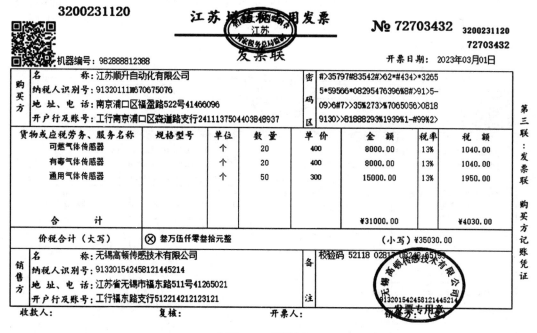

实图2.2 原始凭证2

（2）3月1日，预收宿迁晨阳医药科技有限公司货款850元，参见原始凭证实图2.3。

中国工商银行　网上银行电子回单

电子回单号码：76748978872

付款人	户　名	宿迁晨阳医药科技有限公司	收款人	户　名	江苏顺升自动化有限公司
	账　号	985414451244		账　号	2411137504403848937
	开户银行	建行淮海路支行		开户银行	工行南京浦口区森道路支行
金　额		人民币（大写）：捌佰伍拾元整			￥850.00
摘　要		预收货款	业务种类		
用　途					
交易流水号		24550084608939	时间戳		2023年03月01日16时20分
备注：预收货款					
验证码：81452080					
记账网点	764		记账柜员	243	记账日期　2023年03月01日

打印日期：2023年03月01日

实图2.3 原始凭证3

(3) 3月2日,向南京鼎泰专利有限公司购买气体报警专利权,取得对方开具的增值税专用发票一张,不含税金额9 433.96元,税额566.04元,总金额10 000元,款项未支付,参见原始凭证实图2.4。

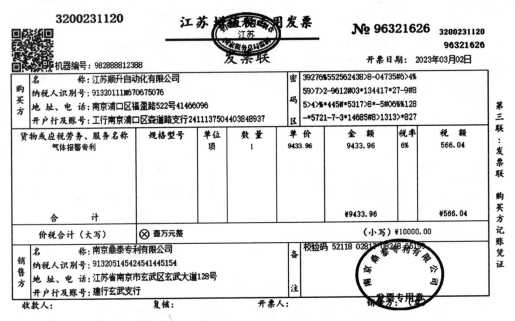

实图 2.4　原始凭证 4

(4) 3月2日,向昆山京东尚信贸易有限公司采购办公用品(餐巾纸)1箱,取得对方开具的增值税普通发票一张,不含税金额86.96元,税额11.30元,总金额98.26元,款项已支付,参见原始凭证实图2.5至实图2.6。

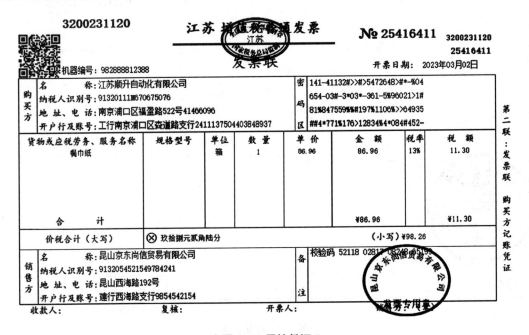

实图 2.5　原始凭证 5

中国工商银行　网上银行电子回单

电子回单号码：36893044711

付款人	户名	江苏顺升自动化有限公司	收款人	户名	昆山京东尚信贸易有限公司
	账号	2411137504403848937		账号	9854542154
	开户银行	工行南京浦口区森道路支行		开户银行	建行西海路支行
金额		人民币（大写）：玖拾捌元贰角陆分			￥98.26
摘要		货款支付	业务种类		
用途					
交易流水号		31971205410515	时间戳		2023年03月02日9时31分
备注		货款支付			
验证码		36015321			
记账网点	848		记账柜员	427	记账日期　2023年03月02日

打印日期：2023年03月02日

实图 2.6　原始凭证 6

（5）3月2日，向南京高括设备技术有限公司采购气体报警传感器10个（单价800元/个），显示板50个（单价54元/个），取得对方开具的增值税专用发票一张，不含税金额10 700元，税额1 391元，总金额12 091元，款项未支付，参见原始凭证实图2.7至实图2.8。

实图 2.7　原始凭证 7

原材料入库单

供货单位：　　　　　　　　　　　　年　月　日　　　　　　　　　　　　　仓库：001

编号	材料名称	单位	数量	单价	金额	备注
合计						

验收人：　　　　　　复核：　　　　　　记账：　　　　　　　　　　制单：

实图 2.8　原始凭证 8

（6）3 月 2 日，向无锡高顿传感技术有限公司采购氢气气体传感器 12 个（单价 800 元/个），电路板 50 个（单价 55 元/个），保护装置 50 个（单价 17.70 元/个），报警灯 50 个（单价 35.40 元/个），取得对方开具的增值税专用发票一张，不含税金额合计 15 005 元，税额 1 950.65 元，总金额 16 955.65 元，款项未支付，参见原始凭证实图 2.9 至实图 2.10。

实图 2.9　原始凭证 9

原材料入库单

供货单位：　　　　　　　　　　　　年　月　日　　　　　　　　　　　　　仓库：001

编号	材料名称	单位	数量	单价	金额	备注
合计						

验收人：　　　　　　复核：　　　　　　记账：　　　　　　　　　　制单：

实图 2.10　原始凭证 10

(7) 3月3日,向无锡高顿传感技术有限公司采购显示板50个(单价54元/个),取得对方开具的增值税专用发票一张,不含税金额合计2 700元,税额351元,总金额3 051元,款项以银行转账支票支付,参见原始凭证实图2.11至实图2.13。

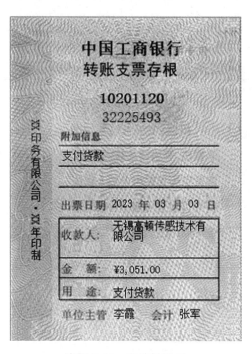

实图2.11　原始凭证11

实图2.12　原始凭证12

原材料入库单

供货单位：　　　　　　　　　　年　月　日　　　　　　　　　　仓库：001

编号	材料名称	单位	数量	单价	金额	备注
合计						

验收人：　　　　　　复核：　　　　　　记账：　　　　　　制单：

实图 2.13　原始凭证 13

（8）3 月 4 日，向无锡高顿传感技术有限公司采购电路板 50 个（单价 55 元/个），保护装置 50 个（单价 17.70 元/个），报警灯 50 个（单价 35.40 元/个），取得对方开具的增值税专用发票一张，不含税金额合计 5 405 元，税额 702.65 元，总金额 6 107.65 元，款项以银行转账支票支付，参见原始凭证实图 2.14 至实图 2.16。

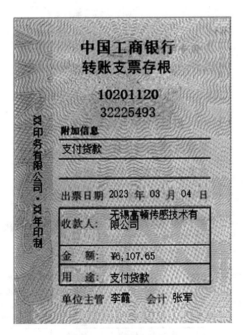

实图 2.14　原始凭证 14

原材料入库单

供货单位：　　　　　　　　　　年　月　日　　　　　　　　　　仓库：001

编号	材料名称	单位	数量	单价	金额	备注
合计						

验收人：　　　　　　复核：　　　　　　记账：　　　　　　制单：

实图 2.15　原始凭证 15

实图2.16　原始凭证16

（9）3月5日，向南京志学自动化有限公司采购生产设备一台，取得对方开具的增值税专用发票一张，不含税金额88 495.58元，税额11 504.42元，总金额100 000元，款项尚未支付，参见原始凭证实图2.17至实图2.18。

实图2.17　原始凭证17

固定资产卡片

第 01 号
类　别：车间设备　　　　　　　　2023 年 03 月 05 日　　　　　　　　单位：元

编号	001	名称	通用探测器生产设备	新旧程度	新	财产来源	外购
牌号		规格	台	财产原值	￥88,495.58	保管地点	车间厂房
数量	1	特征		来源时间	2023 年 03 月 05 日	已使年限	0
所属设备	车间设备						
折旧价格		折旧年限	10	年折旧额		清理残值	
备注							

年度	累计折旧	账面净值	年度	累计折旧	账面净值

实图 2.18　原始凭证 18

（10）3月5日，以转账支票付款给南京佳安环境技术有限公司，金额 2 580 元，参见原始凭证实图 2.19。

中国工商银行　网上银行电子回单

电子回单号码：36893044711

付款人	户　名	江苏顺升自动化有限公司	收款人	户　名	南京佳安环境技术有限公司
	账　号	2411137504403848937		账　号	36545154451
	开户银行	工行南京浦口区森道路支行		开户银行	建行星火路支行
金　额		人民币（大写）：贰仟伍佰捌拾元整			￥2,580.00
摘　要		货款支付	业务种类		
用　途					
交易流水号		31971205410515	时间戳		2023 年 03 月 05 日 9 时 41 分
备注：货款支付					
验证码：36015321					
记账网点	848		记账柜员	427	记账日期　2023 年 03 月 05 日

打印日期：2023 年 03 月 05 日

实图 2.19　原始凭证 19

(11) 3月6日,领用材料生产产品:

周晓领用可燃气体传感器20个、外壳20个、显示板20个、电路板20个、保护装置20个、报警灯20个、包装盒20个;

马骏领用气体报警传感器8个、外壳8个、显示板8个、电路板8个、保护装置8个、报警灯8个、包装盒8个;

王君领用氢气气体传感器8个、外壳8个、显示板8个、电路板8个、保护装置8个、报警灯8个、包装盒8个;

汪娟领用有毒气体传感器20个、外壳20个、显示板20个、电路板20个、保护装置20个、报警灯20个、包装盒20个;

徐闻领用通用气体传感器40个、外壳40个、显示板40个、电路板40个、保护装置40个、报警灯40个、包装盒40个。

参见原始凭证见实图2.20至实图2.24。

领料单

年　月　日　　　　　　　　　　　　　　　　　　　　　　　仓库:001

编号	材料名称	单位	数量	单价	金额	备注
合计						

生产部门负责人:　　　　　　　　　仓库负责人:　　　　　　　　　领料人员:周晓

实图2.20　原始凭证20

领料单

年　月　日　　　　　　　　　　　　　　　　　　　　　　　仓库:001

编号	材料名称	单位	数量	单价	金额	备注
合计						

生产部门负责人:　　　　　　　　　仓库负责人:　　　　　　　　　领料人员:马骏

实图2.21　原始凭证21

领料单

年　月　日　　　　　　　　　　　　　　　　　　　　　　　　　仓库：001

编号	材料名称	单位	数量	单价	金额	备注
合计						

生产部门负责人：　　　　　　　　　　仓库负责人：　　　　　　　　　　　　领料人员：王君

实图 2.22　原始凭证 22

领料单

年　月　日　　　　　　　　　　　　　　　　　　　　　　　　　仓库：001

编号	材料名称	单位	数量	单价	金额	备注
合计						

生产部门负责人：　　　　　　　　　　仓库负责人：　　　　　　　　　　　　领料人员：汪娟

实图 2.23　原始凭证 23

领料单

年　月　日　　　　　　　　　　　　　　　　　　　　　　　　　仓库：001

编号	材料名称	单位	数量	单价	金额	备注
合计						

生产部门负责人：　　　　　　　　　　仓库负责人：　　　　　　　　　　　　领料人员：徐闻

实图 2.24　原始凭证 24

(12) 3月10日，支付银行手续费8元，参见原始凭证实图2.25。

中国工商银行　网上银行电子回单

电子回单号码：36893044711

付款人	户　名	江苏顺升自动化有限公司	收款人	户　名	中国工商银行
	账　号	2411137504403848937		账　号	3154502246124
	开户银行	工行南京浦口区森道路支行		开户银行	工行南京浦口区森道路支行
金　额		人民币(大写)：捌元整			￥8.00
摘　要		支付手续费	业务种类		
用　途					
交易流水号		31971205410515	时间戳		2023年03月10日9时50分
备注： 支付手续费					
验证码：36015321					
记账网点	848	记账柜员	427	记账日期	2023年03月10日

打印日期：2023年03月10日

实图2.25　原始凭证25

(13) 3月10日，管理部门与江苏顺丰速运有限公司结算文件收派服务费，取得对方开具的普通发票一张，不含税金额862.89元，税额51.77元，总金额914.66元，款项尚未支付，参见原始凭证实图2.26。

实图2.26　原始凭证26

(14) 3月10日,完工并入库可燃气体探测器5台、气体报警探测器2台、氢气气体探测器2台、有毒气体探测器5台、通用气体探测器10台,参见原始凭证实图2.27。

产成品入库单

年 月 日　　　　　　　　　　　　　　　　　　　　　　　　　　　仓库：001

编号	品名	单位	数量	单价	金额	备注
	合计					

生产部门负责人：　　　　　　　　　仓库负责人：　　　　　　　　　制单：

实图2.27　原始凭证27

(15) 3月11日,张磊报销差旅费,收到火车票两张,金额合计420元;收到上海赫程国际旅行社有限公司开具的住宿费专用发票一张,不含税金额423.58元,税额25.42元,总金额449元;合计报销金额为869元,已通过银行存款支付,参见原始凭证实图2.28至实图2.30。

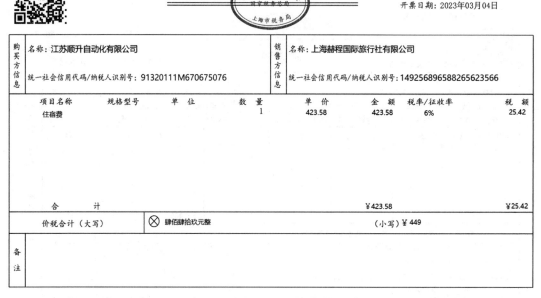

实图2.28　原始凭证28

实图 2.29　原始凭证 29

中国工商银行　网上银行电子回单

电子回单号码：30825594411

付款人	户　名	江苏顺升自动化有限公司	收款人	户　名	张磊
	账　号	2411137504403848937		账　号	1254879654241
	开户银行	工行南京浦口区森道路支行		开户银行	建行星火路支行
金　额		人民币（大写）：捌佰陆拾玖元整			￥869.00
摘　要		报销火车票及住宿费	业务种类		
用　途					
交易流水号		25879610145033	时间戳		2023 年 03 月 11 日 9 时 57 分
		备注：报销火车票及住宿费			
		验证码：20057871			
记账网点	888		记账柜员	739		记账日期	2023 年 03 月 11 日

（工行南京浦口区森道路支行 电子回单专用章）

打印日期：2023 年 03 月 11 日

实图 2.30　原始凭证 30

（16）3 月 14 日，向中国铁路运输有限公司销售气体报警探测器 2 台，开具增值税专用发票一张，不含税金额 6 000 元，税额 780 元，总金额 6 780 元，银行已收款，参见原始凭证实图 2.31 至实图 2.33。

实图 2.31　原始凭证 31

中国工商银行　　网上银行电子回单

电子回单号码：30825594411

付款人	户　名	中国铁路运输有限公司	收款人	户　名	江苏顺升自动化有限公司
	账　号	1254876548124		账　号	2411137504403848937
	开户银行	建行星火路支行		开户银行	工行南京浦口区森道路支行
金　额		人民币(大写)：陆仟柒佰捌拾元整			￥6,780.00
摘　要		收到货款	业务种类		
用　途					
交易流水号		25879610145033	时间戳		2023 年 03 月 14 日 10 时 4 分
		备注： 收到货款			
		验证码：20057871			
记账网点	888		记账柜员	739	记账日期　2023 年 03 月 14 日

打印日期：2023 年 03 月 14 日

实图 2.32　原始凭证 32

产成品出库单

年　月　日　　　　　　　　　　　　　　　　　　　　　仓库：001

编号	品名	单位	数量	单价	金额	备注
	合计					

检验员：　　　　　　　　仓库负责人：　　　　　　　　制单：

实图 2.33　原始凭证 33

(17) 3月14日,缴纳上月应纳增值税 500 元,参见原始凭证实图 2.34。

中国工商银行　网上银行电子回单

电子回单号码：36893044711

付款人	户名	江苏顺升自动化有限公司	收款人	户名	南京市浦口区税务局
	账号	2411137504403848937		账号	*******
	开户银行	工行南京浦口区森道路支行		开户银行	建行浦口区支行
金额		人民币(大写)：伍佰元整			￥500.00
摘要		缴纳增值税	业务种类		
用途					
交易流水号		31971205410515	时间戳		2022年03月14日9时59分
备注: 缴纳增值税					
验证码：36015321					
记账网点	848	记账柜员	427	记账日期	2023年03月14日

打印日期：2023 年 03 月 14 日

实图 2.34　原始凭证 34

(18) 3月14日,缴纳上月应纳城市维护建设税 35 元、教育费附加 15 元及地方教育费附加 10 元,参见原始凭证实图 2.35 至实图 2.37。

中国工商银行　网上银行电子回单

电子回单号码：36893044711

付款人	户　名	江苏顺升自动化有限公司	收款人	户　名	南京市浦口区税务局
	账　号	2411137504403848937		账　号	*******
	开户银行	工行南京浦口区森道路支行		开户银行	建行浦口区支行
金　额		人民币（大写）：叁拾伍元整			¥35.00
摘　要		缴纳城建税	业务种类		
用　途					
交易流水号		31971205410515	时间戳		2023年03月14日10时10分
（工行南京浦口区森道路支行电子回单专用章）		备注：缴纳城建税			
		验证码：36015321			
记账网点	848		记账柜员	427	记账日期　2023年03月14日

打印日期：2023年03月14日

实图 2.35　原始凭证 35

中国工商银行　网上银行电子回单

电子回单号码：36893044711

付款人	户　名	江苏顺升自动化有限公司	收款人	户　名	南京市浦口区税务局
	账　号	2411137504403848937		账　号	*******
	开户银行	工行南京浦口区森道路支行		开户银行	建行浦口区支行
金　额		人民币（大写）：壹拾伍元整			¥15.00
摘　要		缴纳教育费附加	业务种类		
用　途					
交易流水号		31971205410515	时间戳		2023年03月14日10时10分
（工行南京浦口区森道路支行电子回单专用章）		备注：缴纳教育费附加			
		验证码：36015321			
记账网点	848		记账柜员	427	记账日期　2023年03月14日

打印日期：2023年03月14日

实图 2.36　原始凭证 36

中国工商银行　网上银行电子回单

电子回单号码：36893044711

付款人	户　名	江苏顺升自动化有限公司	收款人	户　名	南京市浦口区税务局
	账　号	2411137504403848937		账　号	*******
	开户银行	工行南京浦口区森道路支行		开户银行	建行浦口区支行
金　额		人民币（大写）：壹拾元整			￥10.00
摘　要		缴纳地方教育费附加	业务种类		
用　途					
交易流水号		31971205410515	时间戳		2023年03月14日10时10分
备　注： 缴纳地方教育费附加					
验证码：36015321					
记账网点	848		记账柜员	427	记账日期　2023年03月14日

打印日期：2023年03月14日

实图2.37　原始凭证37

（19）3月15日，发放上月工资总额49 990.88元，参见原始凭证实图2.38。

中国工商银行　网上银行电子回单

电子回单号码：69370348769

付款人	户　名	江苏顺升自动化有限公司	收款人	户　名	其他应付款
	账　号	2411137504403848937		账　号	
	开户银行	工行南京浦口区森道路支行		开户银行	
金　额		人民币（大写）：肆万玖仟玖佰玖拾元捌角捌分			￥49,990.88
摘　要		发放工资	业务种类		
用　途					
交易流水号		01790529446460	时间戳		2023年03月15日14时23分
备　注： 发放工资					
验证码：69503625					
记账网点	174		记账柜员	742	记账日期　2023年03月15日

打印日期：2023年03月15日

实图2.38　原始凭证38

(20) 3月15日,缴纳社会保险费19 641.96元(其中单位承担金额合计13 979.52元,个人缴纳的金额合计5 662.44元),参见原始凭证实图2.39。

中国工商银行　网上银行电子回单

电子回单号码:69370348769

付款人	户　名	江苏顺升自动化有限公司	收款人	户　名	南京浦口税务局
	账　号	2411137504403848937		账　号	*******
	开户银行	工行南京浦口区森道路支行		开户银行	建行浦口区支行
金　额		人民币(大写):壹万玖仟陆佰肆拾壹元玖角陆分			￥19,641.96
摘　要		缴纳社保	业务种类		
用　途					
交易流水号		01790529446460	时间戳		2023年03月15日14时23分
(印章)		备注: 缴纳社保			
		验证码:69503625			
记账网点		174	记账柜员	742	记账日期　2023年03月15日

打印日期:2023年03月15日

实图2.39　原始凭证39

(21) 3月15日,缴纳公积金6 000元(其中个人缴纳金额合计3 000元,单位缴纳金额合计3 000元),参见原始凭证实图2.40。

中国工商银行　网上银行电子回单

电子回单号码:30825594411

付款人	户　名	江苏顺升自动化有限公司	收款人	户　名	南京公积金管理中心
	账　号	2411137504403848937		账　号	*******
	开户银行	工行南京浦口区森道路支行		开户银行	招行星火路支行
金　额		人民币(大写):陆仟元整			￥6,000.00
摘　要		缴纳公积金	业务种类		
用　途					
交易流水号		25879610145033	时间戳		2023年03月15日10时29分
(印章)		备注: 缴纳公积金			
		验证码:20057871			
记账网点		888	记账柜员	739	记账日期　2023年03月15日

打印日期:2023年03月15日

实图2.40　原始凭证40

(22) 3月15日,预扣预缴个人所得税46.68元,参见原始凭证实图2.41。

中国工商银行　网上银行电子回单

电子回单号码:25533334664

付款人	户　名	江苏顺升自动化有限公司	收款人	户　名	南京浦口区税务局
	账　号	2411137504403848937		账　号	＊＊＊＊＊＊＊
	开户银行	工行南京浦口区森道路支行		开户银行	建行星火路支行
金　额		人民币(大写):肆拾陆元陆角捌分			￥46.68
摘　要		预扣预缴个人所得税	业务种类		
用　途					
交易流水号		20577450498926	时间戳		2023年03月15日10时12分
备注: 预扣预缴个人所得税					
验证码:78489566					

记账网点	107	记账柜员	785	记账日期	2023年03月15日

打印日期:2023年03月15日

实图2.41　原始凭证2.41

(23) 3月17日,完工并入库可燃气体探测器5台、气体报警探测器2台、氢气气体探测器2台、有毒气体探测器5台、通用气体探测器10台,参见原始凭证实图2.42。

产成品入库单

年　月　日

仓库:001

编号	品名	单位	数量	单价	金额	备注
		合计				

生产部门负责人:　　　　　　　仓库负责人:　　　　　　　制单:

实图2.42　原始凭证2.42

(24) 3月20日,向天勤建工集团有限公司销售可燃气体探测器10台,开具增值税专用发票一张,不含税金额20 000元,税额2 600元,总金额22 600元,银行已收款,参见原始凭证实图2.43至实图2.45。

实图2.43　原始凭证43

中国工商银行　网上银行电子回单

电子回单号码：76748978872

付款人	户　名	天勤建工集团有限公司	收款人	户　名	江苏顺升自动化有限公司
	账　号	9854754715		账　号	2411137504403848937
	开户银行	建行火星路支行		开户银行	工行南京浦口区森道路支行
金　额		人民币(大写)：贰万贰仟陆佰元整			￥22,600.00
摘　要		收到货款	业务种类		
用　途					
交易流水号		24550084608939	时间戳		2023年03月20日15时59分
		备注：收到货款			
		验证码：81452080			
记账网点	764		记账柜员	243		记账日期	2023年03月20日

打印日期：2023年03月20日

实图2.44　原始凭证44

产成品出库单

年　月　日　　　　　　　　　　　　　　　　　仓库：001

编号	品名	单位	数量	单价	金额	备注
			合计			

检验员：　　　　　　　　仓库负责人：　　　　　　　　制单：

实图 2.45　原始凭证 45

（25）3月22日，向安徽晟捷新能源科技股份有限公司销售氢气气体探测器2台，开具增值税专用发票一张，不含税金额7 000元，税额910元，总金额7 910元，发货时未收款，参见原始凭证实图2.46至实图2.47。

实图 2.46　原始凭证 46

产成品出库单

年　月　日　　　　　　　　　　　　　　　　　仓库：001

编号	品名	单位	数量	单价	金额	备注
			合计			

检验员：　　　　　　　　仓库负责人：　　　　　　　　制单：

实图 2.47　原始凭证 47

（26）3月24日，向山东华阳农药化工集团有限公司销售有毒气体探测器10台，开具增值税专用发票一张，不含税金额20 000元，税额2 600元，总金额22 600元，银行已收款，参见原始凭证实图2.48至实图2.50。

实图2.48　原始凭证48

实图2.49　原始凭证49

产成品出库单

年　月　日　　　　　　　　　　　　　　　　　　仓库：001

编号	品名	单位	数量	单价	金额	备注
			合计			

检验员：　　　　　　　仓库负责人：　　　　　　　　　　制单：

实图 2.50　原始凭证 50

(27) 3 月 24 日,完工并入库可燃气体探测器 5 台、气体报警探测器 2 台、氢气气体探测器 2 台、有毒气体探测器 5 台、通用气体探测器 10 台,参见原始凭证实图 2.51。

产成品入库单

年　月　日　　　　　　　　　　　　　　　　　　仓库：001

编号	品名	单位	数量	单价	金额	备注
			合计			

生产部门负责人：　　　　仓库负责人：　　　　　　　　　制单：

实图 2.51　原始凭证 51

(28) 3 月 25 日,向天勤建工集团有限公司提供可燃气体校准服务,开具增值税专用发票一张,服务费不含税金额为 1 886.8 元,税额 113.2 元,合计 2 000 元,未收款,参见原始凭证实图 2.52。

实图 2.52　原始凭证 52

（29）3月29日，向宿迁晨阳医药科技有限公司销售通用气体探测器30台，开具增值税专用发票一张，不含税金额45 000元，税额5 850元，总金额50 850元，未收款，参见原始凭证实图2.53至实图2.54。

实图2.53　原始凭证53

产成品出库单

　　　　　　　　　　　　年　月　日　　　　　　　　　　　　　　　　仓库：001

编号	品名	单位	数量	单价	金额	备注
		合计				

检验员：　　　　　　　　　　仓库负责人：　　　　　　　　　　制单：

实图2.54　原始凭证54

（30）3月30日，向安徽晟捷新能源科技股份有限公司销售氢气气体探测器4台，开具增值税专用发票一张，不含税金额14 000元，税额1 820元，总金额15 820元。发货时，连同22日销售业务一起收款，合计23 730元，参见原始凭证实图2.55至实图2.57。

江苏 增值税专用发票

3200231120　　　№ 75799364　　3200231120
机器编号：982888812388　　此联不作报销、扣税凭证使用　　开票日期：2023年03月30日

购买方	名　　称：安徽晟捷新能源科技股份有限公司 纳税人识别号：91320546251321547781244 地址、电话：安徽省滁州市滁州东路12号 开户行及账号：建行滁州东路支行254145461244	密码区	39%–411>2321689#>32491941701 9400713+08%09475*8512–4>3>09 4*#*376#634>9>01%4*#–11964–% –6%0–%2*51027399779#%9%>%64%

货物或应税劳务、服务名称	规格型号	单位	数量	单价	金额	税率	税额
氢气气体探测器		台	4	3500	14000.00	13%	1820.00
合　　计					¥14000.00		¥1820.00

价税合计（大写）　⊗ 壹万伍仟捌佰贰拾元整　　（小写）¥15820.00

销售方	名　　称：江苏顺升自动化有限公司 纳税人识别号：91320111M670675076 地址、电话：南京浦口区福盈路522号41466096 开户行及账号：工行南京浦口区森道路支行241113750440384848937	备注	校验码 52118 02917 08248 05199

收款人：　　复核：　　开票人：

实图 2.55　原始凭证 55

产成品出库单

年　月　日　　　　　　　　　　　　　　　　　　　　仓库：001

编号	品名	单位	数量	单价	金额	备注
合计						

检验员：　　　　仓库负责人：　　　　制单：

实图 2.56　原始凭证 56

中国工商银行　网上银行电子回单

电子回单号码：76748978872

付款人	户　名	安徽晟捷新能源科技股份有限公司	收款人	户　名	江苏顺升自动化有限公司
	账　号	25414546124		账　号	2411137504403848937
	开户银行	建行滁州东路支行		开户银行	工行南京浦口区森道路支行
金　额		人民币(大写)：贰万叁仟柒佰叁拾元整			￥23,730.00
摘　要		收到货款	业务种类		
用　途					
交易流水号		24550084608939	时间戳		2023 年 03 月 30 日 16 时 41 分
备注： 收到货款					
验证码：81452080					
记账网点	764		记账柜员	243	记账日期　2023 年 03 月 30 日

打印日期：2023 年 03 月 30 日

实图 2.57　原始凭证 57

(31) 3月30日,向无锡高顿传感技术有限公司支付3月1日购买材料款35 030元,参见原始凭证实图2.58。

中国工商银行　网上银行电子回单

电子回单号码:19050431350

付款人	户　名	江苏顺升自动化有限公司	收款人	户　名	无锡高顿传感技术有限公司
	账　号	2411137504403848937		账　号	512214212123121
	开户银行	工行南京浦口区森道路支行		开户银行	工行福东路支行
金　额		人民币(大写):叁万伍仟零叁拾元整			￥35,030.00
摘　要		支付货款	业务种类		
用　途					
交易流水号		77953547287937	时间戳		2023年03月30日9时36分
备注: 支付货款					
验证码:18272628					
记账网点	661		记账柜员	249	记账日期	2023年03月30日

打印日期:2023年03月30日

实图2.58　原始凭证58

(32) 3月30日获得银行利息收入44.85元,参见原始凭证实图2.59。

中国工商银行　网上银行电子回单

电子回单号码:59929414002

付款人	户　名	中国工商银行	收款人	户　名	江苏顺升自动化有限公司
	账　号	95451542154		账　号	2411137504403848937
	开户银行	工行南京浦口区森道路支行		开户银行	工行南京浦口区森道路支行
金　额		人民币(大写):肆拾肆元捌角伍分			￥44.85
摘　要		利息支付	业务种类		
用　途					
交易流水号		43964530827866	时间戳		2023年03月30日10时39分
备注: 利息支付					
验证码:48141791					
记账网点	069		记账柜员	910	记账日期	2023年03月30日

打印日期:2023年03月30日

实图2.59　原始凭证59

(33) 3月30日收到政府科研发展补贴,金额50 000元,参见原始凭证实图2.60。

中国工商银行　网上银行电子回单

电子回单号码:18606906543

付款人	户　　名	南京市浦口区财政局	收款人	户　　名	江苏顺升自动化有限公司
	账　　号	958481545154		账　　号	2411137504403848937
	开户银行	建行浦口支行		开户银行	工行南京浦口区森道路支行
金　　额		人民币(大写):伍万元整			￥50,000.00
摘　　要		补贴	业务种类		
用　　途					
交易流水号		50925177230433	时间戳		2023年03月30日14时56分
		备注: 补贴			
		验证码:18828283			
记账网点	666		记账柜员	245	记账日期　2023年03月30日

打印日期:2023年03月30日

实图2.60　原始凭证60

(34) 3月30日,向南京高括设备技术有限公司支付货款12 091元,参见原始凭证实图2.61。

中国工商银行　网上银行电子回单

电子回单号码:76748978872

付款人	户　　名	江苏顺升自动化有限公司	收款人	户　　名	南京高括设备技术有限公司
	账　　号	2411137504403848937		账　　号	98545712412
	开户银行	工行南京浦口区森道路支行		开户银行	建行星火路支行
金　　额		人民币(大写):壹万贰仟零玖拾壹元整			￥12,091.00
摘　　要		支付货款	业务种类		
用　　途					
交易流水号		24550084608939	时间戳		2023年03月30日14时18分
		备注: 支付货款			
		验证码:81452080			
记账网点	764		记账柜员	243	记账日期　2023年03月30日

打印日期:2023年03月30日

实图2.61　原始凭证61

(35) 3月30日,向无锡高顿传感技术有限公司支付3月2日购买材料款16 955.65元,参见原始凭证实图2.62。

中国工商银行　网上银行电子回单

电子回单号码:76748978872

付款人	户　名	江苏顺升自动化有限公司	收款人	户　名	无锡高顿传感技术有限公司
	账　号	2411137504403848937		账　号	512214212123121
	开户银行	工行南京浦口区森道路支行		开户银行	工行福东路支行
金　额		人民币(大写):壹万陆仟玖佰伍拾伍元陆角伍分			¥16,955.65
摘　要		支付货款	业务种类		
用　途					
交易流水号		24550084608939	时间戳		2023年03月30日14时18分
		备注: 支付货款			
		验证码:81452080			
记账网点		764	记账柜员	243	记账日期　2023年03月30日

打印日期:2023年03月30日

实图2.62　原始凭证62

(36) 3月31日,收到宿迁晨阳医药科技有限公司的商业承兑汇票50 000元,参见原始凭证实图2.63。

实图2.63　原始凭证63

(37) 3月31日,向南京银行短期借款100 000元,参见原始凭证实图2.64至实图2.65。

借 款 合 同

合同编号：35161997

经 __南京银行淮海路支行__ （以下简称"贷款方"）与 __江苏顺升自动化有限公司__ （以下简称"借款方"）充分协商，签订本合同，共同遵守。

第一，由贷款方提供贷款人民币大写 __壹拾万元整__ （¥100,000.00）给借方，贷款期限自 2023 年 03 月 31 日至 2023 年 09 月 30 日。

第二，贷款方应按期、按额向借款方提供贷款，否则，按违约数额和延期天数，付给借款方违约金。违约金数额的计算，与逾期贷款罚息相同，即为 2.5‰。

第三，贷款月利率为银行同期年利率 2.5%，每月 15 日结息，如遇调整，按调整的新利率和计息办法执行。利息支付方式为对公转款_____。

第四，借款方应按协议使用贷款，不得转移用途。否则，贷款方有权停止发放新贷款，直至收回已发放的贷款。

第五，借款方保证按借款契约所订期限归还贷款本息。若需延期，借款方最迟在贷款到期前 3 天，提出延期申请，经贷款方同意，办理延期手续。但延期最长不得超过原订期限的一半。贷款方未同意延期或未办理延期手续的逾期贷款，加收罚息。

第六，贷款到期后 1 个月，如借款方不归还贷款，贷款方有权依照法律程序处理借款方作为贷款抵押的物资和财产，抵还借款本息。

第七，本协议书一式 2 份，借贷款双方各执正本 1 份。自双方签字起即生效。

....

第十一，合同争议的解决方式。本合同在履行过程中发生的争议，由借贷双方协商解决；协商不成的依法向人民法院提起诉讼。

贷款方：_____　　　　借款方：江苏顺升自动化有限公司

法定代表人：_____　　　　法定代表人：张磊

签订日期：2023 年 03 月 31 日　　　　签订日期：2023 年 03 月 31 日

实图 2.64　原始凭证 64

中国工商银行　网上银行电子回单

电子回单号码：59929414002

付款人	户　　名	南京银行	收款人	户　　名	江苏顺升自动化有限公司
	账　　号	1245366871545		账　　号	2411137504403848937
	开户银行	南京银行淮海路支行		开户银行	工行南京浦口区森道路支行
金　　额		人民币(大写)：壹拾万元整			¥100,000.00
摘　　要		短期借款	业务种类		
用　　途					
交易流水号		43964530827866	时间戳		2023 年 03 月 31 日 11 时 19 分
备注：		短期借款			
验证码：48141791					
记账网点	069	记账柜员	910	记账日期	2023 年 03 月 31 日

打印日期：2023 年 03 月 31 日

实图 2.65　原始凭证 65

(38) 3月31日,向国家电网江北新区支网支付电费并收到增值税专用发票一张,不含税金额1 500元,税额195元,总金额1 695元,已通过银行存款支付,并按照各部门使用情况分配电费,参见原始凭证实图2.66至实图2.68。

实图2.66　原始凭证66

中国工商银行　网上银行电子回单

电子回单号码：36893044711

付款人	户　名	江苏顺升自动化有限公司	收款人	户　名	国家电网江北新区支网
	账　号	2411137504403848937		账　号	32541545124
	开户银行	工行南京浦口区森道路支行		开户银行	建行江北新区支行
金　额		人民币(大写)：壹仟陆佰玖拾伍元整			¥1,695.00
摘　要		支付电费	业务种类		
用　途					
交易流水号		31971205410515	时间戳		2023年03月31日10时18分
备注： 支付电费					
验证码：36015321					
记账网点	848		记账柜员	427	记账日期　2023年03月31日

打印日期：2023年03月31日

实图2.67　原始凭证67

本月电费耗用明细表

部门	数量/(千瓦·时)	单价/元/(千瓦·时)	金额/元
管理部门	800	0.5	400
车间	2 200	0.5	1 100
合计	3 000	0.5	1 500

实图 2.68 原始凭证 68

(39) 3月31日,向南京水务集团有限公司支付水费并收到增值税普通发票一张,不含税金额 588.35 元,税额 17.65 元,总金额 606 元,款项未支付,按照各部门使用情况分配水费,参见原始凭证实图 2.69 至实图 2.70。

实图 2.69 原始凭证 69

本月水费耗用明细表

部门	数量/吨	单价/(元/吨)	金额/元
管理部门	30.30	4	121.20
车间	121.20	4	484.80
合计	151.50	4	606.00

实图 2.70 原始凭证 70

(40) 3月31日,向红十字会捐赠现金 10 000 元,已通过银行存款支付,参见原始凭证实图 2.71 至实图 2.72。

中国工商银行　网上银行电子回单

电子回单号码：97701577637

付款人	户　名	江苏顺升自动化有限公司	收款人	户　名	南京市红十字会
	账　号	2411137504403848937		账　号	125467874544142
	开户银行	工行南京浦口区森道路支行		开户银行	南京银行鼓楼支行
金　额		人民币（大写）：壹万元整			￥10,000.00
摘　要		捐赠支出	业务种类		
用　途					
交易流水号		55503573463557	时间戳		2023年03月31日16时26分
备注： 捐赠支出					
验证码：40658609					
记账网点	084		记账柜员	563	记账日期　2023年03月31日

打印日期：2023年03月31日

实图2.71　原始凭证71

公共事业捐赠统一票据
UNIFIED INVOICE OF DONATION FOR PUBLIC WELFARE

国财　　　　2023年03月31日　　　No 20708829
捐赠人 Donor：江苏顺升自动化有限公司　　Y　M　D

捐赠项目 For purpose	实物（外币）种类 Material object(curency)	数量 Amount	金额 Total amount
南京市红十字会	人民币	1	10,000.00

金额合计（小写）In figures　￥10,000.00
金额合计（大写）In words　壹万元整

接受单位（章）　复核人：管理员　　开票人：管理员
Receiver's Seal　Verified by　　　　Handling Person
感谢您对公益事业的支持！Thank you for support of public welfare!

实图2.72　原始凭证72

（41）3月31日，完工并入库可燃气体探测器5台、气体报警探测器2台、氢气气体探测器2台、有毒气体探测器5台、通用气体探测器10台，参见原始凭证实图2.73。

产成品入库单

年　月　日　　　　　　　　　　　　　　　　　　　　　　仓库：001

编号	品名	单位	数量	单价	金额	备注
	合计					

生产部门负责人：　　　　　　　　仓库负责人：　　　　　　　　制单：

实图 2.73　原始凭证 73

（42）3月31日，计提固定资产折旧，月累计折旧额 1 045.01 元，参见原始凭证实图 2.74。

固定资产折旧明细表

2023 年 03 月 31 日　　　　　　　　　　　　　　　　　　单位：元

类别	部门	资产名称	原值	使用年限	残值率	净残值	年折旧率	年折旧额	月折旧额
生产设备	生产部	生产设备	100,000.00	10	5%	5 000	9.5%	9,500.00	791.67
电子设备	财务部	电脑	8,000.00	5	5%	400	19%	1,520.00	126.67
电子设备	管理部	电脑	8,000.00	5	5%	400	19%	1,520.00	126.67
合　计	—	—	116,000.00	—	—	5,800.00	—	12,540.00	1,045.01

审核：李霞　　　　　　　　　　　　　　　　　　　　　　制表：张军

实图 2.74　原始凭证 74

（43）3月31日，计提无形资产摊销，年限10年，月摊销额 78.62 元，参见原始凭证实图 2.75。

无形资产摊销计算表

单位名称：江苏顺升自动化有限公司　　2023 年 03 月 02 日　　　　单位：元

使用部门	名称	使用年限	原值	购入时间	月摊销额	累计摊销额
生产部门	气体报警专利	10	9 433.96	2023-03-02	78.62	0.00

续表

使用部门	名称	使用年限	原值	购入时间	月摊销额	累计摊销额
合计			¥9 433.96		¥78.62	¥0.00

审核：李霞　　　　　　　　　制单：张军

实图2.75　原始凭证75

(44) 3月31日，根据职工薪酬结算汇总表，计提本月工资、"五险一金"并扣缴个税，参见原始凭证实图2.76。

职工薪酬结算汇总表

单位：元

职务	姓名	应发工资	代扣款项				实发工资	企业承担的社保	企业承担的公积金
			社保	公积金	个税	合计			
总经理	成顺升	7 000	471.87	250	38.34	760.21	6 239.79	1 164.96	250
厂办主任	张磊	6 000	471.87	250	8.34	730.21	5 269.79	1 164.96	250
采购人员	吴玲	4 400	471.87	250	0	721.87	3 678.13	1 164.96	250
财务人员	李霞	4 800	471.87	250	0	721.87	4 078.13	1 164.96	250
	张军	4 700	471.87	250	0	721.87	3 978.13	1 164.96	250
仓库管理员	陈青	5 300	471.87	250	0	721.87	4 578.13	1 164.96	250
车间管理员	崔晓莉	4 400	471.87	250	0	721.87	3 678.13	1 164.96	250
生产工人	王君	5 500	471.87	250	0	721.87	4 778.13	1 164.96	250
	徐闻	3 500	471.87	250	0	721.87	2 778.13	1 164.96	250
	周晓	4 000	471.87	250	0	721.87	3 278.13	1 164.96	250
	马骏	5 000	471.87	250	0	721.87	4 278.13	1 164.96	250
	汪娟	4 100	471.87	250	0	721.87	3 378.13	1 164.96	250
合计		58 700	5 662.44	3 000	46.68	8 709.12	49 990.88	13 979.52	3 000

财务盖章　　　　　　　复核：　　　　　　　制单：

实图2.76　原始凭证76

(45) 3月31日,按生产工时所占比重分配结转制造费用,参见原始凭证实图2.77。

制造费用分配表

年　月

项　目	定额工时	制造费用	
		分配率	金额
合　计			

财务盖章　　　　　　　　　　　复核：　　　　　　　　　　制单：

实图2.77　原始凭证77

(46) 3月31日,结转完工产品成本,参见原始凭证实图2.78至实图2.82。

完工产品成本计算表

产品名称：可燃气体探测器　　　　　　　　　　　　　　　　　　　　　年　月

成本项目	总成本	单位成本
直接材料		
直接人工		
制造费用		
合计		

财务盖章　　　　　　　　　　　复核：　　　　　　　　　　制单：

实图2.78　原始凭证78

完工产品成本计算表

产品名称：气体报警探测器　　　　　　　　　　　　　　　　　　　　　年　月

成本项目	总成本	单位成本
直接材料		
直接人工		
制造费用		
合计		

财务盖章　　　　　　　　　　　复核：　　　　　　　　　　制单：

实图2.79　原始凭证79

完工产品成本计算表

产品名称：氢气气体探测器　　　　　　　　　　　　　　　　　　　　　年　月

成本项目	总成本	单位成本
直接材料		
直接人工		
制造费用		
合计		

财务盖章　　　　　　　　　复核：　　　　　　　　　制单：

实图 2.80　原始凭证 80

完工产品成本计算表

产品名称：有毒气体探测器　　　　　　　　　　　　　　　　　　　　　年　月

成本项目	总成本	单位成本
直接材料		
直接人工		
制造费用		
合计		

财务盖章　　　　　　　　　复核：　　　　　　　　　制单：

实图 2.81　原始凭证 81

完工产品成本计算表

产品名称：通用气体探测器　　　　　　　　　　　　　　　　　　　　　年　月

成本项目	总成本	单位成本
直接材料		
直接人工		
制造费用		
合计		

财务盖章　　　　　　　　　复核：　　　　　　　　　制单：

实图 2.82　原始凭证 82

(47) 3月31日，结转本月产品销售成本，参见原始凭证实图 2.83。

产品销售成本计算表

　　　　　　　　　　　　　　　　　　　　　　　　　　　　　　　　　　年　月

产品名称	销售数量	单位成本	销售成本
氢气气体探测器			
通用气体探测器			
可燃气体探测器			
气体报警探测器			
有毒气体探测器			

财务盖章　　　　　　　　　复核：　　　　　　　　　制单：

实图 2.83　原始凭证 83

(48) 3月31日,结转本月应交增值税及附加税费,参见原始凭证实图2.84。

增值税计算表

年 月

应交增值税	销项税额合计	进项税额合计

财务盖章　　　　　　　　复核：　　　　　　　　制单：

实图2.84　原始凭证84

(49) 3月31日,结转本月各项收入和费用。

(50) 3月31日,根据本月利润额,按照2023年小型微利企业所得税优惠政策,按5%的比例计提本月所得税费用。

2.8　实训要求

(1) 根据公司2023年3月发生的经济业务依次填写和审核原始凭证,编制专用记账凭证并连续编号。

(2) 根据模块2的2.6节数据资料开设总分类账和明细分类账,将余额过入各总账和明细账。同时根据记账凭证登记明细账,计算出本期发生额和期末余额,并单独登记现金日记账和银行存款日记账。

(3) 月末根据记账凭证编制科目汇总表并登记总账(实表2.4)。

(4) 根据账簿资料编制试算平衡表(实表2.5)。

(5) 根据总账和明细账以及试算平衡表编制资产负债表(实表2.6)和利润表(实表2.7)。

实表2.4　科目汇总表

2023年3月　　　　　　　　　　　　　　　　　　　　　　　　单位:元

会计科目	本期发生额	
	借方	贷方

续表

会计科目	本期发生额	
	借方	贷方

实表 2.5　本期发生额及余额试算平衡表

2023 年 3 月 31 日　　　　　　　　　　　　　　　　　　　　单位：元

会计科目	期初余额		本期发生额		期末余额	
	借方	贷方	借方	贷方	借方	贷方

续表

会计科目	期初余额		本期发生额		期末余额	
	借方	贷方	借方	贷方	借方	贷方

实表 2.6　资产负债表

会企 01 表

编制单位：　　　　　　　　　　　年　月　日　　　　　　　　　　　单位：元

资产	期末余额	期初余额	负债和所有者权益（或股东权益）	期末余额	期初余额
流动资产：			流动负债：		
货币资金			短期借款		
交易性金融资产			交易性金融负债*		
衍生金融资产*			衍生金融负债*		
应收票据			应付票据		
应收账款			应付账款		
应收款项融资*			预收账款		
预付款项			应付职工薪酬		
其他应收款			应交税费		
存货			其他应付款		
……			……		
流动资产合计			流动负债合计		
非流动资产：			非流动负债：		
债权投资*			长期借款		
其他债权投资*			应付债券*		
长期应收款*			其中：优先股*		
长期股权投资*			永续债*		
其他权益工具投资*			租赁负债*		
其他非流动金融资产*			长期应付款*		
投资性房地产*			预计负债		
固定资产			递延收益*		
在建工程			递延所得税负债*		
生产性生物资产*			其他非流动负债*		
油气资产*			非流动负债合计		
使用权资产*			负债合计		

续表

资产	期末余额	期初余额	负债和所有者权益（或股东权益）	期末余额	期初余额
无形资产			所有者权益（或股东权益）：		
开发支出*			实收资本（或股本）		
商誉*			其他权益工具*		
长期待摊费用*			资本公积		
递延所得税资产*			减：库存股*		
其他非流动资产*			其他综合收益		
非流动资产合计			专项储备*		
			盈余公积		
			未分配利润		
			所有者权益（或股东权益）合计		
资产总计			负债和所有者权益合计		

注：标*项目超出本书教学范围，不要求掌握。

实表 2.7 利润表

会企02表

编制单位： 年 月 单位：元

项目	本期金额
一、营业收入	
减：营业成本	
税金及附加	
销售费用	
管理费用	
研发费用*	
财务费用	
其中：利息费用	
利息收入	
加：其他收益*	
投资收益（损失以"—"号填列）	
其中：对联营企业和合营企业的投资收益*	
以摊余成本计量的金融资产终止确认收益（损失以"—"号填列）	
净敞口套期收益（损失以"—"号填列）*	

续表

项　　目	本期金额
公允价值变动收益（损失以"－"号填列）*	
信用减值损失（损失以"－"号填列）*	
资产减值损失（损失以"－"号填列）*	
资产处置损益（损失以"－"号填列）*	
二、营业利润（亏损以"－"号填列）	
加：营业外收入	
减：营业外支出	
三、利润总额（亏损总额以"－"号填列）	
减：所得税费用	
四、净利润（净亏损以"－"号填列）	
……	

注：标＊项目超出本书教学范围，不要求掌握。

综合实训答案

主要参考文献

[1] 查特菲尔德.会计思想史[M].文硕,董晓柏,王骥,等译.北京:中国商业出版社,1989.

[2] 陈菊花,陈良华.会计学[M].4版.北京:科学出版社,2018.

[3] 中华会计网校.会计基础[M].北京:人民出版社,2019.

[4] 颜剩勇,廖文军.基础会计学[M].2版.大连:东北财经大学出版社,2019.

[5] 周华.会计学基础[M].2版.北京:中国人民大学出版社,2020.

[6] 崔智敏,陈爱玲.会计学基础[M].7版.北京:中国人民大学出版社,2020.

[7] 胡玉明.会计学[M].3版.北京:中国人民大学出版社,2020.

[8] 孔庆林,李国兰.初级会计学[M].2版.上海:立信会计出版社,2020.

[9] 王蕾,陈淑贤.基础会计学:微课版[M].3版.北京:清华大学出版社,2021.

[10] 韩洪灵,陈汉文.会计职业道德:立体化数字教材版[M].北京:中国人民大学出版社,2021.

[11] 梁文涛.会计职业道德[M].北京:中国人民大学出版社,2021.

[12] 陈国辉,迟旭升.基础会计[M].7版.大连:东北财经大学出版社,2021.

[13] 黄爱玲,韩永斌.会计学基础[M].大连:东北财经大学出版社,2021.

[14] 续慧泓,杨周南,周卫华,等.基于管理活动论的智能会计系统研究:从会计信息化到会计智能化[J].会计研究,2021(3):11-27.

[15] 朱小平,秦玉熙,袁蓉丽.基础会计:原初级会计学[M].11版.北京:中国人民大学出版社,2021.

[16] 刘峰.会计学基础:精要版[M].北京:高等教育出版社,2022.

[17] 葛家澍,杜兴强.会计理论[M].上海:复旦大学出版社,2005.

[18] 孙玉甫.基础会计[M].2版.北京:高等教育出版社,2022.

[19] 顾远,王明虎.基础会计学[M].大连:东北财经大学出版社,2022.

[20] 财政部会计财务评价中心.初级会计实务[M].北京:经济科学出版社,2023.

[21] 中华人民共和国财政部.企业会计准则第30号:财务报表列报[M].北京:中国财政经济出版社,2014.

[22] 丁星鹏.现代信息化条件下会计核算方法的变革研究[D].大连:东北财经大学,2011.

[23] 徐玉德,马智勇.我国会计信息化发展演进历程与未来展望[J].商业会计,2019(7):7-12.

[24] 中国注册会计师协会.中国注册会计师职业道德守则[M].北京:中国财政经济出版社,2022.